普通高等院校公共基础课“十二五”应用型规划教材

商务礼仪实务教程

U0737889

刘砺 荆素芳 扶齐 编著

机械工业出版社
China Machine Press

图书在版编目（CIP）数据

商务礼仪实务教程 / 刘砺，荆素芳，扶齐编著．—北京：机械工业出版社，2015.4（2024.1 重印）
（普通高等院校公共基础课“十二五”应用型规划教材）

ISBN 978-7-111-49871-1

I. 商…　II. ① 刘…　② 荆…　③ 扶…　III. 商务－礼仪－高等学校－教材　IV. F718

中国版本图书馆 CIP 数据核字（2015）第 067906 号

本书是一部全面系统地介绍商务礼仪基本理论、基本知识和操作训练的商务礼仪实务教材。内容囊括商务礼仪基本理论、仪表礼仪、服饰礼仪、仪态礼仪、见面相关礼仪、介绍礼仪、握手礼仪、名片礼仪、言谈礼仪、电话礼仪、接待礼仪、会议礼仪、谈判礼仪、仪式礼仪、宴请礼仪、办公礼仪、礼仪文书、涉外礼仪。在教材的每章设置了学习内容、学习目标、情景导入、延伸阅读、课堂训练、典型案例等教学环节和教学内容。

本教材将商务礼仪内容分为基本理论篇、职业形象篇、商务交往篇、商务活动篇和涉外活动篇，使得商务礼仪知识在逻辑结构上得到了系统的优化。本教材重点突出了对学生进行商务礼仪训练的方法及内容，特别适合作为应用型本科院校或高职高专院校商务礼仪教材，还可供有志于掌握商务礼仪知识、提高商务礼仪水平、培养商务礼仪能力的社会各界人士阅读学习。

出版发行：机械工业出版社（北京市西城区百万庄大街 22 号　邮政编码：100037）
责任编辑：冯语嫣　　责任校对：殷　虹
印　　刷：北京捷迅佳彩印刷有限公司　　版　　次：2024 年 1 月第 1 版第 10 次印刷
开　　本：185mm×260mm　1/16　　印　　张：17.5
书　　号：ISBN 978-7-111-49871-1　　定　　价：35.00 元

客服电话：(010) 88361066　68326294

版权所有 · 侵权必究
封底无防伪标均为盗版

Preface 前　言

我国素有“礼仪之邦”之称，人际交往历来注重礼仪。但是社会变革对传统礼仪文化的巨大冲击，使某些优良的礼仪传统并没有得到应有的发扬光大，相反却形成了“断代式”的礼仪传承缺失。近代以来，西方商业礼仪文明逐步东渐，但并没有在我国社会全面“生长”。礼仪这门课程，人人都有学习的必要，而且是越早学习越好。商务礼仪这门课程，商务人员和打算从事商务的人员必须要学，而且要学好。

2002年，辽宁渤海大学的礼仪教授曲军先生来我校讲学，教授商务礼仪课程。其时，我正在寻找自己的学科方向，得知有商务礼仪这门课，就动了向曲军教授学习商务礼仪的心思。曲军教授无私地对我提供了极大的帮助，使我感念至今。屈指算来，我涉足商务礼仪这一学科领域已有十余年，在商务礼仪学科上所投入的时间和精力着实不小，越研究越觉得这门学问太有用了，人人都应该学。2011年年末，某出版社要组织编写商务礼仪教材，让我担任主编，我也正想对十年研究和教授商务礼仪的经验做一个总结，就答应了下来。书稿基本编好后，这家出版社却由于某些原因搁置了这本教材的出版。现在机械工业出版社使这部教材面世，使我不胜欣慰。本教材如能为我国商务人才的培养尽到一份绵薄之力，则是我多年付出心血的回报。

本教材主要是针对应用型本科教育和高等职业教育的学生学习商务礼仪而编写。主要具有以下几方面的特色。

1. 知识体系科学合理。本教材从总体上将商务礼仪内容分为基本理论篇、职业形象篇、商务交往篇、商务活动篇和涉外活动篇，较好地把握了商务礼仪的内涵和逻辑结构，使本教材知识体系的编排更为科学、合理。本书结构新颖，令人耳目一新。

2. 模块化设计教学内容。全部教学内容分为18章，实际上是18讲（18个模块），每章（讲/模块）最少学时数为2学时，一次课，理论讲授尽量只讲要点，大部分时间应用于操作训练。本教材十分方便不同学时的教学安排，学时少的，有些章节可略过不讲，安排自学；学时多的，有些重要或内容较多的章节可适当扩展分几次学习，以满足学时变化的需要。

3. 创新学习目标。以往对学生学习目标的界定，通常是定位于知识的掌握和技能的提高两个方面。经过对商务礼仪课程学习目标的理性思考，本书提出商务礼仪课程的学习目标应该是在掌握知识和提高技能的基础上，构建良好的职业形象，进而塑造良好的个人形象和单位形象。在商务交往中，成为彬彬有礼、善于交往、极受欢迎的人。

4. 强调操作训练。商务礼仪是一门应用性、实践性极强的学科，学生不仅要学习有关知识，更为重要的是要掌握有关技能。因此，本教材突出学生的主动性与参与性，研究设计了大量的商务礼仪训练内容。让学习者不仅学到商务礼仪知识，而且掌握商务礼仪技能。

5. 编写体例新颖。每章都设置了“情景导入”环节，使学习者能很快进入求知学习状态。知识内容阐述简洁明了，重在掌握核心要点。延伸阅读进行了适当剪裁。课堂训练进行了精心的设计，致力于学生掌握商务礼仪实际技能是本书的最大亮点。

本教材由深圳职业技术学院刘砺、广东新安职业技术学院荆素芳、重庆房地产职业学院扶齐共同编著。刘砺负责设计整体方案，拟定编写提纲并完成了主要编写工作。荆素芳、扶齐参与了部分编写工作并对编著方案提出了建设性的修改意见，负责前期资料收集和后期文字校正等工作。本教材附有教师用光盘，光盘中刻有本教材课件、知识巩固提高同步练习题、教学图片，完整的延伸阅读材料、备用的典型案例、视频资料等。需要的教师可向机械工业出版社客服索取，也可向编著者索取，联系方式为：lfluent@szpt.edu.cn。

机械工业出版社对本书的出版给予了大力支持和无私帮助。

在本书编著过程中，参考了许多专家、学者的研究成果，除注明出处的部分外，限于体例未能一一列出说明，在此一并表示衷心的感谢。

本书在编著过程中，参阅了大量文献和研究资料，书后列出了主要参考文献，如有疏漏，敬请谅解。

由于编著者水平有限，加上时间仓促，书中疏漏与不妥之处在所难免，敬请同行专家和广大读者不吝赐教。

编著者

2014 年 12 月

Suggestion 教学建议

商务礼仪是一门实践性非常强的学科，学生需要掌握商务礼仪知识，更要懂得实际操作。为使教学达到预期效果，建议在讲解理论要点的基础上，采用情景引入和案例讨论，启发学生应用商务礼仪技能的主动性和积极性。

建议课堂上大量使用情景教学、体验式教学、角色扮演教学、综合素质训练教学，让学生对个人形象、职业形象、单位形象有新的深刻的认识，从而能自觉运用商务礼仪知识，践行商务礼仪规范，构建良好的职业形象，进而塑造良好的个人形象和单位形象。在商务交往中，成为彬彬有礼、善于交往、极受欢迎的人。

学时分配建议（供参考）

序　号	章	教学内容	学时安排			备　注
			36学时	54学时	72学时	
1	1	认识商务礼仪	2	2	4	
2	2	仪表礼仪	2	4	6	
3	3	服饰礼仪	2	4	6	
4	4	仪态礼仪	2	4	4	
5	5	见面相关礼仪	2	2	2	
6	6	介绍礼仪	2	2	2	
7	7	握手礼仪	2	2	2	
8	8	名片礼仪	2	2	2	
9	9	言谈礼仪	2	4	6	
10	10	电话礼仪	2	2	2	
11	11	接待礼仪	2	2	4	
12	12	会议礼仪	机动	2	机动	
13	13	谈判礼仪	2	2	4	
14	14	仪式礼仪	机动	2	2	
15	15	宴请礼仪	2	4	4	
16	16	办公礼仪	2	2	2	
17	17	礼仪文书	机动	机动	4	

（续）

序　　号	章	教学内容	学时安排			备　　注
			36 学时	54 学时	72 学时	
18	18	涉外礼仪	机动	2	4	
19		复习考试	4	4	4	

说明：1. 36 学时的教学安排，预留节假日放假停课的时间，实际安排最多 32 学时。
2. 54 学时的教学安排，预留节假日放假停课的时间，实际安排最多 48 学时。
3. 72 学时的教学安排，预留节假日放假停课的时间，实际安排最多 64 学时。

Contents 目 录

商务活动篇

涉外活动篇

基本理论篇

PART1

第 1 章　认识商务礼仪

Chapter 1

第 1 章

认识商务礼仪

【学习内容】

礼仪的起源和发展，商务礼仪的内涵及基本特征，商务礼仪的主要功能，商务礼仪的构成要素和基本原则，商务礼仪修养的方法和学习商务礼仪的必要性。

【学习目标】

掌握商务礼仪的基本理论，以便掌握世界的通用语言——礼仪。

【情景导入】

黄莹是某大学经济学院某专业大三学生，下学期就要进入毕业顶岗实习、找工作就业阶段了。她知道职场人要有职场形象，可她这方面的知识还很欠缺，于是她找到教商务礼仪课程的刘老师请教有关职场礼仪的问题。刘老师称赞了她积极思考主动学习的精神，并告诉她理论是行动的先导，要想在职场上有靓丽的形象，就要学习商务礼仪。

学习商务礼仪，首先要了解商务礼仪的基本理论，懂得什么叫商务礼仪。那么商务礼仪的基本理论主要有些什么内容呢？

1.1 商务礼仪的内涵及基本特征

1.1.1 商务礼仪的内涵

1.1.1.1 礼仪的起源和发展

“礼”最早为远古时期宗教祭祀仪式上的仪态，由习俗演变而来。早期人类群居形成氏族、部落、氏族社会，逐渐形成共同的社会习惯（习俗）。不同的群体有不同的习俗，统一、规范后的习俗成为礼俗。

礼经历了从自然法则到家庭伦理到政治伦理的过程。礼出于俗，俗化为礼。殷商时，社会结构日渐稳定，道德文明开始形成。周代，周公制礼作乐，以礼治天下。中国以此被称为

“礼仪之邦”。《周礼》、《仪礼》、《礼记》称为“三礼”，为中国最早、最重要的礼仪著作。孔子主张礼用来克己，也用来节众。东汉时，许慎解释“礼”：礼，履也，所以事神致福也。《易经》讲，有天地然后有万物，有万物然后有男女，有男女然后有夫妇，有夫妇然后有父子，有父子然后有君臣，有君臣然后有上下，有上下然后礼仪有所错。

封建社会崇尚父子有亲，君臣有义，夫妇有别，长幼有序，朋友有信。西汉初，叔孙通制定朝廷礼制、礼仪和礼节规范。董仲舒提倡三纲五常，即“君为臣纲、父为子纲、夫为妻纲”和“仁、义、礼、智、信”，使礼成为维护封建等级制度的工具。宋代，封建礼教达到了巅峰，作为社会正统思想的礼教开始进入家庭，家礼由此而兴。明代，礼仪之风盛行，祭祖、祭天、祀年等仪式仪程，规范了“君臣之礼”、“尊卑之礼”、“交友之礼”等社会活动礼节。

欧洲“礼仪”一词最早为法语“ etiquette”，原意是“法庭上的通行证”。古代法国法庭将进入法庭后必须遵守的规矩或行为准则，写或印在一张长方形的“etiquette”即通行证上，发给进入法庭的每个人。“etiquette”一词进入英文后便有了“礼仪”的含义，意即“人际交往的通行证”。

1.1.1.2　礼仪及商务礼仪的内涵

礼仪是人际交往中表达相互尊重而约定俗成、共同认可的准则、程序和行为规范。礼是尊重他人，仪是尊重他人的表现形式。礼仪就是以一定形式表现出来的对他人的尊重。礼仪是人际交往的行为规范，行为者举止动作也，规范者标准做法也，即人际交往中待人接物的标准化做法。对个人来说，礼仪是思想道德水平、文化修养、交际能力的外在表现；对社会来说，礼仪是社会文明程度、道德风尚和生活习惯的反映。重视、开展礼仪教育已成为道德实践的重要内容。

人们对礼仪的内涵有不同的认识。有人说是一种道德修养；有人说是一种形式美；有人说是一种风俗习惯。礼仪是礼貌、礼节、仪表和仪式的总称。

1. 礼貌

礼仪在言语、动作上的表现称为礼貌。礼貌是人们表示尊重和友好的行为规范，体现了时代风尚、道德水准及文化层次和文明程度。良好的教养和道德品质是礼貌的基础。礼貌主要通过语言和行为来表现自我的谦抑和对他人的恭敬。

2. 礼节

人际交往中的行为规范称为礼节。礼节是人际交往中表示敬重的行为规范。礼节是礼貌的具体表现形式，是礼貌在语言、行为、仪表等方面的具体规定，是表示相互尊敬、尊重、祝颂、问候、致意、哀悼、慰问以及给予必要协助和照料的惯用形式，是社会文明的组成部分。

3. 仪表

仪表指人的外表，包括人的仪容、服饰、姿态、风度等。仪表属于个人形体美的外在因素，反映人的精神状态。端庄的仪表既是对他人的尊重，也是自尊、自重、自爱的表现。

4. 仪式

仪式是在一定场合举行的正规的具有专门规范程序的活动，常用于较大或较隆重的场合。举办各种仪式，以体现重视或表示纪念。

所谓商务礼仪是在商务交往中待人接物的标准化做法。商务礼仪特指商务活动中的礼仪准则和礼仪规范，是一般礼仪在商务活动中的运用和体现，是商务交往中为了互相尊重而约定俗成、共同认可的准则、程序和行为规范，它比一般的人际交往礼仪的内容更丰富。商务交往涉及的方面很多，但基本上是讲人际交往，是人际交往的艺术。国际上对商务礼仪的解释是商务人员的沟通技巧，是商务交往中达到沟通最大效果的技巧。

1.1.1.3 商务礼仪构成要素

商务礼仪由主体（礼仪行为的发起者）、客体（礼仪行为的指向者或接受者）、言语、非言语、媒体、环境六要素构成。下面介绍其中的四项基本要素。

1. 礼仪主体

礼仪主体是礼仪活动的实施者和操作者。既可以是个人，也可以是组织。礼仪行为或活动规模较小或较简单时，礼仪主体通常是个人。礼仪行为或活动规模较大时，礼仪主体通常是集体。礼仪主体为集体时，须有礼仪主体的代表者，即代表礼仪主体实施和操作礼仪的人。当礼仪行为或活动规模较大、规格较高时，代表者往往由多人组成，即升格为代表团。礼仪主体的代表者，一是应该能真正代表礼仪主体，胜任礼仪工作，不但具备资格而且具备能力，能较好地完成代表礼仪主体操作和实施具体礼仪的特定任务；二是能够为礼仪对象接受、认可、信赖、欢迎，能巩固并发展礼仪对象与礼仪主体的良好关系。

2. 礼仪客体

礼仪客体又称礼仪对象，是礼仪活动的指向者和承受者。从外延上讲，礼仪客体非常广泛，一切在礼仪主体看来具有真、善、美的东西，都可以成为礼仪的对象。既可以是人，也可以是物；可以是物质的，也可以是精神的；可以是具体的，也可以是抽象的；可以是有形的，也可以是无形的。没有礼仪客体，礼仪就失去了对象，就不成其为礼仪。礼仪主体与客体是任何一个礼仪行为或礼仪活动，都包含的两个方面，两者既相互对立又相互依存。礼仪主体决定礼仪行为或礼仪活动的发展方向，礼仪主体与客体的关系并非一成不变，一定条件下可以相互转化。

3. 礼仪媒体

礼仪媒体是礼仪活动所依托的一定的媒介，是礼仪内容与礼仪形式的统一。礼仪媒体的类型多种多样，可以分为人体媒体、物体媒体、事体媒体等三类。人体礼仪媒体指交际中所使用的语言、文字、手势、姿势、面部表情、交际距离以及语音、语调、节奏、停顿、沉默等辅助语言。物体礼仪媒体指借助于一些物体传递友好、尊重等意愿。事体礼仪媒体指通过一定的程序仪式来体现重视、尊重和敬仰等愿望。具体礼仪操作时，不同的礼仪媒体往往交叉配合使用。

4. 礼仪环境

礼仪环境指礼仪活动特定的时空条件。分为自然环境和社会环境。礼仪环境经常决定着礼仪实施，不仅实施何种礼仪由其决定，而且具体的实施方法也由其决定。

1.1.1.4 商务礼仪的基本特征

相比较而言，商务礼仪有以下 5 个方面的特征。

1. 规范性

规范者，标准也。没有规矩，不成方圆。商务礼仪的规范性，强调商务礼仪是商务人员待人接物的标准做法，是标准化要求。商务礼仪作为指导、协调商务活动中人际关系的行为方式和活动形式，广泛涉及社会经济生活的各个方面，为各国家、各民族、各阶级、各党派、各社会团体以及各阶层人士共同遵守，成为调节相互关系的行为规范。规范性使商务礼仪易于实施，也能通过专门训练达到预期效果。

2. 继承性

当代礼仪是既往礼仪的继承和发展。礼仪是约定俗成的逐渐固定并沿袭下来的人际交往的习惯、习俗、准则，是人类精神文明的标志之一，随着社会的发展和人们观念的变化，也会逐渐发展和变化。

3. 差异性

差异性也叫对象性。虽然不同民族、不同地域、不同宗教的礼仪及规范有许多相通之处和共同特征，但民族差别、地域差异、文化差异和宗教区别还是非常普遍。由于国家、地区、宗教、民族、时间、对象等不同，存在着截然不同的礼仪习俗和规范。民族性和地域性的存在，使得商务礼仪规范和方式有很多差异。

4. 发展性

商务礼仪规范随着社会的发展、时代的变迁不断发展更新。一方面，商务礼仪随着社会的发展不断发展和完善；另一方面，随着国际交往的扩大，各国的政治、经济、思想、文化等因素的渗透，商务礼仪被赋予新内容，简洁、文明、实用的礼仪活动形式是发展的总趋势。

5. 技巧性

技巧性也叫可操作性。礼仪操作突出七个字：有所为，有所不为。有所为是以礼仪展示训练有素和良好教养；有所不为是重要场合待人接物，不能出洋相，不能犯错误。

1.1.1.5 礼仪分类与商务礼仪基本内容

1. 礼仪分类

礼仪按应用范围可分为以下七大类。

（1）日常生活礼仪。包括见面礼仪、介绍礼仪、交谈礼仪、宴会礼仪、会客礼仪、舞会礼仪、馈赠礼仪及探望礼仪等。

（2）政务礼仪。国家公务员在行使国家权力和社会管理职能时所必须遵循的礼仪规范。

（3）商务礼仪。商务活动中体现相互尊重的行为准则。

（4）服务礼仪。服务行业从业人员应具备的基本素质和应遵守的行为规范。

（5）社交礼仪。社交活动中所应具备的基本素质、交际能力等。

（6）涉外礼仪。人们参与国际交往所要遵守的礼仪惯例、约定俗成的做法。

（7）风俗节庆礼仪。包括春节礼仪、清明礼仪、端午礼仪、重阳礼仪、中秋礼仪、结婚礼仪、殡葬礼仪和祝寿礼仪等。

2. 商务礼仪基本内容

本教程全面梳理了商务礼仪内容，将商务礼仪基本内容整合整理为：

（1）基本理论篇：认识商务礼仪。

（2）职业形象篇：仪表礼仪、服饰礼仪、仪态礼仪。

（3）商务交往篇：见面礼仪、介绍礼仪、握手礼仪、名片礼仪、言谈礼仪、电话礼仪等。

（4）商务活动篇：接待礼仪、会议礼仪、谈判礼仪、仪式礼仪、宴请礼仪、办公礼仪、文书礼仪、涉外礼仪。

全部内容分为 4 篇 18 章（模块 / 讲），构成完整的理论和逻辑体系。

1.2 商务礼仪的基本理念与基本原则

1.2.1 商务礼仪的基本理念

从宏观上讲，商务礼仪特别强调尊重为本、善于表达和形式规范。

1.2.1.1 尊重为本

商务礼仪必须强调尊重为本。学习礼仪，尤其是运用礼仪，最重要的是永远不失敬于人。尊重的前提在于了解，了解才有尊重可言。不了解无法尊重。做到尊重为本，专业角度有两个层面：自尊与尊他。自尊是尊重的出发点。如果不把自己当回事，谁能把你当回事？自尊通过言谈、举止、服饰、待人接物等方面体现。人际交往中，不自尊自爱的人是没有尊严和地位的人，也没有形象可谈。商务交往中，自尊自爱是出发点，否则就不能赢得交往对象的尊重。要做到自尊自爱，就必须从操作层面对自我有所规范，注意言谈、举止、穿着打扮。商务交往中的自尊通过言谈、举止、待人接物、穿着打扮方方面面表现出来。

交往以对方为中心。自尊很重要，尊重他人更重要，尊重对方就要尊重对方的选择。对交往对象要准确定位，要了解对方的身份、社会地位、职业、见识、阅历和教育程度，便于尊重对方。尊重上级是天职，尊重同事是本分，尊重下级是美德，尊重客人是常识，尊重对手是风度，尊重妇女就是尊重人类的母亲，尊重所有人是有教养。商务场合尊重他人注意三点：给他人充分表现的机会；对他人表现出最大的热情；永远给对方留有余地。

1.2.1.2 善于表达

礼仪是一种形式美，一定形式表达一定内容，内容与形式相辅相成，内容借助于形式得到表现。表示尊重，不善于表达或表达不好都不行，要恰到好处地把尊重和友善表达出来。表达要关注环境、氛围、历史文化等因素。不仅自尊要有形式的表达，尊他也要善于表达。个人见识及商务经验，通过言谈举止表现出来。尊重自己和他人，若能恰到好处地表现出来，便可妥善地处理好人际关系。

表达非常重要。尊重不善于表达或不会表达，结果可能出乎意料，甚至会伤害到彼此。商务交往中善于表达注意两点：一是要沟通。尊重要对方理解，尊重与友善要表达得让对方明白，同时表现自己的教养、见识和素质。二是讲规矩。讲规矩的前提是懂规矩，按规矩来才能最好地把握分寸。

1.2.1.3 形式规范

商务交往讲究规则，表达尊重，要求形式规范。形式规范可以提升个人形象和企业形象。讲不讲规矩，是商务人员素质的体现，是企业管理是否完善的标志，是企业的形象问题。形式规范就是要遵守规则，遵守规则的目的是把尊重表达出来。懂不懂得规范是教养和修养问题，讲不讲规范是个人素质问题。

1.2.2 商务礼仪的基本原则

商务礼仪基本原则论述颇多，综合有关论述，现提出商务礼仪十项基本原则。

1.2.2.1 敬人原则

礼者，敬人也。尊敬是礼仪的情感基础。商务交往中，敬人之心常存，处处不可失敬于人，不可伤害他人的尊严，更不能侮辱对方人格。敬人是尊敬他人，也包括尊敬自己，维护个人和组织形象。

1.2.2.2 自律原则

自律就是自我约束，按照礼仪规范严格要求自己。商务交往中，在没有任何监督的情况下，商务人员要"非礼勿视，非礼勿听，非礼勿言，非礼勿动"。依据礼仪规范要求自我、约束自我、对照自我、反省自我、检点自我。克己、慎重，积极主动、自觉自愿地礼貌待人，做到言语不失礼，行动不出格，举止不失态。

自律里面包含谦和。谦者，谦虚，谦让也，根源于人的辞让之心，体现在商务交往中就是互相尊重。孔子曰："礼之用，和为贵。""和"历来被认为是君子的重要品质。"谦""和"都体现了中华民族的传统美德。谦和是一种力量，具有化解矛盾的力量，具有打动人心的力量，具有给人带来快乐和幸福的力量。

1.2.2.3 互尊原则

尊重讲的是对待他人的态度，要求相互承认和重视他人的人格、感情、爱好、习惯、职业、社会价值以及所应享有的权力和利益。尊重永远是相互的。

1.2.2.4 平等原则

商务礼仪建立在平等基础之上，这是其不同于传统礼仪的根本之点。商务交往中人都希望得到公平对等的尊重。礼尚往来，既不能盛气凌人，也不要卑躬屈膝。具体运用礼仪时，允许根据交往对象采取不同的具体方法。但在尊重交往对象、以礼相待这一点上，对任何交往对象都应一视同仁。从心理学的角度看，人人都渴望平等，任何抬高贬低自己或他人的语言和行为，都不利于建立和谐的人际关系。

1.2.2.5 诚信原则

诚实守信，诚心诚意，以诚待人。诚实指待人真实无欺和说话客观公正；守信指说话算数，言行一致。不逢场作戏，言行不一。古人云：守礼者，定知廉耻，讲道义。商务礼仪的精髓在于发自内心地对他人的尊重、友好。

1.2.2.6 遵守原则

商务交往的参与者都应自觉、自愿地遵守礼仪，以礼仪规范一言一行，一举一动。任何人，无论身份高低，职位大小，财富多寡，都应自觉遵守、应用礼仪。

1.2.2.7 适度原则

掌握分寸，适度得体。适度是要把握与特定环境相适应的感情尺度。不同的交往背景，必须有不同的交往尺度，不得随意逾越。把握好感情适度的同时要注意言行适度。商务交往要热情友善，热情的表现要恰到好处，有一定的分寸，使人感到自然舒适。

1.2.2.8 宽容原则

宽即宽待，容即相容。宽容是待人的一般原则，也是商务礼仪所必须遵循的基本原则。要求既要严于律己，更要宽以待人。要豁达大度，有气量，有肚量，具体表现为一种胸襟，一种包容意识和自控能力。

1.2.2.9 从俗原则

由于国情、民族、文化背景的不同，商务交往实际上存在着“十里不同风，百里不同俗”的局面。对这一客观现实要有正确的认识，须做到入国问禁、入乡随俗、入门问讳。

1.2.2.10 自信原则

自信的人保持着一种积极主动的心理状态，决不会在商务活动中畏怯退缩，面对意外情况也能镇定自若，处变不惊，及时采取相应的措施。即使出了差错，也敢于落落大方地表示歉意，求得谅解，从而安然过关。

1.3 商务礼仪的功能与适用范围

1.3.1 商务礼仪的功能

商务礼仪的作用及重要性体现在其功能上。商务礼仪的功能主要有以下几点。

1.3.1.1 规范行为

礼仪最基本的功能是规范各种行为。商务礼仪作为指导、协调商务活动中人际关系的行为方式和活动形式，为各国家、各民族、各阶级、各党派、各社会团体以及各阶层人士共同遵守。商务礼仪的规范性使之便于实施，也便于通过专门训练达到预期效果。

1.3.1.2 塑造形象

形象是留给他人的印象，以及获得的社会评价。现代人形象至上，形象是金。礼仪讲究和谐，重视内在美和外在美的统一。礼仪在行为美学方面潜移默化地熏陶着人们的心灵，指导人们不断地充实和完善自我，使人们谈吐变得越来越文明，装饰打扮变得越来越富有个性，举止仪态越来越优雅，符合大众的审美情趣，体现时代特色和精神风貌。

个人讲究礼仪，会树立良好的个人形象；组织成员或组织全体成员都讲究礼仪，会树立良好的组织形象，赢得公众的赞誉。现代市场竞争除了产品竞争外，也表现在形象竞争上。具有良好信誉和形象的公司或企业，容易获得社会各方的信任和支持，可在激烈的竞争中立于不败之地。商务人员时刻注重礼仪，既是个人和组织良好素质的体现，也是树立和巩固良好形象的需要。

1.3.1.3 沟通协调

礼仪行为是信息性很强的行为，每种礼仪行为都表达一种甚至多种信息。商务交往双方只有按照礼仪的要求，才能更有效地向交往对象表达尊敬、钦佩、善意和友好，交往才可以顺利进行和延续。热情的问候、友善的目光、亲切的微笑、文雅的谈吐、得体的举止等，不仅能建立起好感和信任，唤起沟通的欲望，而且可以促成交流的成功，进而有助于事业的发展。

随着交往的深入，双方都会产生一定的情绪体验，表现为两种相异的情感状态：一是感情共鸣；一是情感排斥。礼仪容易增进感情，使双方互相吸引，导致良好人际关系的建立和发展。反之，如果不讲礼仪，粗俗不堪，就容易给对方造成不好的印象，产生感情排斥，造成人际关系紧张。

在商务交往中，不论何种关系，礼仪都承担着十分重要的“润滑剂”作用。礼仪的原则和规范，指导着人们立身处世的行为方式。交往双方都按照礼仪的规范约束言行，不仅可以避免不必要的感情对立与矛盾冲突，还有助于建立和加强相互尊重、友好合作的和谐有序的新型关系。

1.3.1.4 传递信息

人类需求的普遍真理有以下几组关键词。第一层次：爱、幸福、快乐、友好、成功、美好；第二层次：奋斗、珍惜、信任、努力、信仰；第三层次：健康、顺利、富裕、吃饱穿好、社会秩序等。这些都不是产品创造的，而是人与人之间通过交流，传递的信息。

1.3.1.5 展示价值

在充满竞争的时代，商家要想成为赢家，需要向消费者传递明确的信息——比竞争者提供更多的价值。为此，就必须做到：第一，测算所传递的价值，并与竞争对手作比较；第二，以强有力的方式向客户展示价值。要很好地展示价值，传递有效信息，就需要注重商务礼仪。

商务礼仪是如此重要，可以说它本身没有成本，没有价值，但它可以创造想象不到的价值、利润，使企业获得成功。借用奥巴马访华时说的话，它是一种“普世原则”；用胡锦涛总书记的话来表达，商务礼仪是一种“软实力”。

1.3.2 人际交往距离与商务礼仪的适用场合

1.3.2.1 人际交往距离

商务交往时，讲究距离有度。商务人际交往距离分为四种：

（1）私人距离。又叫亲密距离。小于 0.5 米以至无穷接近，适用于家人、夫妻、恋人。

（2）常规距离。又叫交际距离。大于 0.5 米且小于 1.5 米，一般情况下与人保持的距离。

（3）礼仪距离。又叫尊重距离。1.5 米到 3.5 米之间，适用于长辈、上司、尊长。

（4）公共距离。又叫有距离的距离。大于等于 3.5 米，公共场所与陌生人保持的距离。

手势、目光、表情适当运用，一般都可以控制自己的“界域”。

1.3.2.2 商务礼仪的适用场合

商务礼仪主要适用于 3 种场合，其他场合不需要讲商务礼仪。

（1）初次交往场合。初次打交道要给人留下好的印象，特别要讲究礼仪。

（2）商务交往场合。工作中，公事公办，跟单位外行业外的人打交道，即便是熟人也要讲礼仪。商务交往中最关注礼仪的 5 个方面：庆典、仪式、商务会议、商务活动（谈判）、商务接待。商务活动中讲礼仪的作用有：划清界限、公事公办、维护所在单位形象。

（3）涉外商务交往场合。国际交往，和外国客人打交道，要讲究礼仪，而且要讲究国际礼仪和国际商务礼仪。

1.4 商务礼仪修养

礼由心生是礼仪的最高境界，礼仪应成为个人内心的一种高度自觉。

1.4.1 商务人员礼仪修养的内容

提高个人的礼仪修养，首要的是提高个人的思想道德修养。道德是礼仪的基础，礼仪是道德的表现形式。要提高礼仪水平，就要加强个人的道德修养。个人道德修养内容比较广泛，包括道德认识、道德情感、道德意志、道德信念、道德行为和习惯等，其中最主要的是道德意识修养和道德行为修养。道德意识修养主要通过学习道德知识，加强职业道德、社会公德和家庭伦理道德的修养，形成正确的道德观念。道德行为修养主要通过实践培养良好道德行为的自觉性和习惯性，要从小事做起，从点滴做起，勿以善小而不为，勿以恶小而为之。

1.4.1.1 道德认识

对道德现象、道德关系、道德原则和规范的认识。包括道德经验的积累，道德价值概念的形成，道德理论知识的学习，道德判断力的提高等。

1.4.1.2 道德情感

指人们依据一定的道德标准，对现实的道德关系和自己或他人的道德行为等所产生的爱憎好恶等心理体验，是个人道德意识的构成因素。

在个人的道德品质构成中，道德情感具有三种作用：①评价作用，能以某种情绪状态，表明某种道德关系和道德行为是否具有正当性和合宜性；②调节作用，能以某种情绪倾向，强化或削弱个人对某种道德义务的认识和实践；③信号作用，能以特有的情绪形式如表情、动作，向他人传递其道德行为价值的信息，或从他人的某种情绪形式中获取自己道德行为价值的信息。个人一旦对某种义务和行为形成道德情感，就会积极地影响其道德选择。某种道德情感一旦扩展为社会性的情感，就会程度不同地影响社会道德风尚。

陶冶道德情感是道德教育和道德修养的重要环节。它包括两方面的任务：一方面是形成和增强同所获得的道德认识相一致的道德情感；另一方面是改变与应有的道德认识相抵触的道德情感。形成和增强健康的、正当的道德情感，不但要诉诸个人理智，诉诸个人对理想人格的追求，而且更需要个人在实践中经受长期的甚至痛苦的磨炼。

1.4.1.3 道德意志

道德意志是道德意识的内容之一。指人们在履行道德义务过程中表现出来的自觉克服一切困难和障碍、做出抉择的顽强毅力和坚持精神，也是构成个人道德品质的要素。它能促使人们将内在的道德意识、道德情感、道德信念外化为道德行为，帮助人们自觉地调节自己的言行和情感，克服内外部的各种困难障碍，坚持自身认定的行为方式，形成行为习惯。当人们坚持某种道德的正义性并决心践行时，就会在内心产生一种坚强的信念和意志力，从而严格要求自己，果断地做出行为抉择，并努力保持行为的稳定性和一贯性。在道德修养中，自觉地磨炼道德意志，是培养和造就个人道德品质的关键之一。

1.4.1.4 道德信念

人们通过对社会道德规范的认识和了解，在自身强烈的道德情感驱动下，对某种道德理想、道德原则和规范的内心确信，对履行某种社会道德义务产生的强烈责任感，是构成道德品质的主要因素之一。一旦形成，具有相对的稳定性和持久性。

1.4.1.5 道德行为和习惯

一切具有善恶价值并应承担道德责任的个人活动，受一定社会条件制约并具有某种社会倾向，是人们按照一定道德原则和规范，在个人利益和社会整体利益关系上，从本人意志出发自主选择的行为。道德行为过程包括三个基本环节：确定目的和形成动机；实际的行动；行动后的效果和评价。道德行为包括两种基本类型，即道德的行为（或称为善行）和不道德行为（或称为恶行）。个人的道德行为整体表现其道德品质状况，社会的全体或绝大多数成员所共有的道德行为体现该社会总的道德风尚。

1.4.2 提高商务礼仪修养的途径

提高商务礼仪修养的途径，主要有以下几方面。

1.4.2.1 学习科学文化知识

通过书籍、网络等途径广泛阅读艺术作品，广泛涉猎科学文化知识，最大限度地丰富自己的学识。

1.4.2.2 学习礼仪知识

提高个人的礼仪修养，还要主动学习礼仪知识，自觉接受礼仪教育，从思想上、理论上提高礼仪修养水平。可利用图书资料、广播电视、互联网、培训、专修等渠道，全面、系统地学习礼仪知识。

1.4.2.3 加强礼仪实践

积极参加社交实践活动，逐步提高礼仪能力。提高礼仪修养，必须积极运用礼仪，参加交际实践，做到知行统一。通过反复实践提高礼仪运用的熟练程度，摸索礼仪运用的技巧，把握礼仪运用的规范性，真正成为一个知礼、守礼、行礼的人。

1.4.2.4 良好的心理素质

素质是一个集生理学、心理学、社会学、教育学等多种意义的综合范畴。可理解为以人的先天禀赋为基础，在后天环境和教育的影响下逐步形成和发展起来的比较稳固的身心特征，是个人的品德、阅历、智慧、风度、气质、性格、知识、技能等方面的综合表现。可以说，素质既包括了待开发的人的身心潜能，又包括社会发展的物质文明与精神文明成果在人的身心结构中的内化与凝聚。人的基本素质要求主要体现在思想素质、心理素质、文化素质和生理素质四个方面。

1. 思想素质

主要包括优秀的道德品质和强烈的职业意识。具体表现在勤奋敬业、忠诚可信、团结协作、廉洁奉公和遵纪守法等方面。

2. 心理素质

（1）心理素质构成。心理素质是人的素质结构的核心因素，是使人的素质各部分联系起来成为能动发展主体的内部根据。心理素质以人的自我意识发展为核心，由积极与社会发展相统一的价值观所导向，包括认知能力、需要、兴趣、动机、情感、意志、性格等智力和非智力因素有机结合的复杂整体。根据工作需要，商务人员应具备以下心理素质：①追求卓越、渴望成功的心理；②自信的心理与坚强的意志；③热情的心态与开朗的性格；④广泛的兴趣与宽广的胸怀。

（2）排除心理障碍。心理障碍是指影响个体正常行为和活动效能的心理因素或心理状态。在公关与商务活动中，礼仪主体会不同程度地表现出以下常见的心理障碍，应该及时进行调整。

1）嫉妒。嫉妒是由于别人胜过自己而引起抵触的消极情绪体验。嫉妒心理可通过以下几方面来克服：一要正确认识他人的成功；二要及时打消嫉妒念头；三要树立科学的竞争观念。

2）羞怯。羞怯心理是绝大多数人都会有的一种消极心理。羞怯心理可通过以下方法克服：一是松弛训练法。当感到紧张、心跳过速时，转换视线、变换姿势、几句寒暄可在一定程度上缓解羞怯心理。二是认知平衡法。羞怯大多是由自卑等心理不平衡状况所致。在由自卑导致胆怯的时候，可以从内心进行认知的自我平衡，不要对自己全盘否定；相反，多想想自己的长处，从而产生自信。三是气氛转换法。在与他人交往时，可能会难于启齿，从而导致心理紧张。此时转换话题，使气氛得以缓和，等到气氛融洽，有利于说出真情时，心平气和地说明意图。四是模仿法，即经常有意识地注意观察和模仿那些泰然自若、善于交际、活泼开朗的人的言谈举止，克服自身的羞怯弱点。

3）自卑。这是由于生理、心理和其他方面（如家庭、工作等）的某些缺陷，有时是自以为是的缺陷，而产生的轻视自己、看不起自己，认为己不如人的一种消极心理。自卑心理可通过以下几方面克服：一是正确评价自己；二是增加成功经历；三是树立自信心；四是积极与他人交往。

4）猜疑。这是社会交往中的大忌。具有这种消极心理的人，疑心重重，真假难辨，甚至无中生有。猜疑心理可通过以下几方面克服：一是自我暗示；二是自我安慰；三是及时沟通。

3. 文化素质

商务活动工作的性质决定了从业人员必须具有较高的文化素质，包括丰富的社会经验和广博的文化知识。

4. 生理素质

生理素质是指在先天遗传性和后天获得性的基础上发展起来的人体形态结构和生理功能上相对稳定的特征，包括生理解剖特点（性别、年龄、体型、体质、体格、神经系统、脑、感觉器官等）和生理机能特点（反应速度、运动能力、应激水平、负荷限度、对环境的适应能力、对疾病的抵抗能力等）。商务人员经常代表组织开展对外交往，在某种意义上代表着组织的外在形象，应具有适中的体型、端庄的仪表、潇洒的风度和健壮的体魄。此外还应具有旺盛的精力、清醒的头脑、敏捷的思维、较强的应变能力，能够及时、准确地捕捉信息，正确地估计事物发展态势，适时采取措施，做出反应。

1.4.3 提高商务礼仪修养的方法

提高商务礼仪修养，可以从以下几方面着手。

1.4.3.1 反省

不依赖别人，靠自己的努力达到道德的完善。“为人谋而不忠乎？与朋友交而不信乎？传不习乎？”“吾日三省吾身”。每天反省三件事：为别人做事是否尽心？与朋友交往是否有不讲信用的地方？老师传授的知识是否温习过？强调严于律己，高度自觉，这是修养道德最普遍的办法。

1.4.3.2 存心

人的本性中固有恻隐之心，善恶之心，辞让之心，是非之心，要保存、保持一切好的善端，不因诱惑而丧失本性，存善心以养性。

1.4.3.3 主敬

随时收敛身心，无论何时何地，都慎重小心，这是修养的功夫。

1.4.3.4 重学

“三人行，必有我师”，重视道德知识学习。

1.4.3.5 力行

“学而不行，无异于不学”。重视学习，更重视力行。

1.5 学习商务礼仪的作用与意义

1.5.1 商务礼仪的作用

商务礼仪的作用可概括为八个字：内强素质，外塑形象。也可概括为五个字：问题最小化。实际上就是效益最大化。商务礼仪最基本的作用是“减灾效应”：少出洋相，少丢人，少破坏人际关系。具体可表述为三个方面。

1.5.1.1 内强素质——提高个人素质

跟他人交往，恰到好处地展示自己的素质非常重要。教养体现于细节，细节体现素质。商务人员的素质是个人修养及其表现。礼仪可以有效地展现施礼者和受礼者的教养、风度与魅力，体现个人对他人和社会的认知水平、尊重程度，是个人学识、修养和价值的外在表现。比尔·盖茨说过：“在市场竞争的条件下，企业在市场上的竞争首先是员工素质的竞争。”从个体来看，是个人素质的竞争；从企业来看，是企业形象的竞争。

1.5.1.2 外塑形象——维护个人和企业形象

个人讲究礼仪，就会在公众面前树立良好的个人形象。商务人员注重礼仪，既是个人和组织良好素质的体现，也是树立和巩固良好形象的需要。商务交往中个体代表整体，个人形象代表组织形象、企业形象、产品形象，甚至代表国家形象。个人的一举一动、一言一行，就是本企业典型的活体广告。

1.5.1.3 增进交往——有利于商务往来

亚里士多德曾说过，一个人不和别人打交道，不是一个神就是一个兽。多交朋友，广结善缘，必然要跟他人打交道。商务交往有规矩，讲艺术，强调操作性，学习商务礼仪有助于建立良好的人际关系，有利于商务往来。

1.5.2 学习商务礼仪的意义

讲究商务礼仪的目的是为了实现相互尊重，达到商务交往的和谐。

1.5.2.1 学习商务礼仪是社会人的基本需要

美国心理学家马斯洛的需要层次论认为，人的需要从低级到高级，可以划分为生理需要、安全需要、社交需要、尊重需要和自我实现需要五个层次。社交需要、尊重需要和自我实现需要从不同角度对礼仪的呼唤。社交需要是指爱和归属的需要。表现为生活在社会中的人，重视人与人之间的交往，希望得到爱和被爱，希望归属于一个集团或群体，互相关心、互相照顾。这种爱和归属的需要，在文化传统中就演化成对礼仪的呼唤。尊重需要包括自尊和来自他人的尊重两方面。自尊需要包括获得信心、能力、本领、成就、独立和自由的需求；他人的尊重需要是渴求社会和他人的注意、承认、接受、赏识，有尊严、有地位、有威望的需要。礼仪的本质是反映对他人的尊重，尊重需要表现在行为上，就是以各种各样的礼仪形式认真地对待自尊和他尊。自我实现需要是指人们对充分发挥自己的才能和取得各种成功的需要。

礼仪作为人类一种特殊的行为，与自我实现需要有着密切关系。首先，自我实现需要是礼仪行为的重要心理基础，因为礼仪行为的形象作用有利于人们自我价值的实现；其次，自我价值是否实现的根本性标志在于社会群体的认可和评价，在此过程中礼仪的中介作用非常重要；再次，从行为理论看，行为主体要使其内在心理目标社会化，必然借助一定的行为方式，其中包括礼仪所涵盖的行为举止、服饰谈吐、待人接物等内容。

1.5.2.2　学习商务礼仪是社会主义道德建设的需要

2001 年 10 月国务院公布的《公民道德建设实施纲要》指出：全社会要大力倡导“爱国守法、明礼诚信、团结友善、勤俭自强、敬业奉献”的基本道德规范，努力提高公民道德素质，促进人的全面发展，培养一代又一代有理想、有道德、有文化、有纪律的社会主义公民。并指出：“开展必要的礼仪、礼节、礼貌活动，对规范人们的言行举止，有着重要的作用。”礼仪与道德是互为表里、相得益彰的辩证统一关系，道德是礼仪的内在灵魂，礼仪是道德的外在表现，二者具体地统一在个人的思想和行为之中。学习礼仪，是社会主义道德建设的需要，是做“四有新人”的前提。

1.5.2.3　学习商务礼仪是加强职业道德修养的需要

职业道德是与人的职业角色和职业行为相联系的一种高度社会化的角色道德，涵盖了从业人员与服务对象、职业与职工、职业与职业之间的关系，是所有从业人员在职业活动中应该遵循的行为准则。加强商业职业道德建设，是提高人们的商业信用意识和职业道德水准，整顿和规范市场经济秩序，促进市场秩序健康发展的治本之策和必由之路。商务礼仪所显现的敬人、诚信、友善是商业职业道德必不可少的一部分。

1.5.2.4　学习商务礼仪是适应市场经济发展的需要

市场经济的发展带来了大范围的分工协作关系和商品流通关系，促进了人与人之间、组织与组织之间、地域与地域之间的相互依赖和相互合作，同时更带来了激烈的市场竞争，对于企业或服务行业而言，需要积极地适应由“卖方市场”向“买方市场”的转变，这种转变需要具体的人去实施和操作，实践者必须懂得现代的商务礼仪。在市场经济的氛围下，商务人员学习礼仪知识，是个人事业与组织事业的双重要求。

1.5.2.5　学习商务礼仪是适应对外开放的需要

礼仪是世界的通用语言。随着我国加入 WTO 和世界经济一体化进程的加快，我国同世界各国的贸易往来日益频繁。在涉外商务交往中，商务人员不仅仅代表自己、代表所在企业、更代表着国家的形象，因而有很高的礼仪要求。学习涉外商务礼仪，掌握涉外礼仪规范，为商务人员顺利地走向世界打下基础。商务人员不仅要继承和弘扬中华民族的传统礼仪，还应了解和尊重别国的风俗习惯。只有尊重他人，才能赢得他人的尊重；只有按照国际礼仪标准与他国公民进行交往，才便于相互理解和沟通，增进友谊，避免失误，促成贸易合作。

∷延伸阅读

商务礼仪基本理论补充知识

1. 人际交往的白金法则

1987年，美国学者亚历山大德拉博士和奥康纳博士发表论文阐述白金法则：在人际交往中要取得成功，就一定要做到交往对象需要什么，我们就要在合法的条件下满足对方什么。

人际交往中有两个问题最重要。第一个问题，是摆正位置。第二个问题，是端正态度。

2. 商务交往礼仪中的作为

商务礼仪中的作为有两个方面：有所为，有所不为。

3. 人际交往的3A法则

美国布吉林教授告诉我们，向别人表达尊重和友善恰到好处的沟通技巧有三，用英文来说，这三个词的第一个字母都是A，所以他把它叫3A法则。

3A是指接受对方（Accept）、重视对方（Appreciate）和赞美对方（Admire）。

4. 商务人员的工作能力

商务人员的工作能力是职业能力与职业魅力的统一体，包括两部分。

（1）业务能力。业务能力只是基本能力，没有业务能力是做不好工作的，但是只有业务能力也不一定能做好工作。

（2）交际能力。交际能力被称为可持续发展能力。

5. 商务交往三要素

（1）沟通。礼仪是沟通技巧。

（2）认知。不懂规矩，对规矩认知不足，不仅有损个人形象，也有损所代表的企业形象。

（3）互动。所谓互动，就是要得到对方的反馈，产生效果。

课堂训练

任务驱动

1. 下一次课上女生将进行女士职业妆实训，请女生做好准备。

2. 下一次课上男生将进行仪容美化，请男生做好准备。

3. 下一次课上男生将观摩女士的化妆过程，并对全班女士妆容进行评价。全班女生也将对全班男生美化后的仪容进行评价。

4. 在下一次上课前预习下一模块内容，做好必要的实训准备。

训练项目

☆训练项目1-1　学生素面照

老师课前准备好照相机，或利用手机的拍照功能，在礼仪实训室或教室，用相机为每位学生拍3～5张照片，注意要有全身照、上身照、头部照。可由老师拍摄，也可由有特长的学生拍摄。这些照片我们定义为学生学习商务礼仪前素面照，即学生在未运用商务礼仪知识对自己的形象进行改善美化前的照片。这些照片由老师存档。在学生学习了仪表、服饰知识，进行了相应训练后，再照一组经过精心打扮的学生照，这两组照片的对比，可以让学生感受到学习与训练前后的个人形象变化。

☆训练项目 1-2 “商务礼仪商”测试

下面的测试题可帮助你了解自己的商务礼仪商（Business Etiquette Quotient，BEQ)，请选出下列情形中哪些能准确反映你通常是怎样做（而非你希望怎样做）的选项：

1. 我被邀请参加一项商务活动，我总是会在一星期内做出答复。

A. 是　　B. 有时　　C. 不是

2. 我总是在收到信息的同一天回电话。

A. 是　　B. 有时　　C. 不是

3. 无论是工作中还是在家里，我从不咒骂人。

A. 是　　B. 有时　　C. 不是

4. 我总是在被邀请进餐后，或收到礼物后，或别人对我做出任何善意表达之后，会回信或打电话感谢对方。

A. 是　　B. 有时　　C. 不是

5. 我的进餐礼节很好。

A. 是　　B. 有时　　C. 不是

6. 我将自己看作团体的一员，不会为了寻求上司对我个人业绩的奖励而单干独行。

A. 是　　B. 有时　　C. 不是

7. 我会立即处理重要的信件，而在一周内答复其余的。

A. 是　　B. 有时　　C. 不是

8. 在与来自另一种文化背景的人交往之前，我会花一些时间学习其文化中特有的礼仪，而不至于由于无知冒犯对方。

A. 是　　B. 有时　　C. 不是

9. 当别人的工作值得称赞时，我不会吝啬自己的口头或书面赞赏。

A. 是　　B. 有时　　C. 不是

10. 我会给我最重视的商业伙伴送去节日问候卡。

A. 是　　B. 有时　　C. 不是

计分方法如下：选 A 即“是”得 3 分，选 B 即“有时”得 2 分，选 C 即“不是”得1分。把所得分数相加总分达到 28 ～ 30 分，则商务礼仪商为优秀；25 ～ 27 分为良好；20 ～ 24 分为一般；10 ～ 19 分为不及格。

（资料来源：胡晓涓．商务礼仪．北京：中国建材工业出版社，2003。）

☆训练项目 1-3 课堂讨论

主题：礼仪的重要性；学习商务礼仪的必要性。

学生可分成 3 ～ 5 人一组，给各组 5 分钟左右的准备时间，讨论发言内容。老师可提示学生最好围绕一个案例来展开，使发言做到言之有物。每组由一名学生主发言，其他学生也可补充。每组发言时间由老师根据课堂时间掌握。

每组发言完毕，可由评委小组打分，也可由除本组外的全班学生以举牌表示赞赏等形式分出优劣，转化为分数。各组分数由老师记入平时成绩。

老师可对各组的发言进行点评，或者在结束时进行点评。

典型案例

修养是第一课

有一批应届毕业生22人，实习时被导师带到北京的国家某部委实验室参观。全体学生坐在会议室里等待部长的到来，这时有秘书给大家倒水，同学们表情木然地看着她忙活，其中一个还问了句："有绿茶吗？天太热了。"秘书回答说："抱歉，刚刚用完了。"林浩然听着有点别扭，心里嘀咕："人家给你倒水还挑三拣四。"轮到他时，他轻声说："谢谢，大热天的，辛苦了。"秘书抬头看了他一眼，满含着惊奇，虽然这是很普通的客气话，却是她今天唯一听到的一句。

门开了，部长走进来和大家打招呼，不知怎么回事，静悄悄的，没有一个人回应。林浩然左右看了看，犹犹豫豫地鼓了几下掌，同学们这才稀稀落落地跟着拍手。由于不齐，显得有点零乱。部长挥了挥手："欢迎同学们到这里来参观。平时这些事一般都是由办公室负责接待，因为我和你们的导师是老同学，非常要好，所以这次我亲自来给大家讲一些有关情况。我看同学们好像都没有带笔记本，这样吧，王秘书，请你去拿一些我们部里印的纪念手册，送给同学们作纪念。"接下来，更尴尬的事情发生了，大家都坐在那里，很随意地用一只手接过部长双手递过来的手册。部长脸色越来越难看，来到林浩然面前时，已经快要没有耐心了。就在这时，林浩然礼貌地站起来，身体微倾，双手握住手册，恭敬地说了一声："谢谢您！"部长闻听此言，不觉眼前一亮，伸手拍了拍林浩然的肩膀："你叫什么名字？"林浩然照实作答，部长微笑点头，回到自己的座位上。早已汗颜的导师看到此景，才微微松了一口气。

两个月后，同学们各奔东西，林浩然的去向栏里赫然写着国家某部委实验室。有几位颇感不满的同学找到导师："林浩然的学习成绩最多算是中等，凭什么推荐他而没有推荐我们？"导师看了看这几张尚属稚嫩的脸，笑道："是人家点名来要的。其实你们的机会是完全一样的，你们的成绩甚至比林浩然还要好，但是除了学习之外，你们需要学的东西太多了，修养是第一课。"

【问　题】

林浩然为什么能够成功？

【知识强化】认真独立完成知识巩固提高同步练习题。

PART2

职业形象篇

Chapter 2

第 2 章

仪表礼仪

【学习内容】

个人形象的要素及设计要素；仪容美的要素、原则及仪容修饰要领；仪表礼仪的原则与规则等。

【学习目标】

男士成为帅哥、绅士，女士成为靓女、淑女。通过端庄的仪表、整洁的仪容塑造个人的良好形象。构建良好的职业形象。

【情景导入】

王彤是某大学管理学院物流专业的学生，通过实习考核，毕业后她进入了一家港口物流企业从事物流管理工作。进入单位后，人力资源部门对新进员工进行了上岗前培训。从培训中，王彤知道了职场人要有一个良好的职业形象。那么一个良好的职场人形象，要从什么地方开始呢？

仪容仪表是人的外观，通常是外部轮廓、容貌、表情、服饰和举止的总和。仪表，即人的外表，包括容貌、举止、姿态、风度等。仪容仪表礼仪由静态礼仪和动态礼仪构成，静态礼仪是人静止状态下所展现的整体外观礼仪，动态礼仪是人的举止和表情礼仪。

人人都希望有让人赏心悦目的仪表美。讲究仪表礼仪，树立良好的个人形象。个人仪表不但体现文化修养，也反映审美趣味。穿着得体，不仅能给人留下良好的印象，赢得他人的信赖，而且还能提高与人交往的能力。相反，穿着不当会降低身份，损害形象。仪容仪表既讲究协调、色彩，也注意场合、身份，是一门艺术，同时是文化的体现。

2.1 个人形象

礼仪是公共关系的一门子学科，从属于公共关系学科。公共关系是社会组织塑造组织形象的科学。礼仪塑造的是个人形象，塑造人的形象的艺术就是礼仪。个人形象与个人礼仪密切相关，是个人成功的重要因素。个人礼仪包括仪容仪表、仪态举止、谈吐、着装等几个方面。随着社会的发展，文明的进步，个人形象设计已经成为人们生活和工作中不可或缺的组成部分。

个人仪表真实地体现其文化修养、教养和品位，反映其审美趣味、精神风貌和生活态度。商务礼仪中的“形象”即外界对商务人员和企业的印象和评价。“形象”构成的要素包括知名度和美誉度。形象就是宣传，形象就是效益，形象就是服务，形象就是生命，形象重于一切。

商务礼仪中的个人形象，主要指职业形象，表现为仪表——整体的从上到下的、外在的表现，侧重于着装；仪容——重点在人的上半部分，在人的肉体长相；仪态——重点在神情、气质。本章主要介绍仪容礼仪与仪表礼仪，着装（服饰）礼仪和仪态（举止）礼仪将在后面以专章介绍。

2.1.1 个人形象六要素

个人形象在构成上主要包括六个方面。

2.1.1.1 仪表

仪表者外观也，指个人形体的基本外观。重点是头部和手部。基本要求是无异味，无异物。男士要做到前发不附额，侧发不掩耳，后发不及领。修面是男士魅力的亮点。化妆是女士职业形象的标志。

2.1.1.2 表情

表情通常指个人的面部表情，被称为人类的第二语言。表情要求自然，友善，有良性互动。

2.1.1.3 举止

举止指肢体动作，要表现出优雅的风度。关注举止文明，举止规范。

2.1.1.4 服饰

服饰为穿着的服装和佩戴的首饰的统称，是教养与阅历的最佳写照。服饰的关键是搭配到位，符合身份，和谐美感。

2.1.1.5 谈吐

谈吐即言谈话语。注意压低音量，慎选内容，礼貌用语。

2.1.1.6 待人接物

指与他人相处时的表现。为综合性要素，有三点基本要求：诚信为本、遵纪守法和遵时守约。如何待人接物，体现的是自尊和尊他的现代礼仪基本素养。

2.1.2 设计个人形象注意事项

2.1.2.1 个人定位

设计个人形象最重要的是个人定位。企业要定位，品牌要定位，产品要定位，个人也需要定位。不只是具备了某种条件就能成为某种人，按照想成为的那种人要求自己，付诸行动，最后才能名副其实地成为那种人。

2.1.2.2 “首轮效应”

所谓首轮效应，就是第一印象决定论，是决定形象好坏的关键点。人际交往中，特别是初次交往中，第一印象最重要。心理学实验证明：对对方产生第一眼印象，通常只需要大约30秒，有时仅需要7秒。西方学者总结了形象沟通的“55387”定律：决定第一印象的55%体现在外表、穿着、打扮，38%体现在肢体语言及语气，而谈话内容只占到7%。没有说话，给别人印象的93%已经决定了。初次亮相，要尽量在交往对象面前充分展示良好形象，争取获得对方的认可。

2.1.3 个人形象设计要素

2.1.3.1 体形要素

体形要素是形象设计诸要素中最重要的要素之一。良好的体形会给形象设计留下广阔的空间。完美的体形固然要靠先天遗传，但后天塑造也是相当重要的。长期的健体护身，合理饮食，性情宽容豁达，都有利于长久地保持良好的体形。对个人形象而言，体形是很重要的因素，但不是唯一的因素，只有与其他诸要素达到和谐统一，才能得到完美的形象。

2.1.3.2 发型要素

随着技术的发展，美发工具的更新，各种染发剂、定型液、发胶的出现，为塑造千姿百态的发型式样提供了可能，而反映不同年龄、职业、头型和个性的发型样式和风格又极大地表现出人物的性格及精神面貌。

2.1.3.3 化妆要素

化妆是传统、简便的美容手段。化妆用品的不断丰富，使过去简单的化妆扩展到当今的化妆保健，使化妆有了更多的内涵。“浓妆淡抹总相宜”，从古至今人们都偏爱梳妆打扮，特别是逢年过节、喜庆之日更为注重，由此可见化妆对展示自我形象的重要性。化妆是一种教养，有教养的女士会注意化妆。淡妆高雅、随意，彩妆艳丽、浓重。不同的妆容，与服饰、发式和谐统一，更好地展示、表现自我。化妆在形象设计中起着画龙点睛的作用。

2.1.3.4 服装款式要素

服装造型在人物形象中占据很大的视觉空间，因此，也是形象设计中的重点。选择服装款式、比例、颜色、材质，要充分考虑视觉、触觉对人心理、生理的反映。服装能体现年龄、职业、性格、时代、民族等特征，同时也能充分展示这些特征。形象设计除了美发美容外，还要了解服装的款式造型设计原理，及服装美学和人体工程学的相关知识。人们对服装的要求已不仅是干净整洁，而是增加了审美的因素。服装在造型上有A字形、V字形、直线形、曲线形；在比例上有上紧下松或下紧上松；在类型上有传统的含蓄典雅型、现代的外露奔放型。这些在形象设计中设计合理、运用得当，能使人的体形实现扬长避短的效果。

2.1.3.5 饰品、配件要素

饰品、配件的种类很多，颈饰、头饰、手饰、胸饰、鞋子、包袋等都是最常用的。每类饰配所选择的材质和色泽的不同，配饰能恰到好处地点缀服饰和人物的整体造型，使灰暗变得亮丽，平淡增添韵味。如何选择佩戴服饰，充分体现了穿着品位和艺术修养。

2.1.3.6 个性要素

全方位形象设计考虑的首要因素，即个性要素。回眸一瞥、开口一笑、站与坐、行与跑都会流露出个性特点。无视气质、性情等个性条件，一味追求穿着时髦，佩戴华贵，只会被人笑之为“臭美”。只有当“形”与“神”达到和谐时，才能创造自然得体的形象。

2.1.3.7 心理要素

人的个性有先天遗传，也可后天塑造，而心理要素完全取决于后天的培养和完善。高尚的品德、健康的心理、充分的自信，再配以服饰效果，就会有极其良好的个人形象。

2.1.3.8 文化修养要素

人与社会、人与环境、人与人之间是相互联系的，商务交往中，谈吐、举止与外在形象同等重要。良好的外在形象建立在自身的文化修养基础之上，人的个性及心理素质要靠丰富的文化修养充实和调节。具备了高度的文化修养，才能使自身的形象更加丰满、完美。

在形象设计中，如果将体形要素、服饰要素比为硬件的话，那么文化修养及心理素质就是软件。硬件可以借助形象设计师塑造，软件则需自身的不断学习和修炼。“硬件”和“软件”配合得当，才能达到形象设计的最佳效果。

2.2 仪容礼仪

人的外观、外貌，专业术语叫仪容。其中的重点，是人的容貌，这是静态礼仪最重要的组成部分。个人仪容会引起交往对象的特别关注，并影响到一方对另一方的整体评价，因而仪容是仪表的重中之重。精致妆容与发式发型是仪容礼仪的主要内容。

2.2.1 仪容美的含义

首先，仪容要求自然美。天生丽质，先天条件好。尽管人不可貌相，但先天美好的相貌，无疑会令人赏心悦目，感觉愉快。

其次，仪容要求修饰美。依照规范与个人条件，对仪容施行必要的修饰，扬其长，避其短，尽量显得自尊自爱，有利于塑造美好的个人形象。

最后，仪容要求内在美。通过不断提高个人的文化、艺术素养和思想、道德水准，培养高雅气质，陶冶美好心灵，秀外慧中，表里如一。

真正意义上的仪容美，是上述三方面的高度统一。忽视其中任何一个方面，都会失于偏颇。三者之中仪容的内在美是最高的境界，仪容的自然美是人们的心愿，而仪容的修饰美则

是仪容礼仪关注的重点。要做到仪容修饰美，自然要注意修饰仪容。修饰仪容的基本规则，是美观、整洁、卫生、得体。

2.2.2 仪容美的基本要素

仪容美的基本要素是貌美、发美、肌肤美，主要要求整洁干净。

美好的仪容一定能让人感觉到其五官构成彼此和谐并富有表情；发质发型使其容光焕发、英俊潇洒；肌肤健美使其充满生命的活力，给人以健康自然、鲜明和谐、富有个性的深刻印象。长相如何不是至关重要的，关键是心灵美。每个人都应从心理上接纳自己，欣赏他人。

2.2.3 仪容修饰

为了自我形象，有必要修饰仪容。修饰仪表首先是容貌，即个人面部。仪容修饰主要在发型、面部、口部和手部四个身体部位。容貌修饰的重点是发型、面部和口部三部分。仪容修饰要做到以下五点：其一，仪容要干净。勤洗澡、勤洗脸，脖颈、手都应干干净净，注意去除眼角、口角及鼻孔的分泌物。消除身体异味，勤换衣服，有狐臭要搽药品或及早治疗。其二，仪容应当整洁。即整齐洁净、清爽。这与自我形象的优劣关系极大，重在持之以恒。其三，仪容应当卫生。养成讲卫生的良好习惯。早晚刷牙，饭后漱口，指甲常剪，头发常理。其四，仪容应当简约。仪容既要修饰，又忌标新立异、“一鸣惊人”，简练、朴素最好。其五，仪容应当端庄。仪容庄重大方，给人以美感，易于赢得他人的信任。相形之下，将仪容修饰得花里胡哨、轻浮怪诞，只会让人敬而远之。

2.2.3.1 发型修饰

要想扮靓，从头做起。发型修饰最重要的是整洁、规范、长度适中、款式适合。条件允许，头发一天一洗，还应定期修剪。头发长度有要求，工作场合，男士头发一般不剃光，也不宜太长，不要长于 7 厘米。具体要求是：前发不附额，侧发不掩耳，后发不及领。不搞刘海，不挡住额头；两边头发不挡住耳朵；后面的头发不碰到衬衣领子。

干练的职场女性，发型应力求流畅、简洁。赶时髦或浪漫或花哨的发型，还是“忍痛割爱”比较好。奇异罕见的发型和黑色之外的染发不可轻易尝试。为了调节单调、沉闷的工作气氛，发型或绾或扎或放，可以交替变化使用。不妨使用诸如发带、发夹、发箍之类的饰品。保湿液、摩丝之类，可成为梳理时的得力助手，有效地帮助做出各种发型。

工作场合、重要场合，女士长发不过肩，不随便地自然披散过肩。上班或重要场合，长发最好束起来，编辫子用卡子或者发箍夹好。束发对人的要求较高，年龄越小束发越上，年龄越大越靠后，一般年龄超过 40 岁的妇女，身材再好也不宜束发。

工作场合发型应适合。一般来说，创造性行业如艺术创作者、演艺从业者、IT 行业从业者等允许保留张扬个性的发型和比较时尚的染发和烫发，商务人员发型一般要求庄重保守，不能过分时尚。发型的选择要适合性别、年龄、身份、场合和企业文化。

2.2.3.2 面部修饰

面部修饰最重要的是整洁。没有特殊的宗教信仰和民族习惯，男士养成每日剃须的好习惯，不留胡子。面部修饰除了整洁，还要注意多余毛发的修饰。男士鼻毛不能过长，耳朵里不能有毛，鼻毛和耳毛要适时地加以修剪。

2.2.3.3 口部

最被人注意的部位是头发、眼睛、嘴巴。看人一般是看鼻眼三角区，头发以下，下巴以上。口部最重要的是保持牙齿洁白，口气清新，力求无异物、无异味。养成饭后及时刷牙，及时照镜子的好习惯。尽量避免在会客前进食带有过分刺激性气味的葱、蒜、韭菜、海鲜等食物。一旦发现口腔有异味，应及时使用漱口水或喷剂清除。

2.2.3.4 化妆

化妆是使用化妆品进行自我修饰。在重要场合，女士化妆是基本礼貌。美化仪容仪表，化妆是很重要的手段。化妆品分为美容品、美发品、护肤品和除味品。化妆是礼貌，是对交往对象和他人的尊重，也是自尊自爱的表现。

1. 化妆的原则

女性商务人员化妆基本要求：淡妆上岗。化妆有以下几个基本原则：

（1）化妆要自然。“清水出芙蓉，天然去雕饰”。化妆的基本要求是自然，妆后自然无痕就是淡妆。工作场合一般不要化舞台妆，应当化淡妆，妆成有却无，力求给别人天生丽质的感觉。唇彩应考虑服饰、肤色的搭配，眼影应自然过渡。一般来说，化妆有晨妆、晚妆、上班妆、社交妆、舞会妆等多种形式，它们的浓淡程度都存在差别。化妆的浓淡根据不同的时间和场合选择。工作妆要简约、清丽、素雅，而舞会妆则可浓艳。

（2）化妆要协调。主要指的是整体协调、与环境协调和与身份协调。

1）整体协调主要包括三个部分，其一，化妆品之间要协调，最好成系列，因为不同的化妆品品牌的香型往往不一样，有时会造成冲突，达不到好的效果。其二，化妆的各个部位也要协调，不同部位的颜色要过渡好。如甲彩最好跟唇彩一个颜色。其三，要与服饰协调。

2）和谐就是美。环境协调就是要区分场合，要与场合协调一致。

3）身份协调就是要符合身份，对自己的身份要有准确的定位。

（3）扬长避短。突出美化脸上富有美感之处，掩饰面部的不足，以达到化妆的最佳效果。庄重保守，不求时尚前卫，符合常规审美标准。

（4）化妆避人。化妆或补妆应该遵循修饰避人的原则，不在公共场合化妆，切忌在他人面前肆无忌惮地化妆或补妆。当众化妆是男士们最讨厌的女性习惯。在公共场所众目睽睽之下修饰面容是没有教养的行为。确有必要化妆或补妆，需要梳头、抹指甲，选择无人的地方，如化妆间、洗手间等地。一般情况下，女士在用餐、饮水、出汗之后应及时补妆。

2. 化妆禁忌

选择适当的化妆品，选择与气质、脸型、年龄等特点相符的化妆方法，选择适当的发型，增添自己的魅力。从礼仪的角度看，化妆有如下禁忌：

（1）切忌浓妆艳抹。化妆浓、淡要看时间、场合，职场应以轻柔、优雅的淡妆为主。画眼线、涂口红恰到好处地画“龙”点“睛”。彩色眼影不宜涂得过多，口红不可涂得太鲜太亮。只有在参加社交晚会、参加文艺演出，以及新娘在结婚仪式上等场合才可以化浓妆。正式场合女士不化妆被认为是不礼貌的。

（2）忌在公共场所化妆。不是所有场合都适合化妆，化妆要私密，当众化妆，是不雅观的失礼行为，如果必须补妆，应到相对隐蔽的场所。补妆的动作要快，最好控制在几分钟内，长时间占据洗手间台面和水池，孤芳自赏，影响他人使用，同样也是失礼的。

（3）忌在男士面前化妆。在男士面前化妆的行为被认为风尘味十足，心理学家认为这有挑逗嫌疑。如果不想给别人留下这样的印象就不要这样做。

（4）忌非议他人妆容。由于文化、肤色等差异，以及个人审美观的不同，每个人化的妆不可能是一样的。切忌对他人的化妆评头论足。

（5）忌借用他人化妆品。除非特殊情况，切忌借用他人化妆品，即使是很亲密的朋友。这既不卫生，也不礼貌。每个女人的化妆盒都具有隐私性，隐藏着各自的喜好和习性，随便使用他人的化妆品，等于侵入他人隐秘的私人空间，是非常不礼貌的行为。而且，直接接触皮肤的化妆品、化妆用具最易带上个人细菌，出于健康考虑，也不应使用他人的化妆品，以免传染皮肤病。

（6）男士忌过分化妆。男子以整洁和反映自然肤色、五官轮廓和气度为佳。

3. 白领女士仪容禁忌

职场女性白领被称为“白领丽人”，应有端庄的职业形象。职场白领女士仪容禁忌主要有：

（1）忌发型太新潮。发型标新立异，时尚时髦，与职场白领女性的职业人身份不相吻合。

（2）忌头发如乱草。职场是工作场所，讲求效率，要求干净利索。头发杂乱，给人慵懒、邋遢的感觉，毫无职业形象可言。

（3）忌化妆太夸张。夸张的化妆，可远观不可近看，可表演展示不可行走职场。这是明显的场合错误。

（4）忌脸青唇白。工作要求职场人有良好的精神状态，脸青唇白，显得病态怏怏，让人怀疑能做得好工作、负得起责任。

（5）忌衣装太新潮。这与发型太新潮是一个道理。与职场白领女性的职业人身份不相称。工作就是工作，工作要有工作的装扮。

（6）忌打扮太性感。身材相貌、穿着打扮或动作，容易让异性产生性冲动的感觉，叫性感。性感即对异性具有诱惑力以致引起异性情欲的感觉。

（7）忌天天扮“女黑侠”。女性就是女性，性别应该分明。职场女性也应以展示女性的柔美为好。女扮男装，咄咄逼人，好像是女强人，其实也不受人欢迎。

（8）忌脚踏“松糕鞋”。松糕鞋是一种新形式的高跟鞋，鞋底像发糕一样厚。松糕鞋不适合走长路、走快路，容易跌倒，存在安全隐患。

2.3 仪表礼仪

仪表是人的综合外表，包括形体、容貌、健康状况、姿态、举止、服饰、风度等方面。风度是举止行为、待人接物时德才学识等内在修养的外在表现。风度构成仪表的核心要素。仪表是构成第一印象的主要因素。仪容仪表会影响他人对其专业能力和任职资格的判断，故而职场中人对仪表都应足够重视。

2.3.1 仪表的基本内涵

仪表是个人外部轮廓、容貌、表情、举止、服饰给人的总体印象，是个人精神面貌的外观体现。卫生习惯、服饰与形成和保持端庄大方的仪表有密切关系。

2.3.1.1 卫生

清洁卫生是仪容美的关键，是礼仪的基本要求。不管长相多好，服饰多华贵，若满脸污垢，浑身异味，必然破坏其美感。养成良好的个人卫生习惯，做到入睡起床洗脸、脚，早晚、饭后勤刷牙，经常洗头、洗澡，讲究梳理勤更衣。不在人前“打扫个人卫生”。剔牙齿、掏鼻孔、挖耳屎、修指甲、搓泥垢等，都应该避开他人进行，否则，不仅有碍雅观，也不尊重他人。

2.3.1.2 服饰

服饰反映了个人文化素质高低，审美情趣雅俗。具体说来，服饰既要自然得体、协调大方，又要遵守约定俗成的规范或原则。服装不但要与具体条件相适应，还必须时刻注意客观环境、场合的要求，优先考虑时间、地点和目的三大要素，使穿着打扮与时间、地点、目的保持协调一致。

2.3.2 仪表修饰的原则

仪表反映人的精神状态和礼仪素养，是交往中的“第一形象”。天生丽质、风仪秀美的人毕竟是少数，然而每个人都可以化妆修饰、发式造型、着装佩饰等手段，弥补和掩盖容貌、形体等方面的不足，在视觉上把自身较美的方面展露、衬托和强调出来，使形象得以美化。成功的仪表修饰一般应遵循以下原则：

2.3.2.1 适体性原则

要求仪表修饰与个体自身的性别、年龄、容貌、肤色、身材、体形、个性、气质及职业身份等相适宜、相协调。

2.3.2.2 TPO 原则

即时间（Time）、地点（Place）、场合（Occasion）原则，简称 TPO 原则。要求仪表修饰因时间、地点、场合的变化而相应变化，使仪表与时间、环境氛围、特定场合相协调。

2.3.2.3 整体性原则

要求仪表修饰先着眼于人的整体，再考虑局部，使修饰与人自身的诸多因素之间协调一致，浑然一体，营造出整体风采。

2.3.2.4 适度性原则

仪表修饰无论是修饰程度，还是饰品数量和修饰技巧，都应把握分寸，自然适度，追求虽刻意雕琢而又不露痕迹的效果。

2.3.3 仪表礼仪的三个规则

2.3.3.1 注重仪表协调

指人的仪表要与年龄、体形、职业和所在场合吻合，表现和谐，给人以美感。对于年龄来说，不同年龄的人有不同的穿着要求，年轻人应穿着鲜艳、活泼、随意，体现出年轻人的朝气和蓬勃向上的青春之美。中老年人着装要注意庄重、雅致、整洁，体现出成熟和稳重。对于不同体形、肤色的人，服饰应考虑扬长避短。职业的差异对于仪表的协调也非常重要，教师的仪表应庄重，学生的仪表应大方整洁，医生的穿着要力求显得稳重而富有经验。仪表也要与环境相适应，在办公室的仪表与在外出旅游时的仪表当然应有不同。

2.3.3.2 注意色彩搭配

红、橙、黄等暖色调给人以温和、华贵的感觉，紫、蓝、绿等冷色调使人感到凉爽、恬静、安宁、友好，白、黑、灰等中和色给人平和、稳重、可靠的感觉，是最常见的工作服装用色。选择服装外饰物的色彩，应考虑各种色调的协调，选定合适的颜色。

2.3.3.3 注意场合变化

根据不同的场合着装。喜庆场合、庄重场合及悲伤场合要遵循不同的规范与风俗，应有不同的服装。

::延伸阅读

发型设计

1. 发型与身材

人的头部与身高要符合一定的比例，全身平衡才能显出整体美。一般认为比较理想的身材是身长和头的比例为 7 ～ 7.5:1。设计发型，应从个人的整体比例出发，选择与体形协调的发式，弥补体形的缺陷以充分显示体形美。

（1）适合矮小身体的发型。矮小身材应突出小巧秀丽的特点。头发不宜烫大波浪而显得蓬松，也不宜留得过长，尤其不适合烫披肩长发。

（2）适合高大身材的发型。身材高大的人发型设计要大方、奔放、洒脱。梳中长发或长发较适宜，发型轮廓应蓬松，后发保持椭圆形，直长发、束发、盘发或短发均可。总之要突出简洁、明快、线条流畅的特点。

（3）适合矮胖身材的发型。矮胖身材的人一般采用短发式，顶部头发高耸，两侧头发服帖，后鬓修成斜方形。也可侧发向前蓬松或扣边向前，掩盖胖而圆阔的面庞。

（4）适合瘦高身材的发型。这种身材的人应加强发型的修饰性。发型轮廓保持圆形，头发烫出有波浪的卷曲状，并以层次分明为佳；也可将头发向后梳，露出面庞，以显得丰满。

2. 发型与脸型

（1）发型对脸型的修饰方法。脸型是决定发型的最重要因素之一，发型的可变性可以修饰脸型。前者是发型与脸型的协调配合，后者是利用发型来弥补脸型的缺陷。常见的方法有：

1）衬托法。利用两侧鬓发和顶部部分，改变脸部轮廓，分散原来瘦长或宽胖头型和脸型的视觉。

2）遮盖法。利用头发组成合适的线条，以掩盖头面部某些部位的不协调及缺陷。

3）填充法。利用宽长波浪发填充细长头颈，借助发辫、发鬓填补头面部的不完美之处，或缀以头饰来装饰。

（2）常见脸型的发型设计有：

1）圆（胖）脸

圆（胖）脸女性应尽量采用中长发或长发，以切削脸部周围的直线型长发或将发蓄留至肩膀上为宜。

2）长脸

脸形偏长的女性适合刘海，少许刘海可缩短脸的长度。

3）方脸

方脸的女性最在意自己的宽腮帮。修剪出长短错落有致的刘海可转移视线。

课堂训练

任务驱动

1. 形象展示

分为个人形象展示和集体形象展示。下一次课堂实训时间，若干名学生分别或集体展示自己的形象设计效果。有意愿的学生先报名，并做好准备。

2. 仪容互查

每次上课前利用 5～10 分钟的时间，学生以两人为一组，组合性别不限，但不可重复组合，即学生甲和学生乙进行仪容互查。检查完毕后，可在老师主持下，评选本次仪容最好的 10 名学生，并记录平时表现成绩。检查 3～5 周。

3. 在下一次上课前预习下一章内容，做好必要的实训准备。

训练项目

☆训练项目 2-1　女士职业妆

1. 操作标准

总体上，要求女士妆容清新自然，端庄大方。具体要求有以下几点：

（1）化妆色彩要与个人内在气质相吻合。

人的气质特点各不相同，有人是清纯可爱型，有人是高雅秀丽型，有人是浓艳妖媚型。色彩要与类型相适应，清纯可爱型要选择粉色系列的化妆色彩，忌浓妆和强烈的色彩；高雅秀丽型可选择玫瑰或紫红色系列的色彩，眼影尽量不用对比强烈的颜色，以咖啡色、深灰色最合适；浓艳妖媚型可选用热情的大红色，眼影可采用强烈的对比色，如用深绿或深蓝色作为眼部化妆的强调色。

（2）化妆色彩要与个人年龄相吻合。年龄较小的可尽量用淡色，如粉红色系口红（粉红、粉桔）；年龄稍大的可用较深或较鲜艳的色彩，深色及鲜艳的色彩给人醒目的感觉，看起来也较成熟。

（3）化妆色彩要与个人肤色相吻合。具体要求做好三个方面的选择：

一是粉底的选择。以下颌与颈部连接的部位肤色试粉底颜色，最好与肤色完全一致或比肤色浅一度，不选太白或太暗、与肤色差异较大的颜色。

二是腮红的选择。对于肤色较白的人，可选粉红色系列；而肤色较深的人，应选咖啡色系列，使肤色看起来更健康。有提亮效果的腮红可用来显示额头。

三是口红的选择。浅色有银光的口红有使嘴巴显大的效果。口红与肤色的搭配也有学问，皮肤较黑的人，不可涂浅色或含银光的口红，因为浅色口红会与肤色形成对比，使之显得更为黯淡。而肤色较白的人较幸运，任何颜色皆可用。皮肤较黑的人必须特别注意色彩的选择，避免用黄、粉红、银色、淡绿或浅灰色口红，可涂暖色系较偏暗红或咖啡系的口红，将皮肤衬托得较白且协调。

（4）化妆色彩应与服饰的颜色协调。

1）浅色如粉色系列的服装，在化妆时色彩应该素雅，与服装颜色一致。

2）深色单一色彩服装，选择临近或同色系的彩妆搭配。如绿色或蓝色服装，选择对比色系的彩妆如大红色、橙色搭配。

3）黑、灰、白颜色服装，选择较鲜艳、较深、无提亮效果的彩妆搭配。

4）红色系有花纹图案的服装，选择图案中的主要色彩或同色系但深浅不同的色彩搭配。

5）有花纹图案的服装，其中主要色彩是蓝、绿色系，化妆色彩可采用对比或对比同色系的色彩搭配。

6）眼部化妆的色调，选用与服装相同或对比色搭配。

2. 化妆训练

（1）组织学生观看化妆课录像或者视频演示，例如《眼线以及瘦脸的技巧》、《雅姿基础化妆》等。

（2）化妆全过程操练

1）妆前准备三部曲

第一步：束发（女士）。

第二步：洁肤。

正确的洗脸方法，具体程序如下：首先，将浸过热水的毛巾（水温以稍有点烫手为宜），轻轻盖在脸上（如果脸上有彩妆，要先用卸妆液卸妆），用手指将毛巾轻轻往下压，毛巾贴紧面部和眼部皮肤，让毛巾上的热气停留约 30 秒，以促进脸部的血液循环。然后，洗脸时以绕圆圈的手势，用指腹轻轻地按摩清洗。用毛巾吸干面部水分。舀一匙食盐倒在手心，加点热水化成浓溶液，再将溶液像抹洗面奶一样抹遍面部（眼部除外），轻轻划圈按摩（手上的力度要轻，因为有些食盐结晶可能没充分溶解，用力稍大会搓伤皮肤），30秒后用清水洗净。油性皮肤和每天化妆的人可以天天用食盐洗面，干性和中性皮肤者则隔一两天洗一次。

第三步：修眉。

首先从眉毛下方开始修起，在眉毛上方向下放置眉梳，眉梳外露出的毛使用剪刀修剪，不要修剪过多。接下来修剪眉毛上方。在眉毛下方向上放置眉梳，修剪上方露出的眉毛。不用一次修剪到位，而要悉心地一点一点进行修剪。较细的余毛用镊子拔取，最后检查较细的余毛。无法修剪的地方用镊子从根部开始沿着眉毛的走向一根一根地拔除。用透明睫毛膏梳理眉毛走向，沿眉头至眉梢的方向抹刷，调整眉毛走向。基本上只要根据自己眉毛的大致线条，处理多余的杂毛，瞬间改变不整洁的印象，增加醒目效果。

2）具体步骤

步骤1：化妆的基础在于完美的妆面，洗好脸后，涂好乳液，再涂上隔离霜，然后涂上粉底，要一层层用粉扑推匀。如果不足，再用遮瑕膏，把粉扑在脸上。上粉底时可用按摩的手法，淡化细纹，令肤色红润。再喷一点化妆水定妆，可使粉和皮肤贴合，再用高光粉（白色的眼影也可）分别刷额头、鼻梁、两眼下方眼袋（就是长黑眼圈的地方）、下巴，使脸型更加挺拔。

步骤2：实验证明先画眼影比先画眼线的妆面好，颜色深的涂在双眼皮位置上面一点，淡的涂在眼窝处，在眼尾处加深颜色，眼角处涂上高光，使眼睛看着有神；画眼线的技巧在于用眼线笔把睫毛处的空隙填满，画出来的眼线就自然；眼珠上方的眼线加深加黑，显得眼睛有神；眼尾处画的弧度和眼尾睫毛一致。夹睫毛时可先把睫毛夹用吹风筒加热，这样定型效果比较好。睫毛分3次夹，分别从根部、中间和尾部进行。刷睫毛膏可以用棉签挡在眼皮和睫毛中间，然后呈Z字形从里开始往外刷，要将睫毛刷立起来刷。

步骤3：将眉毛修出满意的形状，一般眉毛修出来的长短和鼻梁成45度角，眉粉或者眉笔颜色要适合整体妆容，颜色不要深于发色。黄色系的头发，可以用颜色淡一点的眉粉，黑色头发用棕色。

步骤4：打腮红可以弱化眼袋下方的线条感，将其斜斜地打在鼻翼两侧，使之呈椭圆形往太阳穴处晕开，把眼袋带给人的不好气色统统扫掉。

首先，先用化妆刷蘸足够的腮红（像练习书法时用毛笔蘸墨汁的感觉），然后在纸上轻轻掸一下，让多余的腮红粉末掉落下来。

其次，对着镜子微笑，脸颊上颧骨突出的部位就是涂腮红的区域，把腮红涂在这个部位会增加脸部的立体感。

再次，化妆刷在脸颊上轻轻画圆圈，由内向外一边画一边向斜上方耳朵处涂，向着一个方向薄薄地、一层层地涂，一直到皮肤微微发热为止。如果能看出腮红的颜色就说明涂得过厚，仅仅能感觉出颜色就恰到好处。不小心涂厚了，可在上面涂一些粉压压颜色，使颜色变得淡一些。

最后，刷上剩余的腮红可以涂到下巴、鬓角和额头发髻处，这些部位轻轻扫上一些腮红，可使脸颊看上去更加光彩照人。

（3）妆后检查

首先，看妆容是否对称。比如眉毛的形状大小长短弧度，粉底色彩浓淡是否均匀。其次，看妆容是否过渡自然。重点查看脸与脖子、鼻梁与鼻侧、腮红与脸色、眼影层次的过渡情况是否均匀。最后，看整体与局部是否协调。

（4）补妆

步骤1：用吸油面纸将脸上分泌旺盛的油脂吸干净。

步骤2：用能够保湿肌肤的喷雾喷全脸，不仅能及时补充水分，还能舒缓疲劳的肌肤。

步骤3：30秒后，用纸巾摊在脸上轻轻摁干多余的水分。

步骤4：用化妆棉轻轻擦去残余的眼影粉和腮红。

步骤5：用遮瑕膏涂抹在有瑕疵或暗疮的部位。

步骤6：用粉扑蘸取粉饼均匀地扑在脸上，仔细修复粉底脱落的部位，尤其是容易出油和泛黄的T字区。

步骤7：重新涂抹腮红，如果随身携带粉底液专用的化妆棉，可用化妆棉在脸颊部位轻轻晕开，能令腮红更加服帖持久。

步骤8：最后在眼睛下方、T字区位抹上具有提亮效果的亮粉，使脸型看起来更有立体感。

（5）不同脸型的化妆

1）椭圆脸型。这是最合理想的脸型，要尽量保持其完整。这一脸型的化妆要着重自然，不要有所掩饰。

眉毛：顺着眼睛把眉毛修成正弧形，位置适中，眉头与内眼角齐。

胭脂：在颧骨最高处，向后向上化开。

嘴唇：依唇样涂成最自然的样子，除非嘴唇过大或过小。

发式：采用中分头路，左右均衡的发型最为理想。

2）长脸型。属于这种脸型的，应利用化妆增加面部宽阔感。

眉毛：位置不可太高而有角，眉毛尤不应高翘。

胭脂：抹在颧骨的最高处与太阳穴下方所构成的曲线部位，然后向上向外抹出。前端距离鼻子要远些。

嘴唇：可稍微涂得厚些。两颊下陷成窄小者，宜在后两部位敷淡色粉底成光影，使其显得较为丰满。

发式：可采用七比三或更偏分的头路，这样可使脸看起来宽些。发型以发际下垂及两边有发卷为宜。

3）圆脸型。这种脸型是可爱的，要修成理想的椭圆形并不困难。

眉毛：不可平直和起角，不可太弯，应为自然的弧形和带少许弯曲。

胭脂：涂法是从颧骨一直延伸到下颚部，必要时可利用暗色粉底做成阴影。

嘴唇：部分上唇化成阔而浅的弓形，均匀涂成圆形小嘴。

发式：以六比四的比例分头路最好，可使脸不显得太圆，两侧要平伏一点，若有刘海，须弄厚些，并要有波浪。

4）方形脸型。化妆时注意增加柔和感，以掩饰脸上的方角。这种脸型的人，两边颧骨很突出，因此要设法掩饰。

眉毛：眉毛要稍阔而微弯，不可有角。

胭脂：不妨涂得丰满一些。可用暗色粉底改变面部轮廓。

发式：头发四比六分或中分都可，偏分侧发型可造成不平衡的感觉。

5）三角脸型。三角脸型即额部较窄而两腮大，显得上小下阔，此类脸型的化妆秘诀与圆脸、四方脸差不多。

眉毛：宜保持原状态。

胭脂：由眼尾外方向抹涂，对于两腮可用较深的粉底掩饰。

嘴唇：唇角稍向上翘。

发式：头发以七比三偏分，使额部显宽阔。发型以波浪或卷发增加力量。

6）倒三角脸型。此脸型与三角脸型刚好相反，即是瓜子脸、心形脸，特点是上阔下尖。

眉毛：眉形应顺着眼睛的位置，不可向上倾斜。

胭脂：涂在颧骨最高处，然后向上向后化开。

嘴唇：要显得柔和。下巴特别尖小的人，脸的下部要用浅色粉底，过宽的前额宜用较深的粉底。

发式：头发以四比六偏分使额部显小，发型要造大量的蓬松发卷，并遮掩部分前额。

☆训练项目 2-2　男生对女生妆容进行评价

男生观摩女生化妆全过程，必要时对女生化妆给予协助。女生化妆完成后，由全班男生对全班女生妆容进行打分评价。

有条件的，也可以对男生进行仪容修饰。然后由全班女生对全班男生的仪容进行打分评价（见表 2-1）。

表 2-1　职场形象设计评价评分表

考评人		被考评人			
考评地点		考评时间			
考核项目	考核内容	分　值	小组评分 50%	教师评分 50%	最后得分
职场形象设计	1. 服装选择及穿着规范	30			
	2. 发型规范	10			
	3. 妆容规范	15			
	4. 配饰规范	10			
	5. 创意	10			
	6. 整体造型印象	10			
	7. 现场答辩	10			
	8. 主持人及解说员表现	5			
	合计	100			

注：考评满分为 100 分，60 ～ 69 分为及格，70 ～ 79 为中等，80 ～ 89 分为良好，90 分以上为优秀。

典型案例

会打扮有形象，勤工作获好评

王芳，某高校文秘专业高才生，毕业后就职于一家公司做文员。为适应工作需要，上班后，她毅然放弃了“清纯少女妆”，化起了整洁、漂亮、端庄的“白领丽人妆”：不脱色粉底液，修饰自然、稍带棱角的眉毛，与服装色系搭配的灰度高偏浅色的眼影，紧贴睫毛根部描画的灰棕色眼线，黑色自然型睫毛，再加上自然的唇型和略显浓艳的唇色，虽化了妆，却好似无妆，整个妆容清爽自然，尽显自信、成熟、干练的气质。

但在公休日，她又来了个大变脸，化起了久违的“青春少女妆”：粉蓝或粉绿、粉红、粉黄、粉白等颜色的眼影，彩色系列的睫毛膏和眼线，粉红或粉橘的腮红，自然系的唇彩，看上去娇嫩欲滴，鲜亮淡雅，整个身心都倍感轻松。

心情好，自然工作效率就高。工作一年来，王芳以得体的外在形象、勤奋的工作态度和骄人的业绩，赢得了公司同仁的好评。

【问　题】

如何评价王芳的两种妆容？

【知识强化】认真独立完成知识巩固提高同步练习题。

Chapter 3

第 3 章 服饰礼仪

【学习内容】

服饰的功能，着装的基本原则，服饰的色彩哲学，商务着装基本规范，职场着装禁忌。男士西装的款式，男士穿西装的规则，领带的打法，男士穿西装禁忌。职业女性着装规则，女士商务着装要求，女性正装套裙正确穿法，女性着装注意事项，女性着西装“六不”，职业女性着裙装“五不准”。饰品佩戴原则，女性商务场合首饰佩戴要求。手袋、公文包、钱夹礼仪。

【学习目标】

通过得体的服饰塑造良好的个人形象，构建良好的职业形象。

【情景导入】

上官媛媛（女）从某高校外语系商务德语专业毕业后，应聘到世界500强之一的某国际知名公司，从事前台接待工作。钱强华（男）与上官媛媛毕业于同一院校，他是学市场营销的，应聘到同一公司，担任营销主管。请问如果你是上官媛媛或者钱强华，作为职场中人，你将如何穿衣打扮？换句话说，你将以怎样的个人形象出现在你的工作岗位上？

这里的服饰，指的是商务人士的着装。古今中外，着装体现着社会文化，体现着个人的文化修养与审美情趣，是身份、气质、内在素质的外在表现。从某种意义上说，服饰是一门艺术，它所传达的情感与意蕴甚至难以用言语来表达。在各种正式场合，得体的着装展示仪表美，有助于增强个人魅力，留下良好的职业形象。注重服饰礼仪是每个事业成功者的基本素养。

3.1 服饰的一般理论

尽管以貌取人并不可取，但服饰越来越成为礼仪的重要部分，穿着打扮的得体不仅是个人品位的体现，更成为人们彼此认知的一个尺度。服饰，通俗地讲就是穿着打扮，是个人仪表中非常重要的组成部分。穿着影响职业形象。英国伟大的作家莎士比亚说过“一个人的穿着打扮，是他自身教养最形象的说明”。穿着打扮是教养、品位、地位的最真实的写照。穿着得体，不仅能赢得他人的信赖，给人留下良好的印象，而且还能够提高与人交往的能力。相反，穿着不当会降低身份，损害形象。商务交往中，尤其是在正式场合，穿着打扮越来越受重视。

着装，即服装的穿着，既是一门技巧，更是一门艺术。从礼仪的角度看，着装是系统工程，不单指穿衣戴帽，更折射出其教养与品位。从本质上讲，着装与穿衣有区别。穿衣看重服装的实用性，将服装穿在身上遮羞、蔽体、御寒或防暑而已，无须考虑其他。着装则大不相同，着装实际上是个人基于自身的阅历、修养或审美品位，在对服装搭配技巧、流行时尚、所处场合、自身特点进行综合考虑的基础上，在力所能及的前提下，对服装的精心选择、搭配和组合。各种正式场合，不注意着装会遭人非议，注意着装可树立良好形象。

3.1.1 着装的基本特点

着装要得体，进而做到品位超群，就必须兼顾个体性、整体性、整洁性、文明性、技巧性等方面。

3.1.1.1 个体性

正如世间每片树叶都不完全相同，每个人都有自己的个性。着装既要认同共性，又绝不能因此而放弃个性。着装坚持个体性，具体来讲有两层含义：第一，着装应当照顾自身特点，做到“量体裁衣”，扬长避短。第二，着装应创造并保持自己所独有的风格，在允许的前提下，着装应与众不同。不宜随波逐流，穷追时髦，千人一面，毫无特色。

3.1.1.2 整体性

正确的着装，各部分不仅要“自成一体”，而且要相互呼应、配合，应当基于统筹的考虑和精心的搭配，在整体上尽可能显得完美、和谐。各部分之间忌缺乏联系，“各自为政”。着装坚持整体性，重点注意两个方面。其一，恪守服装本身约定俗成的搭配。如穿西装，应配皮鞋，不能穿布鞋、凉鞋、拖鞋、运动鞋。其二，服装各部分相互适应，局部服从整体，力求展现整体之美，全局之美。

3.1.1.3 整洁性

在任何情况下，着装都要力求整洁，避免肮脏或邋遢。着装坚持整洁性，应体现于四个方面：第一，着装应当整齐。不允许又折又皱，不熨不烫。第二，着装应当完好。不应又残又破，乱打补丁。至于“乞丐装”，在正式场合应禁穿。第三，着装应当干净，不能又脏又臭，令人生厌。不以任何理由穿脏衣。第四，着装应当卫生。对于各类服装，都要勤于换洗，不允许有明显的污渍、油迹、汗味与体臭。

3.1.1.4 文明性

穿着服装是人与兽的一大区别。不仅要会穿衣戴帽，而且要做到文明着装。着装的文明性，即着装文明大方，符合社会道德传统和常规做法。具体要求，一忌穿过露的服装。正式场合袒胸露背，暴露大腿、脚部和腋窝的服装，应忌穿。大庭广众打赤膊，更在禁止之列。二忌穿过透的服装。倘若内衣、内裤“透视”在外，令人一目了然，昭然若揭，当然有失检点。不穿内衣、内裤，更要禁止。三忌穿过短的服装。不要为标新立异，穿着小一号的服装。更不要在正式场合穿短裤、小背心、超短裙，不仅行动不便，频频“走光”，也失敬于人，使他人多有不便。四忌穿过紧的服装。不要为了展示线条而有意选择过于紧身的服装，打扮得像“性感女郎”。不要使内衣、内裤的轮廓在过紧的服装之外隐隐约约。

3.1.1.5 技巧性

不同的服装，有不同的搭配和约定俗成的穿法。如穿单排扣西装，上衣两粒纽扣的要系上面一粒，三粒纽扣的要系中间一粒或是上面两粒。女士穿裙子，丝袜的袜口应被裙子下摆所遮掩，不宜露于裙摆之外。穿西装不打领带时，内穿的衬衫不系领扣等，都属于着装的技巧。要学会穿法，遵守穿法。着装的技巧性，要求着装时依照其成法而行。

3.1.2 商务着装的基本原则

3.1.2.1 个性化原则

个性化原则指着装依个人的性格、年龄、身材、爱好、职业等要素，力求反映个性特征。选择服装因人而异，着重在展示所长，遮掩所短，显现独特的个性魅力和最佳风貌。现代人的服饰呈现出越来越强的表现个性的趋势。个性化原则有三个要点：一要注意时代特点，体现时代精神；二要注意个人性格特点；三应符合自己的身体条件。

3.1.2.2 和谐原则

着装特别讲究协调。和谐原则主要体现在以下三个方面：

（1）着装要满足担当不同社会角色的需要。社会生活是多方面、多层次的，在不同的场合担当不同的社会角色，根据具体情况选择不同的着装，以满足担当不同社会角色的需要。

（2）着装要和肤色、形体、年龄相协调。较胖的人不穿横格的衣服；肩胛窄小的人可以选择有衬肩的上衣；颈短的人可选择无领或低领款式的上衣；中老年妇女不穿超短裙。

（3）着装要注意色彩搭配。色彩，款式，面料被称为服饰三要素（见 3.1.4），色彩是第一要素。色彩搭配的方法有亲色调和法和对比色调和法。亲色调和法是将色调近似但深浅浓淡不同的颜色组合在一起。对比色调和法将对比色搭配，使之对立，既突出各自的特征，又能相映生辉。

3.1.2.3 TPO 原则

着装要考虑时间（Time）、地点（Place）和场合（Occasion），因三者英文分别以 T、P、O 开头，故称之为 TPO 原则。

（1）时间。时间既指每一天的早、中、晚三个时间段，也包括每年春夏秋冬季节更替，以及人生的不同年龄阶段。时间原则要求着装考虑时间因素，做到随“时”更衣。不同时段的着装规则对女士尤其重要。

（2）地点。也叫环境原则。指根据环境变化选择服饰。置身在室内或室外，驻足于闹市或乡村，停留在国内或国外，身处于单位或家中，不同的地点，着装的款式理当不同，不可以不变应万变。

（3）场合。不同的场合有不同的服饰要求，只有与特定场合的气氛相一致、相融合的服饰，才能产生和谐的审美效果，实现人境相融的最佳效果。衣着要与场合协调，着装场合可分为公务场合、社交场合、休闲场合三类，将在后面商务着装基本规范里面做介绍。

3.1.3 服装的功能

第一个功能：实用。衣服最本质的功能是遮羞、御寒、防暑。

第二个功能：表示地位和身份。服装非常重要的功能是展示穿着者的地位。服装不是没有生命的遮羞布，它不仅是布料、花色和缝线的组合，更是一种社会工具，向社会其他成员传达信息，向他人宣布：穿着者是什么个性的人，是不是有能力的人。

第三个功能：审美。人和兽的一大区别，人有审美品位。服装可以展示品位和艺术造诣。女性在着装方面要更有道德魅力、审美魅力、知识魅力及行为规范魅力。

3.1.4 服饰三要素

服饰三要素是色彩，款式，面料。

3.1.4.1 服饰色彩哲学

色彩具有某种社会象征性，许多色彩象征着某种性格、情感、追求等。

黑色——象征神秘、悲哀、静寂、死亡、刚强、坚定、冷峻等；

白色——象征纯洁、明亮、朴素、神圣、高雅、恬淡、空虚、无望等；

黄色——象征炽热、光明、庄严、明丽、希望、高贵、权威等；

大红——象征活力、热烈、激情、奔放、喜庆、福禄、爱情、革命等；

粉红——象征柔和、温馨、温情等；

紫色——象征高贵、华贵、庄重、优越等；

橙色——象征快乐、热情、活力等；

褐色——象征谦和、平静、沉稳、亲切等；

绿色——象征生命、新鲜、青春、新生、自然、朝气等；

浅蓝——象征纯洁、清爽、文静、梦幻等；

深蓝——象征自信、沉静、平稳、深邃等；

灰色——中间色，象征中立、和气、文雅等。

服饰色彩搭配的基本方法一般包括同色搭配法、相似搭配法和主辅搭配法三种。服饰色彩还应该与个人的身材、肤色等协调一致 。

3.1.4.2 西装款式

款式是服饰三要素的第二要素。

按件数划分，西装可以分为套装西装、单件西装。按纽扣划分，西装可以分为单排扣西装，双排扣西装。按适用场合划分，可以分为正装西装，休闲西装。

世界上西服有三种流行的风格：欧式、美式、英式。美式宽松、不贴身，腰部呈筒形，后中开衩。欧式剪裁得体，强调垫肩，肩部方正，双排扣较多。欧式更适合中国人的形体。英式无垫肩或只有一点垫肩，腰部略有形状，有绅士格调和品位，多为单排扣。

3.1.4.3 西装面料

毛料应为西装首选布料，其他纯天然质地且质量上乘的面料也可。

3.1.5 商务着装基本规范

3.1.5.1 符合身份

着装要符合身份，一般强调男女之别，长幼之别，职业之别，身份之别，国际交流中还要加上民族之别。着装要符合身份，男人要像男人，女人要像女人；老人要像老人，孩子要像孩子；职员要像职员，经理要像经理。

3.1.5.2 扬长避短

每个人的身材都有优缺点，根据自身胖瘦黑白，注意扬长避短。脖子比较短的人，不穿高领衫，穿U领或者V领，露出一段胸部，适当补缺。腿粗短的女士，尽量不穿超短裙。

3.1.5.3 遵守常规

约定俗成的规矩要讲。如领带夹的部位，领带打好后的黄金分割点0.618，从上往下大约三分之二的位置；合身的7粒衬衫在第4～5粒扣子中间，6粒衬衫在第3～4粒扣子中间。这样西服能挡住领带夹。

3.1.5.4 区分场合

场合不同着装不同。着装的三大场合：

1. 公务场合

公务场合也叫办公场合，工作场合。办公场合指的是上班的时间，衣着应庄重考究。特点是庄重保守。选择制服（CIS）或套装（首选西装套装/裙）或长裤长衫/长裙三种，不能穿时装和便装。工作场合穿套装制服，整齐划一，表示郑重其事，严肃严谨。

2. 社交场合

工作之余的交往应酬场合。主要有宴会、舞会、音乐会、聚会、拜会等情况。特点是时尚、个性。听音乐会、看芭蕾舞、出席正式宴会，选择时装、礼服（可选中式礼服，男中山装，女单色旗袍）、民族服装如中国的传统旗袍或西方的长裙晚礼服，不穿制服。

3. 休闲场合

工作之余个人的自由活动时间，居家休息、健身运动、观光游览、逛街购物等。特点是舒适自然。朋友聚会、郊游穿休闲装、牛仔装、沙滩装、运动装，不穿套装和制服。

3.1.6 职场着装六禁忌

一忌过分杂乱。制服不是制服，便装不像便装。

二忌过分鲜艳。不能严重违反三色要求，不能过分鲜艳，不能过分花哨。

三忌过分暴露。一般在重要场合着装讲究六不露：不暴露胸部，不暴露肩部，不暴露腰部，不暴露背部，不暴露脚趾，不暴露脚跟。女士不能“超低空”，影响品位形象。

四忌过分透视。内衣不能让人透过外衣看到。穿的内衣一目了然，这不是时尚，是没有修养。

五忌过分短小。

六忌过分紧身。在商务交往中尤其不允许。

3.2 男士职场着装礼仪

男士穿西装体现身份，是个高端问题。正装西装三要求：单色（深色，首选蓝，次选灰，后选黑。黑色只用于婚丧等仪式），纯毛，单排扣。藏蓝色西装是商界男士首选。

3.2.1 男士穿西装的“三个三”规则

男士正装为西装。男士穿西装应遵循“三个三”规则。

3.2.1.1 三色原则

男士穿西装最重要的是三色原则，是穿西装的最高水准要求。正规场合，西装、套装全身颜色（色系）不能多于三种。一般西装深色，皮鞋和袜子黑色，衬衫白色，领带的颜色和西装颜色一致最佳。包括上衣、裤子、衬衫、领带、鞋子、袜子在内，全身颜色应在三种之内。

3.2.1.2 三一定律

着西装时，鞋子、腰带和公文包三件要求一个颜色。重要场合，首选黑色。

3.2.1.3 三大禁忌

一忌袖子上的商标没拆。商标必须要拆掉。二忌领带出问题，主要是质地和颜色不符合要求。领带质地选择真丝和毛，除非制服配套否则不用“一拉得”。颜色一般采用深色。短袖衬衫打领带只能是制服短袖衬衫。非常重要的场合，尤其国际交往，穿衬衫，没穿外套，没穿西装套装不打领带。穿非职业装和短袖装不打领带，穿夹克不打领带。三忌袜子色彩、质地出问题。正式场合不穿尼龙丝袜，尼龙丝袜不吸汗、不通气，容易产生异味，妨碍交际。不穿白色袜子，皮鞋颜色和袜子一致最好，或者裤子的颜色跟袜子颜色一致，至少穿深色，决不穿白色，除非穿白皮鞋。袜子颜色以与鞋子颜色一致或其他深色袜子为佳。

3.2.2 西装扣子与口袋

3.2.2.1 西装扣子

西装有单排扣与双排扣之分。穿单排扣西装可以敞开，也可以扣上扣子。双排扣的西装扣子要全系上。

西装背心扣子。西装背心有6粒扣与5粒扣之分。6粒扣最底下的那粒可以不扣，而5粒扣的则要全部都扣上。

3.2.2.2 西装口袋

上衣口袋只作装饰，不装东西，但必要时可装折好花式的手帕。西装左胸内侧衣袋，可以装票夹（钱夹）、小日记本或笔。右胸内侧衣袋可以装名片、香烟、打火机等。裤兜与上衣袋一样，不能装物，以求裤型美观。但裤子后兜可以装手帕、零用钱等。

3.2.3 西装衬衫

西装衬衫要求：应为高织精纺的纯棉、纯毛面料，或以棉、毛为主要成分的混纺面料；颜色必须为单一色，白色为首选；以无图案为最佳；领型以方领为宜；正装衬衫应为长袖衬衫。

西装衬衫穿法：衬衫的第一粒纽扣，穿西装打领带时应系好。袖子长短要适度，最美观的做法，衬衫的袖口露出1厘米到1.5厘米为宜。衬衫的下摆不可过长，要塞到裤子里。不穿西装外套只穿衬衫打领带仅限室内，而且正式场合不允许。

3.2.4 西裤

西装讲究线条美，所以西裤必须要有中折线。西裤长度以前面能盖住脚背，后边能遮住1厘米以上的鞋帮为宜。不能随意将西裤裤管挽起来。

3.2.5 皮鞋和袜子

3.2.5.1 皮鞋

穿整套西装应穿皮鞋。正式场合一般穿黑色或咖啡色皮鞋。穿套装要配制式皮鞋。男士制式皮鞋是系带的黑皮鞋。制式皮鞋与制服配套。上班尤其穿制服时，露趾和露跟的凉鞋是不得体的。

3.2.5.2 袜子

穿整套西装应穿与西裤、皮鞋颜色相同或较深的袜子，一般为黑色、深蓝色或藏青色。

3.2.6 领带

领带是男士服饰的灵魂，是男士每天最有效变换服装效果的工具。在西方，领带、手表与法式袖扣被认为是男士身上的三大佩饰。

领带要求：面料有讲究，质地一般以真丝、纯毛为宜；色彩有讲究，应选用与制服相称、光泽柔和、典雅朴素的颜色为宜；款式有讲究，不能选择简易式领带；质量有讲究，外形美观、平整、无挑丝、无疵点、无线头、衬里毛料不变形、悬垂挺括、较为厚重。

打领带要注意场合，打领带意味着郑重其事；注意与之配套的服装，西装套装非打不可，夹克等则不能打；注意性别，为男性专用饰物，女性一般不用，除非制服和作装饰用；注意长度，以自然下垂最下端（即大箭头）到皮带扣处为宜；注意领带夹，要高质量，要注意夹的部位；注意结法，挺括、端正、外观呈倒三角形。领带三种时尚打法：

一是有个窝，因其形得名为“男人的酒窝”。

二是不用领带夹。有地位有身份的男士和时尚人士一般不用领带夹，取其飘逸之感。但有两种人是用领带夹的。一种是穿制服的人。工商、税务、警察、军人，领带夹统一制作，上有国徽、警徽、军徽标志，用于识别身份。另一种是较为德高望重的领导，领带不能乱动，夹着比较稳重。

三是领带的长度。领带下端箭头在腰带扣的上端为宜。西服一般不扣最下面的扣子，合身的西服最下面扣子正好在腰带扣处，这样领带不至于露出下端。

3.2.7 西装着装八忌

一忌西裤过短；二忌衬衫放在西裤外；三忌不扣衬衫扣；四忌西服袖子长于衬衫袖；五忌领带太短；六忌西服上装两扣都扣上（双排扣西服除外）；七忌西服的衣裤袋内鼓鼓囊囊；八忌西服配便鞋。

3.3 女士着装礼仪

3.3.1 职业女性着装规则

女性商务人员着装尤为重要。职业女性着装一直是被争论的问题。职业女性着装应遵守如下规则。

3.3.1.1 套装是最适合女性的服装

若将几组套装作巧妙的搭配，不仅是现代化的穿着趋势，也符合经济原则。但过分花哨、夸张的款式应避免；极端保守的样式则应掌握配饰点缀，避其过于呆板之嫌。

3.3.1.2 质料要讲究

所谓质料是指服装采用的布料、裁制手工、外形轮廓等条件。职业女性应选择质料精良的套装。

3.3.1.3 过分性感或暴露的服装工作场合不宜

这会给人留下“花瓶”的印象，会惹起男同事或上司的非分念头，惹出不必要的麻烦；甚至会影响升职的可能。看重自身职业或事业心重的女性，尤应注意。

3.3.1.4 考虑着装的适应性

懂得以巧妙的装饰免除更衣烦恼，出门前，最好先作安排以策万全。

3.3.1.5 强调“整体美”

穿着礼仪要求，在适当的时间、地点及场合作合宜的装扮。职业女性着装应讲究，整体装扮也应讲究，以保持良好的职业形象。

3.3.1.6 不同风格着装不妨一试

职业女性穿着套装固然非常适宜，但凡是能够表现职业女性应有风范的服装也都值得一试。

3.3.2 女士商务着装要求

商务场合女性要靓丽端庄，常规的要求是：穿套裙，制式皮鞋（即高跟或者半高跟的船形皮鞋），高筒丝袜，盘发。束发也可，但束发要求较高。

3.3.2.1 着职业套装（裙装）

正规场合下，女性裙装是正装，裤装是便装。穿着套裙，能够恰如其分地展示职业女性的认真工作态度和温婉的女性美。

3.3.2.2 鞋子要求

穿皮鞋，也可穿正装凉鞋。不穿有过高、过细鞋跟的时尚鞋，不穿前不露脚趾后露脚跟的凉鞋。

3.3.3 女性正装套裙正确穿法

3.3.3.1 套裙选择

套裙款式分为两件套、三件套两种。

面料：女士套裙面料选择的余地要比男士西装大得多，宜选纯天然质地且质量上乘的面料。上衣、裙子、背心要求同一面料。

颜色：以冷色调为主，以体现着装者典雅、端庄、稳重的气质，颜色要求清新、雅致而凝重，忌鲜艳色、流行色。

图案：讲究朴素简洁，以无图案最佳，或选格子、圆点、条纹等图案。

点缀：不宜添加过多，以免琐碎、杂乱、低俗、小气，有失稳重。

尺寸：包括长短和宽窄两方面。女士裙子一般有三种形式：及膝式、过膝式、超短式（白领女性超短裙裙长应不短于膝盖以上15厘米）。裙装有四种基本形式：上长下长式、上长下短式、上短下长式、上短下短式。从宽窄的角度讲，上衣可分为松身式、紧身式（倒梯形造型）两种。

造型主要有四种：①“H”形。上衣宽松，裙子为筒式。②“X”形。上衣紧身，裙子为喇叭状。③“A”形。上身紧身，下裙宽松式。④“Y”形。上身松身式，裙子紧身式。

款式：衣领多样，衣扣多样，裙子形式多样。

3.3.3.2 套裙穿法

大小适度：上衣最短齐腰，袖长刚好盖住手腕，裙子可达小腿中部，整体不过于肥大或过于紧身。

穿着到位：衣扣全部扣好，不得随便脱掉上衣。

考虑场合：商务场合宜穿，宴会、休闲等场合不宜。

协调妆饰：高档次的穿着打扮，讲究着装、化妆和佩饰风格的统一。

兼顾举止：着装与行为举止相互配合、相互协调，着装典雅，举止优雅。

3.3.3.3 套裙搭配

衬衫：面料轻薄柔软，颜色雅致端庄，无图案，款式保守。

内衣、衬裙：不外露、不外透、颜色一致、外深内浅。

鞋袜：穿制式皮鞋，跟制服配套。黑色牛皮鞋为首选，或与套裙颜色一致。袜子应为单色，肉色为首选。

3.3.4 女性着装注意事项

3.3.4.1 职业女性着装注意“九过分”

1. 过分时髦

现代女性热爱流行时装很正常，不刻意追求，也会受到流行时尚左右。成功的职业女性对于流行的选择必须有正确的判断力，工作场合主要表现工作能力而非赶时髦的能力。职业女性着装应平淡朴素。

2. 过分暴露

许多职业女性夏天就不够注重身份，穿着颇为性感。天气再热也应注意仪表，否则才能和智慧被忽视，甚至会被判为轻浮。正式商务场合身体的胸部、肩部、大腿等部位不宜暴露，通常要求不暴露胸部、肩部、腿。

平日着装稍暴露点可以，但商务交往中不能过分暴露。至少两个部位不能露：一不能暴露胸部，不能穿超低空一字领；二不能暴露肩部，正规场合不能穿无袖装，如吊带裙、背带裙、太阳裙、背心之类。这些衣服暴露腋毛，而腋毛在异性眼里绝无美感可言，甚至等同于垃圾箱。

3. 过分正式

现象常见。主要原因是无适合的服装。

4. 过分潇洒

最典型的是一件随随便便的T恤或罩衫，配上一条泛白的“破”牛仔裤，与工作环境和气氛丝毫不协调。

5. 过分可爱

许多俏丽可爱的服装款式，容易给人轻浮不稳重之感。

6. 过分鲜艳

商务人员正式场合着装色彩较为繁杂，过分鲜艳，过分花哨，图案多，色彩乱，都是职场着装的大忌。

7. 过分透视

社交场合穿着透视装往往是允许的，但在正式的商务交往中着装过分透视就有失于对他人的尊重，有失敬于对方的嫌疑。现在流行透视装，但上班时不能穿，既不美观也不文明。

衣服再薄，天气再热也不能使内衣、背心、文胸、内裤等若隐若现，甚至一目了然，更不能让内衣外穿。

8. 过分短小

正式场合，商务人员的着装不可过于短小。不可穿短裤、超短裙，非常重要的场合不许穿露脐装、短袖衬衫。超短的含义是指超过了膝盖以上15厘米，15厘米以下的不在其列。还要注意，很正规的场合，短小的衣服不能穿之外，还要注意内外衣的协调。男士正式场合身着短裤是绝对不允许的。

9. 过分紧身

工作场合和社交场合有区别，社交场可穿着非常紧身的服饰，但比较正式的场合不能穿。紧身装是为了展示线条，工作场合穿着过于紧身，凸显线条分明，略失庄重。

3.3.4.2 女士着西装“七不许”

1. 不许杂乱无章

着装过于杂乱是指不按照正式场合的规范要求着装。不按规定着装，歪戴帽子斜穿衣，或有制服不穿。杂乱的着装会给人留下不良印象，使客户对企业的规范化程度产生疑虑。着装过分杂乱也是有失水准和身份的表现。

2. 不许套装过大或过小

不要穿低腰裤露肚脐，上衣最短齐腰，西服裙子最短到小腿中部；要典雅合体，体现服饰美。

3. 不许衣扣不到位

不能不系上衣扣，敞胸露怀。更不能当着人脱下套装以示随和泼辣。

4. 不许不穿衬裙

衬裙颜色与套装裙颜色一致协调，忌不穿衬裙，使内裤为人所见。

5. 不许内衣外观

穿吊带衫时，文胸的吊带不论什么颜色、质地，都不要露出来。穿西装时衬衫不应透明，内衣不能从领口露出，不能不穿衬衫，也不能直接把连胸式衬裙或文胸当衬衫穿在里面，这样非常有失身份。

6. 不许随意搭配

套装不能与休闲装混穿，不能与牛仔服、健美裤、裙裤“合作”，黑皮裙、黑皮靴不能当正装穿。

7. 不许乱配鞋袜

套装应穿黑色高跟、半高跟皮鞋，肉色丝袜，不要穿花网袜，不能露袜口，也不能穿一长一短两层袜子。

3.3.4.3 职业女性着裙装“六不准”

1. 不准穿黑色皮裙

商务交往中，尤其对外商务交往，这种穿着给人的感觉是不正经。黑色皮裙在国际社会，尤其在某些西方国家，被视为一种特殊行业（妓女）的服装。正式场合实在不宜穿着。

2. 不准光腿

这条规则通俗地讲就是不光脚。正式高级场合，尤其隆重正式的庆典仪式，不得光腿。国外商务交往中光腿表示卖弄性感，是很不适宜的。要穿贴近肉色、长度合适的袜子，不穿黑色或镂花的丝袜，袜子不可有破损，应带备用袜子。

3. 不准袜子出现残破

袜子被称为腿部时装，最好随身带备用袜，宁肯不穿也不穿破袜子。男性看女性，距离不同，看的部位不一样。基本规律是：远看头，近看脚，不远不近看中腰。

4. 不准鞋袜不配套

穿套装不能穿便鞋，与袜子更要配套。穿凉鞋一般光脚，不穿袜子。穿正装可以穿前不露脚趾后不露脚跟的凉鞋，正式场合也这种“双包凉鞋”比较好。

5. 不准出现“三截腿”

“三截腿”是穿半截裙子时穿半截袜子，袜子和裙子中间露段腿肚子。这种穿法容易使腿显得又粗又短，专业术语叫作“恶性分割”，俗称“三截腿”穿成这样在国外会被视为是没有教养的妇女。不要让袜子与裙子之间露一段腿肚子，宁肯光腿也别“三截腿”。正装穿高筒袜或者连裤袜。

6. 不准太露太紧身

不穿无领、无袖、领口较低或太紧身的衣服。裙子、鞋子和袜子要协调。

3.4 饰品佩戴礼仪

饰品，指能起到装饰点缀作用的物件，主要包括服装配件（如帽子、领带、手套等）和首饰佩戴（如戒指、胸花、项链、眼镜等）两类。装饰分为两种，一种是实用型，如男士的手表、钢笔、打火机；一种装饰型，如女士的耳环、脚链。

3.4.1 饰品佩戴六原则

商务场合，饰品佩戴总的原则是：符合身份，以少为佳，提倡不戴。

3.4.1.1 精简原则

就首饰而论，一般不多于三种，每种不多于两件。女士一般场合身上的饰物三种之内最好。每一种不多于两件最正规。

3.4.1.2 质色原则

色彩和款式要协调。戴黄金胸针，戒指和项链也要是黄金。时下流行戴白金戒指，那么戴项链也要是白金。礼仪游戏规则称作同质同色规则。戴两种或两件以上的首饰，专业戴法、专业水准是“同质同色”。不能远看像圣诞树，近看像杂货铺。

3.4.1.3 习俗原则

戴翡翠讲究男戴观音女戴佛。戒指戴左手。食指戴戒指表示求爱，想结婚。中指戴戒指表示已有爱人，正在热恋。无名指戴戒指意思是结婚了，或者订婚了。小指戴戒指说明是独身。

3.4.1.4 搭配原则

饰品要与身份和服饰搭配。饰品的佩戴要和服装相协调，讲求整体效果。饰品佩戴还应考虑所处的季节、场合、环境等因素。戴薄纱手套的标准化做法是戒指戴在手套的里面（新娘除外）。戴脚链的标准化做法是戴在丝袜外面（建议腿型好或走路姿势好的少女才戴脚链）。

3.4.1.5 扬长避短原则

注意饰品要扬长避短，与自己的身材特点吻合，如脖子粗短的人不选择粗大厚重的项链。

3.4.1.6 突显个性原则

饰品虽然只起到辅助装点的作用，但能成为彰显个性的点睛之笔。如前英国首相撒切尔夫人善于根据场合和交往目的选择胸针，被传为政坛的一段佳话。

3.4.2 女性商务场合首饰佩戴要求

首饰一般可以戴，但是不要乱戴，戴贵金属首饰或珠宝首饰以少为佳，协调为美。

3.4.2.1 女性佩戴首饰的两个要求

一要求符合身份；二要求以少为佳。不能比客人戴得多，不能喧宾夺主。

3.4.2.2 两类不宜佩戴的首饰

一是展示财力的首饰不能戴。上班族工作场合要展示的是爱岗敬业，而非展示财力。二是展示性别魅力的首饰不能戴。胸针不能戴，脚链不能戴，夸张性的头饰不能戴。这在礼仪层面叫作有所不为。

3.5 手袋、公文包、钱夹礼仪

女士随身携带手袋应套在手上，切忌拎在手里摆来摆去。体态娇小的女士不宜使用大提包，身材高大的女士则不宜使用小提包。手袋要与本人的肤色及着装相搭配。

公文包被称为商界男士的“移动式办公桌”，是必不可少的。公务活动中，男士应携带一只公文包以装放文件及手机、钥匙等小物件。公文包以深褐色或棕色皮革制品为上品，不选灰色的，也不选发光发亮、画满图案的。手提箱只适宜带着去参加午餐约会。

商务场合使用的钱夹以皮制为好。又长又大的皮夹子被视为男士的“口袋秘书”，适宜放在西装上衣内侧口袋里。任何类型的钱夹不要塞得太满。女士钱夹可随手携带，也可放在坤包里。

∷延伸阅读

名人要人与普通商务人员的重要讲究

正规隆重场合，名人、有身份的人讲究男人看表，女人看包。男性在正式场合的表，是实力和财力的象征。比较讲究的人到正规场合，戴的表是比较注意的。女士在正式场合，除了首饰之外，最惹眼的应该是包。包是女性行为的符号。比较讲究的女性包里放什么东西，包是什么色彩，都有讲究。

普通商务场合，讲究女人看头，男人看腰。女人看头看发型，看化妆，看发型是否符合身份。比较讲究生活情趣和品位的女士，发型一般是比较认真修饰的。如果发型比较时尚，说明比较有品位，比较注重自我形象。男人看腰带上挂不挂东西。正式场合，男士腰上不挂任何东西。个人的社会地位和腰上所挂物品的件数一般成反比。身上挂的东西越多，说明其社会地位越低。有地位、有身份的商务男性，应把带的东西放在皮包里。

课堂训练

任务驱动

1. 在下一次上课前预习下一章内容，做好必要的实训准备。

训练项目

☆训练项目 3-1　仪容互查

在上课之前利用 5～10 分钟的时间，让学生以两人为一组，组合性别不限，但不可重复组合，即学生甲和学生乙只能互查一次。操作时两人相隔一臂距离，面对面进行仪容互查。根据如下的检查项目打出相应的分数并签名（见表 3-1）。

检查项目及要点（每项 10 分）：

（1）整体清新整洁；　（2）发型合格，头发干净；

（3）脸部干净；　（4）耳朵清洁；

（5）鼻毛不外露；　（6）口气清新；

（7）手干净温润，指甲合格；　（8）衣领干净挺括；

（9）鞋袜符合要求；　（10）身体气味清新。

表 3-1　仪容互查检查表

被检查人姓名		检查日期	年　月　日		检查人姓名	
检查项目	第 1 次检查得分	第 2 次检查得分	3 次	4 次	5 次	总　评
整体印象（10 分）						
头（10 分）						
脸（10 分）						
耳朵（10 分）						
鼻子（10 分）						

（续）

被检查人姓名		检 查 日 期	年　月　日		检查人姓名	
检 查 项 目	第 1 次检查得分	第 2 次检查得分	3 次	4 次	5 次	总　评
口腔（10 分）						
手（10 分）						
鞋袜（10 分）						
衣领（10 分）						
气味（10 分）						
每次总分						

☆训练项目 3-2　个人形象展示

若干名学生分别或集体展示自己的形象设计效果，并说明是如何根据自身的特点进行修饰的，其他学生点评（见表 3-2）并给出建议，最后评选出最佳形象奖。

表 3-2　职场形象设计评价评分表

考评人		被考评人			
考评地点		考评时间			
考 核 项 目	**考 核 内 容**	**分　值**	**小组评分 50%**	**教师评分 50%**	**实　得　分**
职场形象设计	1. 服装选择及穿着规范	30			
	2. 发型规范	10			
	3. 妆容规范	15			
	4. 配饰规范	10			
	5. 创意	10			
	6. 整体造型印象	10			
	7. 现场答辩	10			
	8. 主持人及解说员表现	5			
	合计	100			

注：考评满分为 100 分，60 ～ 69 为及格，70 ～ 79 为中等，80 ～ 89 为良好，90 分以上为优秀。

☆训练项目 3-3　男士西服着装

地点：在礼仪实训室或经过准备的教室进行。

1. 操作标准

大小得体，颜色庄重，沉稳潇洒。

2. 操作示范

（1）西服选择。西装从版形上说，主要分日版和欧版，两者最大的区别在于，日版西服一般不收腰，欧版西服一般都要收腰，日版西服的后衣身长度要比欧版西服短 1 厘米左右。选择西装，不单只看价格和品牌，还要看包括面料、裁剪、加工工艺等在内的许多细节。先看做工，检查线迹、手工和夹面，注意查看西服口袋两条开线条是否一致，上袖处有无褶皱，如果是条纹或格子西服，则要看这两处的条、格有没有对上。在面料上，应先考虑天然面料，毛料当然是首选，轻薄的毛料也比全棉、亚麻或真丝面料更好，也更挺括、耐穿。除非是夏装，最好不要选择不透气的人造纤维。在颜色选择上，最稳重而又安全的多为藏青或是灰黑色，其他如咖啡色、深棕色都不太适合正式场合穿着。

（2）西服穿着。穿西装要注意的问题有：穿之前，务必将位于上衣左袖袖口之上的商标、纯羊毛标志等，先行拆除。一般情况下，坐着可将西装上衣衣扣解开；站起来之后，尤其是需要面对他人之时，则应当将西装上衣的衣扣系上。西装上衣的衣扣有一定的系法：双排扣西装上衣的衣扣，应当全部系上；单排两粒扣西装上衣的衣扣，应当只系上边那粒；单排三粒扣西装上衣的衣扣，应当系上面的两粒，或单系中间的那粒。西装内最好不要穿其他衣服，非穿不可时，则只允许穿一件单色薄型的“V”领羊毛衫。不在西装里面穿开领的、花哨的羊毛衫，特别是不要同时穿多件羊毛衫。

（3）领带的选择和使用。

1）领带的搭配

①领带被人们称为西装的灵魂。选用领带要注意同西装、衬衫的颜色相配，使领带、西装和衬衫构成立体感较强的套装。

②浓、中、淡。淡蓝的西装，纯青色的衬衫，配上普鲁士蓝的领带，恬静高雅，表现沉着稳健的气质。

③淡、中、浓。与上述相反，以深色西装为中心，过渡到浅色的领带。既有层次，又有节奏。如黄褐色的领带，棕色的衬衫，栗色的西装，浑然一体、浑厚朴实。

④淡、浓、淡。以深色的衬衫为中心，与浅色领带和浅色西装相呼应。国外称之为“三明治”，语虽诙谐，但却形象地说明了“二浅夹一深”的配色特点。

⑤浓、淡、浓。例如绀色（紫调浑蓝）西装，配上浓绀的领带，与灰色调的衬衫形成对比，华而不浮、品格高雅，是中年人的常用色。

2）领带的系法

系领带不能过长或过短，以站立时其下端触及腰带为好。穿西装背心或毛衣时，领带要塞进背心或毛衣里。在正式场合松开领带不合适。假日休闲时不必打领带。男士应当多备几条领带，以供不同场合使用。

（女生可指导、协助男生做好西装着装训练。）

典型案例

以貌取人

冼刚是某服装厂的业务员，论口才和业务能力，都令他的老板“一百个放心”。可没想到，在国际性的订货会上，当他风尘仆仆找到一家大型零售商摊位后，接待人员见他胡子拉碴，衣冠不整，连看也不看他带的样品，就打发他走了。这家大型零售商的人认为：“就这样一副尊容，厂里能生产出高档服装?”冼刚心里好窝火，这不是以貌取人吗？可连续跑了几家订货摊位，费尽口舌也没能如愿签下订单。一气之下，他到理发店修剪了头发，然后换上本厂生产的名牌服装，气宇轩昂地找到一家商场的总经理。对方见冼刚气度不凡，且产品又属上乘，当即签订了100万元的订货合同。

【讨 论】

请认真分析冼刚失败与成功的原因。

【知识强化】认真独立完成知识巩固提高同步练习题。

Chapter 4

第4章

仪态礼仪

【学习内容】

站姿基本要求，规范的站姿，站姿禁忌，站姿与心理。坐姿基本要求，规范的坐姿，坐姿禁忌。蹲姿基本要求，规范的蹲姿，蹲姿禁忌。行姿基本要求，不同场合的行姿，行走禁忌。手势使用的要求，几种常见的手势，手势禁忌。

【学习目标】

构建良好的职业形象，养成良好的形体语言，为个人形象增光添彩。通过大方得体的仪态塑造个人的良好形象。

养成挺拔的站姿、端庄的坐姿、优美的蹲姿、轻盈的步姿和优雅的手势。

【情景导入】

余海在广州某著名洗涤用品销售公司担任公关部经理，在第111届中国进出口商品交易会（广交会）期间，他理所当然地要与各国来宾打交道。现在请你为余海进行优雅大方的行为举止即仪态设计，你将能为他提出什么样的建设性意见呢？

仪态，又称“体态”、举止，指人的身体姿态和风度。姿态是身体所表现的样子，风度则是内在气质的外在表现。体态是无声的语言。每个人的举手投足、一颦一笑，并非随意、偶然，直接表明其态度，反映其素养。人的外在举止是自成体系的内在规律的反映，跟优美语言一样能够传情达意。举止端庄是优雅的必备条件，仪态礼仪锻造端庄与优雅。

早年天津南开中学教学楼的镜子上印着《镜铭》：“面必净、发必理、衣必整、钮必结，头容正、胸容宽、肩容平，背容直。颜色勿傲、勿暴，勿怠。气象宜和、宜静、宜庄”。举止是教养、风度和魅力的源泉，要求美观、规范、互动。

4.1 站姿

4.1.1 站姿基本要求

端正的站：站有站相，“站如松”，端正、挺拔、优美、典雅。正确的站姿给人以挺拔向上、庄重大方、精力充沛、积极乐观的印象。站姿具体要求如下：

（1）脖颈挺直，头向上顶，下颌微收，双目平视前方，面带笑容；

（2）脊柱、后背挺直，挺胸，臀部肌肉收紧，重心有向上升的感觉；

（3）两手臂放松，自然下垂于体侧；

（4）双腿伸直，膝盖放松，大腿稍收紧；

（5）两脚跟相靠，脚尖展开 45° ～ 60°，身体重心放在双脚上。

4.1.2 规范的站姿

站立是人最基本的姿势，要求静态美。站立时，身体应与地面垂直，重心放在两个前脚掌上，挺胸、收腹、收颌、抬头、双肩放松。双臂自然下垂或在体前交叉，眼睛平视，面带笑容。常见的站姿有以下三种。

4.1.2.1 腹手站姿（前搭手站姿）

两手在腹前交叉，右手搭在左手上，贴在腹部。男士可以两脚分开，距离不超过 20 厘米，呈“V”字形。女士两脚尖展开，左脚跟靠近右脚中部，重心平均置于两脚上，也可置于一脚上。可以用小丁字步，即一脚稍微向前，脚跟靠在另一脚内侧。双手置于腹前。此站姿端正中略有自由，郑重中略有放松。站立中身体重心可以在两脚间转换，以减轻疲劳。

4.1.2.2 背手站姿（后搭手站姿）

双手在身后交叉，右手贴在左手外，放置两臀中间。两脚可分可并。分开不超过肩宽，脚尖展开，两脚夹角成 60° 。挺胸立腰，收颌收腹，双目平视。男士两脚平行开立，脚尖展开，挺胸立腰，下颌微收，双目平视，两手在身后相搭，贴在臀部。此站姿优美中略带威严，易产生距离感。如果两脚改为并立，则突出了尊重的意味，为男性常用的站立姿势。

4.1.2.3 侧放式站姿

双手放在身体两侧，自然下垂，挺胸、收腹，手自然弯曲，中指对准裤缝，两脚可并拢可分开，也可成小丁字步。此为男女通用的站立姿势。

4.1.3 站姿禁忌

（1）忌正式场合双手插在裤袋站立，显得过于随意；

（2）忌双手交叉抱胸前，容易给人傲慢的印象；

（3）忌歪倚斜靠，给人慵懒的感觉；

（4）忌频繁变动站立体位，甚至浑身上下不停地乱动，使站姿变得十分难看；

（5）忌下意识地做小动作，如摆弄手机、钥匙、玩弄衣服、咬手指甲等。

4.1.4 站姿与心理

每个人都有习惯的站立姿势。美国夏威夷大学心理学家指出，不同的“站姿”可以显示出个人的性格特征。

4.1.4.1 站立时习惯把双手插入裤袋的人

城府较深，不轻易向人表露内心情绪。性格偏于保守、内向。凡事步步为营，警觉性极高，不肯轻信别人。

4.1.4.2 站立时常把双手置于臀部的人

自主性强，处事认真而绝不轻率，具有驾驭一切的魅力。最大的缺点是主观，性格表现固执、顽固。

4.1.4.3 站立时喜欢把双手叠放于胸前的人

性格坚强，不屈不挠，不轻易向困境压力低头。但是过分重视个人利益，与人交往经常摆出一副自我保护的防范姿态，拒人于千里之外，令人难以接近。

4.1.4.4 站立时将双手握置于背后的人

性格特点是奉公守法，尊重权威，极富责任感。有时情绪不稳定，往往莫测高深。最大的优点是富有耐性，而且能够接受新思想和新观点。

4.1.4.5 站立时习惯把一只手插入裤袋，另一只手放在身旁的人

性格复杂多变，有时极易与人相处，推心置腹。有时则冷若冰霜，对人处处提防，为自己筑起一道防护网。

4.1.4.6 站立时两手双握置于胸前的人

性格表现为成竹在胸，对自己的所作所为充满成功感，虽然不至于睥睨一切，但却踌躇满志，信心十足。

4.1.4.7 站立时双脚合并，双手垂置身旁的人

性格特点诚实可靠，循规蹈矩且生性坚毅，不会向任何困难屈服低头。

4.1.4.8 站立时不能静立、不断改变站立姿态的人

性格急躁、暴烈，身心经常处于紧张状态，不断改变自己的思想观念。在生活方面喜欢接受新的挑战，是典型的行动主义者。

4.2 坐姿

4.2.1 坐姿基本要求

稳重的坐：坐有坐相，“坐如钟”。端正、稳重、温文尔雅。坐是静态造型，优雅的坐姿给人以文雅、庄重、自然、大方的静态美。坐姿基本要求是端庄、大方、自然、舒适。端庄

优美的坐姿，不仅给人以沉着、稳重、冷静的感觉，而且也是展现气质和风度的重要形式。坐姿包括就座的姿势和坐定的姿势。其具体要求如下。

4.2.1.1　入座

入座要轻稳，款款走到座位前，动作协调从容，不要赶步，以免"抢座"。一般从左侧进左侧出。入座不应发出杂音。

4.2.1.2　就座

就座时，背对座位，右脚后退半步，待腿部接触座位边缘后，轻轻坐下。女士着裙装入座，应用双手向前拢裙子，拢平裙摆再坐下，不坐下后再站起来整理。

4.2.1.3　落座

落座后上身保持自然挺直，头部端正，目光平视前方或交谈对象，两肩齐平，腰背稍靠椅背，双膝自然并拢。两膝间距离，男子以松开一拳或两拳为宜，女子则不松开为好。非正式场合，允许坐定后双腿叠放或斜放，交叉叠放时，力求做到膝部以上并拢。两腿自然弯曲，小腿与地面基本垂直，双脚平落地面，自然着地，平正放松。两臂自然弯曲，双手掌心向下自然搭放在膝上，也可掌心向下放在椅子或沙发扶手上。"正襟危坐"，面容平和。

女士的坐姿应温文尔雅，轻松自然。腰背挺直，手臂放松，双腿并拢，目视于人。与人谈话，通常可以双手轻搭沙发扶手上，但不可手心朝上；也可以双手相交，放在腿上，但不可相交超过手腕两寸；还可将左手掌搭在腿上，右手掌再搭在左手背上，这种坐姿显得比较优雅。女士以侧坐为美。坐在客人面前，谈吐间手脚不乱动，更忌手舞足蹈。除了特别亲昵的客人，一般不要半躺在沙发上。

4.2.1.4　坐的位置

正式场合，或位尊者在座，一般不坐满座位，通常坐满椅子 2/3 的位置。

4.2.1.5　离座

离座时要自然稳当，右脚向后收半步，然后起立，动作不可过猛。

4.2.2　规范的坐姿

常见的规范坐姿有以下三种。

4.2.2.1　正坐式

双腿并拢，上身挺直、头部端正，两脚略向前伸，双手手指并拢叠放在双膝上，略靠近腹部。男士双膝可略分开，但不应宽于肩膀，双手放在两膝或椅子扶手上，这是正规场合的最基本坐姿。

4.2.2.2　侧坐式

上身挺直，两膝并拢，双腿斜放，以与地面构成 45° 夹角为最佳，侧坐时，双手宜叠放或以相握的姿势放于身体侧面的大腿上。此坐姿适合女性坐在较低的沙发上。

4.2.2.3 交叉式

上身挺直，坐正，两脚在踝关节部交叉后向里收，亦可略向左侧或右侧斜放。不可把双脚向前伸出，膝部也不应打开。适合于坐在主席台上、办公桌后或汽车上。男士、女士都可选用。

4.2.2.4 入座后女士的腿位与脚位

女士入座后，腿位与脚位的放置有讲究，以下三种坐姿可供参考。

1. 双腿垂直式

小腿垂直于地面，左脚跟靠定右脚内侧中部，双脚间形成 45° 左右的夹角，双脚脚跟和双膝都应并拢。这种坐姿给人以诚恳的印象。

2. 双腿斜放式

双腿并拢，双脚同时向右侧或左侧斜放，与地面成 45° 左右的夹角，适用于较低的座椅。

3. 双腿叠放式

双膝并拢，小腿前后交叉叠放，自上而下不分开，脚尖不宜跷起，双脚的置放视座椅高矮而定，可以垂放，亦可与地面呈 45° 角斜放。此种坐姿切勿双手抱膝，穿超短裙者宜慎用。

4.2.3 坐姿禁忌

（1）坐姿最忌讳的是弓腰曲背，两腿摇抖；

（2）女士切忌双腿分开和高跷“二郎腿”；

（3）穿裙子时切忌衬裙外露；

（4）切忌入座时，碰撞椅子发出噪音；

（5）切忌双手抱臂，将肘部支于桌子之上；

（6）切忌坐在椅子上转动或移动椅子；

（7）切忌双脚或单脚抬放在椅面上；

（8）切忌在座椅上大幅度双腿叉开，或将双腿伸出很远，更不得将脚藏在座椅下或用脚勾住椅子腿。

4.3 蹲姿

蹲姿常会用到，如集体合影前排需要蹲下，蹲下捡东西或系鞋带。蹲下要注意姿态，尽量迅速、美观、大方，也就是要蹲得优美、得体。

4.3.1 蹲姿基本要求

（1）下蹲拾物，应自然、得体、大方，不遮遮掩掩；

（2）下蹲时两腿合力支撑身体，避免滑倒；

（3）下蹲时应使头、胸、膝关节在一个角度上，使蹲姿优美；

（4）女士无论采用哪种蹲姿，都要腿靠紧，臀部向下。

4.3.2　规范的蹲姿

蹲姿主要有两种。

4.3.2.1　交叉式蹲姿

下蹲时右脚在前，左脚在后，右小腿垂直于地面，全脚着地。左膝由后面伸向右侧，左脚跟抬起，脚掌着地。两腿靠紧，合力支撑身体。臀部向下，上身稍前倾。女士可采用交叉式蹲姿。

4.3.2.2　高低式蹲姿

下蹲时右脚在前，左脚稍后，两腿靠紧向下蹲。右脚全脚着地，小腿基本垂直于地面，左脚跟提起，脚掌着地。左膝低于右膝，左膝内侧靠于右小腿内侧，形成右膝高左膝低的姿态，臀部向下，基本上以左腿支撑身体。

4.3.3　蹲姿禁忌

（1）弯腰捡拾物品时，两腿叉开，臀部向后撅起；

（2）下蹲时内衣“露”、“透”。

4.4　行姿（走姿）

优雅地走：“行如风”是用风行水上形容轻快自然的步态轻盈、有节奏感。行走是人的主要动作，走姿是动态的美。

4.4.1　行姿基本要求

（1）双目平视，收颌，表情自然平和；

（2）两肩平稳，防止上下前后摇摆。双臂前后自然摆动，前后摆幅在 30°～40°，两手自然弯曲，在摆动中离开双腿不超过一拳的距离；

（3）上身挺直，收腹立腰，重心稍前倾；

（4）男士行走时两脚尖略开，步履稳重大方；女士行走时两脚要踏在一条直线上，称“一字步”，步履均匀、轻盈。

（5）行走中两脚落地距离约为一脚长，前脚的脚跟与后脚的脚尖相距一脚的长度为宜。不过不同性别，不同身高，不同着装，会有些差异。

4.4.2 不同场合的行姿

（1）喜庆活动。参加喜庆活动，步态应轻盈、欢快、有跳跃感，以反映喜悦的心情。

（2）吊丧活动。参观吊丧活动，步态要缓慢、沉重、有忧伤感，以反映悲哀的情绪。

（3）展览、探望。参观展览、探望病人，环境安谧，不宜出响声，脚步应轻柔。

（4）办公场所。进入办公场所，登门拜访，在室内脚步应轻而稳。

（5）会场。走入会场，走向话筒，迎向宾客，步伐要稳健、大方、充满热情。

（6）重大场合。举行婚礼、迎接外宾等重大正式场合，脚步要稳健，节奏稍缓。

（7）部门往来。办事联络，往来于各部门之间，步伐要快捷又稳重，以体现办事者的效率、干练。

4.4.3 行走禁忌

（1）切忌两脚尖向内或向外歪，即“内八字”脚或“外八字”脚；

（2）切忌低头驼背，摇晃肩膀，双臂大甩手，扭腰摆臀，左顾右盼，脚擦地面；

（3）切忌步幅过大或过小，男士步幅应在 50 厘米左右，女士步幅应在 30 厘米左右；

（4）切忌脚步过重、声音过响、与人抢道、阻挡道路等。

4.5 手势

手势指能够传情达意的手各个部分的姿势动作，是态势语言的重要组成部分。是一套手掌和手指位置、形状表情达意的特定语言系统，是交流过程中常用的态势语言。手势可以抒发感情、指示对象、模拟事物，还能体现个人风格。罗丹说过，“没有灵敏的手，最强烈的感情也是瘫痪的”。从银幕上看列宁演讲时那强而有力的手势，就能体会到罗丹的话说得多么有道理。

4.5.1 手势使用的要求

手势是常用的肢体语言，不同国家、不同地区、不同民族，由于文化习俗不同，手势含意有很大差别，同一手势表达的含义有很大不同。手势使用的要求有如下几点。

（1）精当。“精”就是精确，手势要能精确地表达特定的意义和内涵。“当”就是适当，商务活动中手势不要过多，也不能太少，要根据当时的需要使用，让最富有哲理性和情感的有声语言与必要的手势有机地配合在一起。力求用最精当的手势，使对方能够明晰、准确、完整地理解所表达的意思。

（2）自然。使用手势贵在自然。因为自然才是情感的真实流露和体现，任何矫揉造作的手势只会引起反感。使用手势要做到舒展大方，自然流畅，既不可过于张狂，也不过于拘谨。

（3）简练。手势从生活中提炼出来，追求简单明了、精练生动的表达效果。复杂模糊的手势让人迷惑难解，烦琐拖沓的手势使人烦扰生厌。使用手势要尽可能地做到简洁明快、干净利落，切不可拖泥带水、哗众取宠。

（4）和谐。手势一般不单独运用。手的一举一动，总是和声音、姿态和表情配合。这种配合必须适当、协调，手势的起落应当和话音同时，手势动作要同姿态结合，手势效应须与表情一致。和谐产生美，和谐的手势才能给人以独特的美感。

4.5.2 几种常见的手势

（1）跷起大拇指的手势。跷起大拇指一般都表示顺利或夸奖别人。也有很多例外，美国和欧洲部分地区，表示要搭车；德国表示数字“1”；日本表示数字“5”；澳大利亚表示骂人。与人谈话时将拇指翘起来反向指向第三者，即以拇指指腹的反面指向除交谈对象外的另一人，是对第三者的嘲讽。

（2）“OK”手势。拇指、食指相接成环形，其余三指伸直，掌心向外。OK手势源于美国。美国表示“同意”“顺利”“很好”的意思；法国表示“零”或“毫无价值”；日本表示“钱”；泰国表示“没问题”；巴西表示粗俗下流。

（3）“V”形手势。伸出食指和中指，打个V字，表示Victory即胜利。这种手势是二战时英国首相丘吉尔首先使用的，现在已传遍世界，表示“胜利”。如果掌心向内，就变成骂人手势了。除了胜利含义外，V字在有些国家还有其特定的意思。如在荷兰文中V代表“自由”；在塞尔维亚语里表示“英雄气概”。

（4）举手致意。举手致意也叫挥手致意，用来向他人表示问候、致敬、感谢。看见熟人，又无暇分身时，就举手致意，可以立即消除对方的被冷落感。要掌心向外，面对对方，指尖朝向上方。千万不要忘记伸开手掌。

（5）伸出食指手势。我国和亚洲一些国家表示“一”、“一个”、“一次”等。法国、缅甸等国家则表示“请求”“拜托”之意。

（6）背手。背手是一种表示至高无上、自信或狂妄态度的人体信号。将手背于身后、前胸突出，这是“胆量”的显示，还可起到“镇定”的作用。

（7）捻指作响手势。用手的拇指和食指弹出声响，其语义或表示高兴，或表示赞同，或是无聊之举，有轻浮之感。应尽量少用或不用，这一手势因其声响有时会令人反感或觉得没有教养；尤其是不能对异性运用，带有挑衅、轻浮之举。

4.5.3 鼓掌

鼓掌意在欢迎、欢送、祝贺、鼓励其他人。作为一种礼节，鼓掌应当做到恰到好处。

鼓掌最标准的动作是：面带微笑，抬起两臂，左手手掌至胸前，掌心向上，以右手除拇指外的其他四指轻拍左手中部。右手掌心向下，有节奏地拍击掌心向上的左掌。节奏要平稳，频率要一致。

掌声大小应与气氛相协调。如表示喜悦的心情，可使掌声热烈；表达祝贺，可使掌声时间持续；观看文艺演出，勿使掌声打扰演出的正常进行。

鼓掌动作反过来，则成为“鼓倒掌”。通常情况下，不要对他人“鼓倒掌”，即不要以掌声讽刺、嘲弄别人，也不要在鼓掌时伴以吼叫、口哨、跺脚、起哄，这些做法会破坏鼓掌的本来意义。

4.5.4 手势禁忌

（1）过度手势。手势的幅度，一般上界不超过对方的视线，下界不低于自己的胸区，左右摆的范围不要太宽，应在人的胸前或右方进行。一般场合，手势动作幅度不宜过大，次数不宜过多，不宜重复。交谈时应避免指手画脚。

（2）不良手势。与人交谈，讲到自己不要用手指指自己的鼻尖，应用手掌按在胸口上。谈到别人，不可用手指，更忌讳背后对人指点。与客人见面，应避免抓头发、玩饰物、掏鼻孔、剔牙齿、抬腕看表、拉袖子、卷裤腿等粗鲁不雅的动作。

（参考阅读《手势》，莫里斯著，陈今夫译，文汇出版社，2010）

::延伸阅读

1. 与客人见面的行为举止

2. 演讲手势

课堂训练

任务驱动

1. 每 6 人为一组，成立一个公司，公司名称自拟。6 人分别虚拟担任总经理、副总经理、总经理秘书、办公室主任、销售部经理、前台接待。

2. 按照拟定的职务，姓名不变，全体学生每人自制名片 10 张，有条件的按正规名片印刷，也可以用打印机打印，但不得手写。制作好备用。

3. 在下一次上课前预习下一章内容，做好必要的实训准备。

训练项目

☆训练项目 4-1　形体训练

在形体实训室、形体训练室、舞蹈室等专用实训室进行。

下面介绍两套舞蹈形体训练组合，做完一套练习约花 15 分钟。上身、腰腹、臀胯、腿几个部位都可以重点地依次得到运动。

1. 形体训练（第一套）

（1）上身练习①

准备位置：两踝骨交叉，平坐、后背直立，双手在脑后握住，胳膊肘向两旁打开。

动作过程：慢慢地把两个胳膊肘往一起靠，再把胳膊肘往旁拉开到原位。反复做 12 遍。

注意事项：胳膊肘靠拢时吐气，拉开时吸气。

（2）上身练习②

准备位置：仰卧，绷脚。双臂放松，放在身体两侧。

动作过程：把头、脖子、肩膀从地面抬起，停两拍。反复做四次。然后慢慢把头从一旁转向另一旁，做 4 次。反复做 3 遍。

注意事项：头从地面抬起时，下巴颏最大限度地往前伸，并放松脖子肌肉。

（3）腰和腹练习①

准备位置：两踝骨交叉，平坐，后背直立，双手放在膝上。

动作过程：身体向右边倾斜，同时开始转身，身体做环绕运动（右、前、左、正面）。反复做 4 遍。每边各反复做 2 遍。

注意事项：转身时，身体尽可能向每个方向的最远处伸展，并贴近地面。肩膀不能太僵硬，尤其是做上身动作时，活动要自然。

（4）腰和腹练习②

准备位置：两踝骨交叉，平坐，后背直立，双手放在身体两侧。

动作过程：身体尽量向左侧斜，左臂同时从身体开始向旁滑出，右手掌朝上；臂抬过头。反复右面。每边各反复做 6 遍。

注意事项：为了得到更好的效果，此练习可做得慢一些。当身体向一边伸展时，臀部保持不动（如向左倾斜时，臀部的右半部往下压）。

（5）胯和臀练习①

准备位置：两踝骨交叉，平坐，后背直立，双手放在膝盖上。

动作过程：从腰开始向右转身，左下巴颏尽量碰到右膝盖，眼睛朝右肩方向看。然后慢慢地直起、再下去，共做 4 遍。反复左面。每边反复做 4 遍。

注意事项：在整个动作过程中，腹肌收紧，臀部稳坐。

（6）胯和臂练习②

准备位置：仰卧，平躺、绷脚。胳膊双抬，手心朝上。

动作过程：臀部收紧停 3 拍，膝盖向胸吸起，胳膊同时从身体两侧抬起，落下，手心朝上，停 3 拍。全部反复做 11 遍。

建议事项：臀部的收紧是增强臀部肌肉控制的一种练习。站着、坐着的时候也可以做同样的练习。

（7）腿的练习①

准备位置：仰卧，绷脚，双手撑腰。

动作过程：在抬右腿的同时向左边交叉，回原位。再向右边抬。划一个“剪刀花”图形。各做 4 遍。全部反复做 3 遍。

注意事项：当腿向旁交叉时，伸拉了腿的外侧肌，而向另一边抬腿时，伸拉了腿的内侧肌。“剪刀花”打得越宽，作用就越大。另外，在整个动作过程中肩膀要保持固定。

（8）腿的练习②

准备动作：平坐，脚底并拢，双手握脚掌。

动作过程：后背直立，双膝抬起、做 12 次。含胸，额头往脚尖靠，直立还原。做 6 次。做动作时要慢慢地从脊椎的底部开始直起到后背成垂直。全部反复做 4 遍。

注意事项：平坐时，最大限度地把胯放平。

2. 形体训练（第二套）

（1）上身练习①

准备位置：两踝骨交叉，平坐，后背直立，双手放在膝盖两边。

动作过程：从腰开始身体向前屈，还原。再低头，含胸，收紧腹肌。最后从脊椎底部开始直起，后背拉平回到原位。

注意事项：动作要流畅、有节奏。身体前弯时吐气，直立时吸气。

（2）上身练习②

准备位置：横叉，绷脚，后背直立，双手在后背握住。

动作过程：身体向右腿弯下，胳膊同时抬起。身体直起，胳膊同时落下。反复左边。全部反复做 13 遍。

注意事项：曲体时，尽量让臀部固定住。收紧腹部，腿最大限度拉开。

（3）腰和腹练习①

准备位置：左腿向前伸直，外开，绷脚。右腿弯曲，靠住左大腿，手臂抬过头顶。后背直立，肩膀和胯方向一致。

动作过程：身体下屈，前压腿。做 10 次。右腿反复。左右腿各反复做 2 遍。

注意事项：前压腿时，最大限度地伸展双手。

（4）腰和腹练习②

准备位置：仰卧，右腿前伸，左腿靠胸吸起，双手抱膝。抬头、脖子使肩离地。

动作过程：上身在已抬起的位置保持住。吸腿、落腿四遍。然后还原，吸双膝靠胸，停 3 拍。左腿反复。左右腿各反复做 2 遍。

注意事项：上身抬起时吸气，还原时吐气。

（5）胯和臀部练习①

准备位置：仰卧，膝盖弯曲，两脚平行分开，胳膊放两侧，手掌向下。

动作过程：收紧臀部肌肉，慢慢地抬起上身（尽最大限度），同时，双臂抬起经过头顶落下，手掌向下。在抬起的位置，胯和臀部向两边慢慢地摆动 6 次。然后身体落下，双臂也同时落下（由后背上部开始），一直到原位。全部反复做 4 遍。

注意事项：还原时，臀部要最后着地。

（6）胯和臀部练习②

准备位置：正面卧地，下巴颏放在右手上，并双腿直伸，绷脚。

动作过程：抬右腿，向右旁拉开，再回到中间，落地还原位。全部反复做 12 遍。

注意事项：当向旁拉开后腿时，应保持腿的高度和直度，在动作过程中要收紧臀部。

（7）腿的练习①

准备位置：侧卧，右胳膊肘支撑身体，左手在地上加强支撑。左腿旁吸腿，脚尖位于右腿上。

动作过程：迅速而有节奏地把腿伸直、弯曲。做 12 次。右腿反复。左右各反复做 3 遍。

注意事项：做动作时绷脚。

（8）腿的练习②

准备位置：仰卧，双腿吸起贴胸，双臂放在身体两侧。

动作过程：双手支撑住臀部和胯部，双腿向上直伸，慢慢地把双腿向头后压下。手臂放松落在身体两侧，停 30 秒。然后后背平放，双腿在头上直伸。再吸腿回原位。放松 10 拍。全部反复做 2 遍。

注意事项：做动作时，双腿并拢、绷脚。

建议：以上两套舞蹈形体训练组合，可隔周反复练习。

☆训练项目 4-2　站姿训练

1. 站姿基本要领

上身正直、挺胸收腹、腰直肩平、两臂自然下垂、两腿相靠站直、肌肉略有收缩。站姿有侧放式、前腹式和后背式。垂手式是最基本的站姿。

（1）头正。站立要端正，眼睛平视，嘴微闭，面带微笑。

（2）肩平。

（3）臂垂。双臂自然下垂或在体前交叉，右手放在左手上，以保持向客人提供服务的最佳状态（前腹式）。站立时双手不可叉在腰间，也不可抱在胸前。

（4）躯挺。站立时身体不能东倒西歪；站累时，脚可以向后撤半步，但上体仍须保持正直，不可把脚向前或向后伸得过多或叉开很大。

（5）腿并。男子站立时，双脚与肩同宽。女子站立时，双脚呈“V”字形，双膝靠紧，两个脚后跟靠紧。

（6）身体重心主要支撑于脚掌、脚弓上。站立时要防止重心偏左或偏右。

（7）从侧面看，头部与肩部、上体与下肢应在一条垂直线上。

2. 站姿训练标准

程　序	操作标准
侧立式站姿 （男女通用）	1. 身体保持正、直，遵守站姿基本要领； 2. 脚掌分开呈 V 字形，脚跟靠拢，两腿并拢立直； 3. 双臂放松，自然下垂于体侧，虎口向前，手指自然弯曲
前腹式站姿	1. 身体保持正、直，遵守站姿基本要领； 2. 脚掌分开呈“V”字形，脚跟靠拢，两腿并拢立直； 3. 双臂放松，两手握指交于腹前（女性常用的站立姿势）
	1. 身体保持正、直，遵守站姿基本要领； 2. 两脚脚尖向外略展开，一脚在前，将一脚跟靠于另一脚内侧前端，形成斜写的一个“丁”字； 3. 双臂放松，两手握指交于腹前（只限女性使用的站立姿势）

（续）

程　序	操作标准
后背式站姿（男士常用）	1. 身体保持正、直，遵守站姿基本要领； 2. 两脚分开，略窄于肩宽，两脚平行身体立直，身体重心放在两脚上； 3. 两臂肘关节自然内收，两手相握放在后背腰处
单臂式站姿（男女通用）	1. 身体保持正、直，遵守站姿基本要领； 2. 选择将两脚打开或成丁字步站立； 3. 左手单臂背后，右手完成服务工作
调节式站姿（男女通用）	1. 身体保持正、直，遵守站姿基本要领； 2. 双腿微微打开，身体重心偏移到左脚或右脚上，另一腿微向前屈，腿部放松

3. 站姿训练

在形体实训室或有条件的教室进行。

（1）靠墙站立练习

靠墙站立，脚跟、小腿、臀、肩胛骨、头五点在一条直线上，站立 10 分钟。可配合音乐进行，以减轻训练的疲劳感。

（2）头部顶书练习

将有重量感的书本放置在头顶，颈部自然挺直，微收下颌，目视前方，头部保持正直。站立 10 分钟。

☆训练项目 4-3　坐姿训练

1. 坐姿基本要领

（1）入座要轻稳。入座要轻缓。

（2）入座后上体自然挺直，人体重心垂直向下，腰部挺起，脊柱向上伸直，挺胸，双膝自然并拢，双腿自然弯曲，双肩平整放松，躯干与颈、髋、腿、脚正对前方。双臂自然弯曲，双手掌心向下自然放在双腿、椅子、沙发扶手上。双目平视，面带笑容。

不可坐在椅子上前俯后仰，摇腿跷脚；不可将脚跨在椅子或沙发扶手上，或架在茶几上；在上司或客人面前不可双手抱在胸前，不可跷二郎腿，不可抖腿，也不可半躺半坐。

（3）头正、嘴角微闭，下颌微收，面容平和自然。

（4）不可把椅子坐满，应坐椅子的 2/3，脊背轻靠椅背。但不可坐在边沿上。

（5）离座时，要自然稳当。

2. 坐姿双手手位

（1）无扶手时，可双手平放在双膝上，可双手相交或轻握放于腹部，可左手放左腿上，右手搭左手背，两手呈八字形放于腿上。

（2）双手叠放，放在一条腿的中前部。

（3）有扶手时，一手放在扶手上，另一手仍放在腿上或双手叠放在侧身一侧的扶手上，掌心向下。

3. 坐姿双腿腿位

两腿摆法：凳高适中时，两腿相靠。两膝距离，男性松开一拳为宜，女性不松开为宜。凳高时，一腿略搁于一脚上，脚尖向下。

（1）标准式；（2）侧腿式；（3）重叠式；（4）前交叉式。

两脚摆法：脚跟脚尖全靠或一靠一分，也可一前一后或右脚放在左脚外侧。

4. 女士坐姿姿势

（1）标准式；（2）侧点式；（3）前交叉式；（4）后点式；（5）曲直式；（6）侧挂式；（7）重叠式。

5. 男子坐姿姿势

（1）标准式；（2）前伸式；（3）前交叉式；（4）交叉后点式；（5）曲直式；（6）重叠式。

6. 坐姿训练

男女学生分组，再按5人一组分成若干小组，在形体实训室或教室内练习，每次不少于15分钟，可配以适当的音乐以减轻疲劳。

☆训练项目4-4 蹲姿训练

1. 蹲姿基本要领

站在所取物品的旁边，蹲下屈膝捡，不要低头、弓背，要慢慢地把腰部低下；两腿合力支撑身体，掌握好身体重心，臀部向下。

一脚在前，一脚在后，两腿向下蹲，前脚全着地，小腿基本垂直于地面，后脚跟提起，脚掌着地，臀部向下。男士两腿间可留有适当缝隙，女士则要两腿并紧，穿旗袍或短裙时需更加留意，以免尴尬。

若用右手捡东西，可以先走到东西的左边，右脚向后退半步再蹲下。脊背保持挺直，臀部一定要蹲下来，避免弯腰翘臀的姿势。特别是穿裙子时，如不注意背后的上衣自然上提，露出臀部皮肉和内衣很不雅观。即使穿着长裤，两腿展开平衡下蹲，撅起臀部的姿态也不美。

2. 蹲姿训练

按蹲姿基本要领，进行蹲下拾物训练。捡拾3～5次即可。

☆训练项目4-5 走姿训练

1. 走姿基本要领

抬头，挺胸，收腹。以站姿为基础，面带微笑，眼睛平视；双肩平稳，双臂前后自然地有节奏摆动；行走时，双脚两侧行走的线迹为一条直线；步幅要适当，一般应是前脚脚跟与后脚脚尖相距为一脚长，但因性别身高不同会有差异，着装不同，步幅也不同；跨出的步子应脚跟先着地，走路要有节奏感，走出步韵来。

2. 正确的走姿要求

（1）头正。（2）肩平。（3）躯挺。（4）步位直。（5）步幅适度。（6）步速平稳。

3. 走姿训练

（1）直线行走训练。在地面上划一条直线，行走时手部叉腰，上身挺直，双脚内侧踩在线上，按要求走出相应的步位与步幅，可以纠正行走时摆胯、送臀、扭腰及“八字步态”、步幅过大过小等毛病。训练可配音乐并摄像。可播放录像，使学生了解自己的步态，再按照标准进行纠正。

（2）顶书行走训练。每位学生头顶放置一本有重量感的书，顺着楼梯行进。行走时，头正，颈直。

☆训练项目 4-6　手势训练

1. 手势运用要领

（1）有明确的目的和用意。必须戒除一些无意义的、习惯性的动作。如摆弄台面的东西，或玩弄衣角、饰物，或搔首弄姿，或将手插在口袋里，或习惯用手托住腮。这些无意义的习惯性动作会给人不良印象。

（2）正确使用各种手势动作。在相互交流中，不同的手势动作，有着不同的含义，它是人们长期使用过程中约定俗成的。

2. 手势训练要点

（1）自然、有力、不夸张、不烦琐；（2）上臂不贴紧身体抱于胸前或小腹前；（3）上不超肩 10 厘米，下不过腰 10 厘米；（4）目的要明确。

手指的运用。伸出拇指可以表示夸奖、赞扬、“第一”；伸出小指表示“落后”、末名；伸出食指可以指点事物，可以表示斥责、命令、警戒，还可以表示数目“一”（竖指做一字状）、“七”（屈指做七字状）、“九”（屈指做九字状）；食指与拇指做圈状表示“零”；食指与中指竖起表示“二”，也可以表示“胜利”；食指、中指、无名指竖起表示“三”；食指、中指、无名指、小指竖起表示“四”；五指竖起表示“五”；拇指与小指竖起表示“六”；拇指与食指竖起表示“八”；左右食指交叉表示“十”；中指弯曲向下敲击桌面表示谢谢，向上敲击桌面表示注意。

手掌运用。手掌捂胸表示第一人称“我”、良心、心里；合掌表示祈祷；手掌向前、向上伸展表示希望、喜悦、祝愿、展望、憧憬等；手掌向下劈一般表示憎恶、不悦、不屑、不齿等。

3. 指示性手势训练

用手掌，手臂伸出。你、我、他，这里、那里，上、下、左、右。

指示方向（以左手为例）：五指并拢伸直，屈肘由身前向左斜前方抬起，抬到约与肩同高，再向要指示的方向伸出前臂。身体保持立正，微向左倾。

4.“请”姿训练

以右手为例：五指并拢伸直，掌心向下，手掌平面与地面呈 45° 左右，腕关节要低于肘关节。做动作时，手从腹前抬起，至上腹处，然后以肘关节为轴向右摆动，摆到身体右侧稍前停住，同时身体和头部微由左向右倾斜，视线也由此随之移动；双脚并拢或成右丁字步，左臂自然下垂，目视客人，面带微笑。

当然，仅靠手势指示，而神态麻木或漫不经心是不行的，只有面部表情和身体各部身姿配合，才能给人一种热诚、舒心的感觉。

5. 礼仪性手势训练

挥手表示告别、致意；扬手表示招呼、注意；招手表示过来；摆手表示否定；甩手表示不要、不理。

典型案例

电梯里那一“戳”

上班时间，公司大楼的电梯里挤满了人。一位穿西装的中年男人被挤在靠近电梯门的地方，动弹不得。突然，他感到有人往他背上戳了一下，他皱了一下眉头，吃力地转身望了一眼，看见一个戴着耳塞的年轻人朝他努努嘴巴，示意他出去。中年男人的脸上掠过一丝不快，但还是走出了电梯。

很快，那个年轻人收到了解雇通知。同事们很震惊：他不仅是技术骨干，更是正在进行的一个项目的负责人之一。

谜底很快被揭穿了，在电梯挨了年轻人一“戳”的中年男人，原来是公司的董事长！

很多人同情年轻人，觉得董事长过于计较。

董事长却很坦然，在内部刊物上解释他解雇年轻人的理由：当我知道是我的员工用手指戳我的后背时，我感到很愤怒。为什么我的员工如此不懂得尊重别人？如果下次他的手指戳的是客户，那会给公司带来怎样的损失？我承认，解雇他是一个很艰难的决定。因为他是公司的技术骨干，很优秀。许多人也许认为，那一戳只是没礼貌，一件小事而已，但我相信，人生的成败有时就取决于一件小事。对个人如此，对公司也是如此……

大概半年之后，年轻人回到了公司，而且承担起更重要的职责。有人问他对那件小事的感受，他说，董事长给我上了人生很好的一课！

（资料来源：《羊城晚报》2009年6月22日。）

【讨　论】

年轻人的那一戳为什么产生了严重的后果？本案例对我们有什么启示？

【知识强化】认真独立完成知识巩固提高同步练习题。

PART3

商务交往篇

Chapter 5

第 5 章 见面相关礼仪

【学习内容】

点头礼、举手礼、鞠躬礼、脱帽礼、亲吻礼、拥抱礼。称呼礼仪。寒暄与问候礼仪。致意礼仪。引领礼仪。表情（目光、微笑）礼仪。面试礼仪。

【学习目标】

在商务交往中，成为彬彬有礼、善于交往、极受欢迎的人。

【情景导入】

曹明雅从某大学法商系金融专业毕业后，应聘到深圳某商业银行，从事客户主管工作，每天要和各种各样的客户打交道。与客户见面时，曹明雅有些犯难，倒不是业务上的知识难倒了她，而是如何称呼客户，心里没底，不知怎么称呼客户才好。另外，曹明雅所在部门的潘经理是个40多岁的中年男士，部门的人都叫他潘哥。作为才入职的新人，曹明雅不知道是随大家叫领导潘哥呢，还是称领导为潘经理呢？如果你是曹明雅，请问你将如何解决诸如此类的问题？

见面礼仪，也叫会面礼仪，是商务交往中最常用也最基础的礼仪。前面讲过首轮效应，第一印象非常重要。人与人之间的交往必然要用到见面礼仪，特别是从事商务工作的人士，掌握见面礼仪，能给客户留下良好的第一印象，为以后顺利开展工作打下基础。

见面时礼仪有讲究。见面礼仪通常由见面礼、介绍、握手、名片等组成。介绍、握手、名片礼仪将在后面分别专门讲解。本章（模块、讲）除讲见面礼仪外，还重点讲与见面相关的礼仪：称呼、问候、致意、引领、表情及面试礼仪。

5.1 见面礼

5.1.1 相见之礼的四大区别

5.1.1.1 中外有别

中国人跟外国人用的相见礼节不太一样。目前在国际社会，最通行的相见礼节是拥抱，还有亲吻。在欧美国家，拥抱亲吻是比较通行的见面礼仪。中国人见面最通行的礼节是握手。

5.1.1.2 外外有别

外国人的礼节也不千篇一律，不同的国家礼仪也不一样。阿拉伯世界通行的见面礼节是所谓的按胸礼。韩国、朝鲜、日本见面时鞠躬礼比较流行。欧洲传统国家，流行的相见礼节叫作吻手礼，一般限于室内社交场合。

5.1.1.3 古今有别

现当代和古代见面礼有区别。我国素有礼仪之邦的美称，古代士人见面通行拱手礼（作揖），不同等级的官员见面通行跪拜礼。礼仪的古今变化还是蛮大的。我国现代见面礼仪主要学习西方，是西风东渐的结果。

5.1.1.4 场合有别

不同场合有不同的礼节，正式场合一般相见礼节不可缺少，非正式场合比较随便。

5.1.2 常见的见面礼

见面礼是商务交往中最普遍的礼仪方式。各国常用见面礼有点头礼、举手礼、鞠躬礼、脱帽礼、亲吻礼、拥抱礼、握手礼等。其中握手礼是最常见的见面礼。见面的礼节，要视具体情况而定，不能生搬硬套。这里先介绍前六种见面礼，握手礼将专门进行详细阐述。

5.1.2.1 点头礼

点头礼，也就是颔首礼。点头礼的做法是面带笑容，头部向下轻轻一点。注意不要点头不止，点头的幅度不宜过大。点头礼是最普遍的见面礼仪，盛行于世界各国和各民族。由于点头礼简单方便，不受时间、地点、对象的限制，故深得青睐，一直盛行不衰。

点头礼适用的范围很广，如路遇熟人或与熟人、朋友在会场、剧院、歌厅、舞厅等不宜交谈之处见面，以及遇上多人而又无法一一问候之时，都可以点头致意。行点头礼，最好摘下帽子，以示对对方的尊重。

5.1.2.2 举手礼

举手礼也是一种常见的见面礼仪，多在学校、军队中使用。举手礼起源于中世纪的欧洲。当时，骑士们常常在公主和贵妇面前比武，在经过公主的座席时，要唱歌赞美公主，歌词往往把公主比作光芒四射、美丽绝伦的太阳。武士们看到公主总要把手举起来做挡住太阳的姿势。久而久之演变成举手到眉的敬礼。

行举手礼的场合，与点头礼的场合大致相似，最适合向距离较远的熟人打招呼。举手礼的正确做法是右臂向前方伸直，右手掌心向着对方，其他四指并齐、拇指叉开，轻轻向左右摆动一下。不要将手上下摆动，也不要在手部摆动时以背朝向对方。我国古代多行拱手礼，现在以握手礼较为常见。中国古代的“跪拜”礼到辛亥革命推翻帝制后即行废止。

5.1.2.3 鞠躬礼

鞠躬，意即弯身行礼，是对他人表达敬佩的一种礼节方式。鞠躬前双眼礼貌地注视对方，以表尊重的诚意。鞠躬时必须立正、脱帽，嘴里不能吃任何东西，不能边鞠躬边说与行礼无关的话。鞠躬时手插在衣袋里，是极为失礼的行为。

日本人见面以鞠躬礼为主。鞠躬礼真正的起源在中国。由敛身礼演变而来。鞠躬礼分两种：一种是三鞠躬。鞠躬前应脱帽（摘下围巾），身体立正，目光平视。身体上部向前下弯约成 90°，然后恢复原状，连续三次。参加追悼会，向遗体告别时行三鞠躬礼，应庄重、严肃。在喜庆的结婚仪式中，新郎新娘三鞠躬应面带微笑，自然大方。另一种是一鞠躬。几乎适用于一切社交场合。如晚辈对长辈、学生对教师、下级对上级或同事之间以及讲演者、表演者对听众、观众等都可以行一鞠躬礼。行礼时，身体上部向前倾斜约 15°，随即恢复原态，只做一次，受礼者应随即还礼。长辈对晚辈、上级对下级不鞠躬，欠身点头即示还礼。演员对观众致鞠躬礼后，观众或听众以掌声还礼。

5.1.2.4 脱帽礼

戴着帽子的人，在进入他人居所、路遇熟人、与人交谈、握手、进入娱乐场所或在升国旗、奏国歌的场合，应自觉摘下帽子，并置于适当之处。女士在一般社交场合不脱帽子，不会被人认为是失礼行为。

见面时男士应摘下帽子或举一举帽子，并向对方致意；与同一人在同一场合前后多次相遇，不必反复脱帽。进入主人房间时，客人必须脱帽。在庄重、正规的场合应自觉脱帽。

5.1.2.5 亲吻礼

行亲吻礼，往往伴有一定程度的拥抱。西方国家亲朋好友见面一般行拥抱礼和亲吻礼，以示热情友好。不同关系、不同身份的人，相互亲吻的部位不尽相同。在公共场合和社交场合，关系亲近的女子之间可以吻脸，男子之间是拥肩相抱，男女之间一般是贴面颊，晚辈对尊长是吻额头，男子对尊贵的女宾可以吻手指或手背。许多国家的迎宾场合，宾主往往以握手、拥抱、左右吻脸、贴面颊的连续动作，表示最真诚的热情和敬意。

5.1.2.6 拥抱礼

拥抱礼是同握手礼、接吻礼并列的最重要的见面礼仪，盛行于世界许多国家和民族，流行于欧美。拥抱礼多用于迎送宾客或祝贺致谢等社交场合。拥抱礼不仅是人们日常交际中的重要礼仪，也是世界各国政府首脑外交场合中的见面礼节。这种礼节，一般是两人相对而立，右肩偏下，右手扶在对方左后肩，左手扶在对方右后腰，按各自的方位，两人头部及上身向左相互拥抱，然后头部及上身向右拥抱，再次向左拥抱。

在一些欢迎宾客的场合，或祝贺、感谢的隆重场合，在官方或民间的仪式中，也有拥抱礼节，有时是热情友好的拥抱，有时纯属礼节性。

此外，有些国家还有一些传统的见面礼节，如东南亚佛教国家是双手合十致意，我国旧时传统是抱拳。对这些礼节应有所了解，在一定场合也可使用。

5.2　与见面相关礼仪

5.2.1　称呼

称呼，也叫称谓，是商务交往中所采用的彼此之间的称谓语，与之相关的礼仪叫称谓礼仪。选择正确、适当的称呼，不仅反映着自身的教养、对对方的尊重程度，甚至还体现着双方关系发展所达到的程度及社会风尚。称呼的使用要规范恰当。中国自古以来就是礼仪之邦，许多地方都能体现出文明古国的谦敬之风。交往时要非常注意称谓。

尊重交往对象要使用尊称，对自己使用谦称。说自己时用谦恭之词，呼对方时用尊敬之语。尊称的一般技巧是就高不就低。在介绍他人时往往用受人尊敬的衔称，这就是“就高不就低”。尊称不用，会失敬于对方。尊称取低，对方也会不高兴。在工作岗位上，彼此之间的称呼有其特殊性，要庄重、正式、规范。

称呼应慎用简称。对对方的名字、头衔、单位要清楚。名字和头衔搞错，就失敬于人。不仅不能够搞错，而且不能写错、不能记错，不能念错。

5.2.1.1　普遍适用的尊称

1. 职务性称呼

以交往对象的职务相称，以示身份有别、敬意有加，这是一种最常见的称呼。如荆厅长、张处长、李局长、王主任、周主席、刘利部长等。职务性称呼分三种情况：第一种只称职务；第二种在职务前加上姓氏；第三种在职务前加上姓名（适用于极其正式的场合）。

2. 职称性称呼

对于具有职称者，尤其是具有高级职称者，在工作中直接以其职称相称。如魏教授、唐总工、邓研究员、高编审等。称职称时可以只称职称、在职称前加上姓氏、在职称前加上姓名（适用于十分正式的场合）。

3. 行业性称呼

商务交往中，有时可按行业进行称呼。如孙老师、吴医生、陈会计、洪律师等。对于从事某些特定行业的人，可直接称呼对方的职业，也可在职业前加上姓氏、姓名。

4. 时尚性称呼

时尚性称呼是称呼的创新，往往具有时代特点。当今社会比较时尚的称呼有老板、靓女等。可称孙总、徐前辈、皮老板、帅哥、靓女等。

5. 性别性称呼

对于从事商业、服务性行业的人，一般约定俗成按性别不同分别称呼“小姐”、“女士”或“先生”。“小姐”称未婚女性，“女士”称已婚女性。和外商打交道，更习惯称呼先生、女士。

6. 姓名性称呼

称呼姓名，一般只限于同事、熟人之间。有三种情况：直呼其名；只呼其姓，但要在姓前加上“老、大、小”等前缀；只称其名，不呼其姓，通常限于同性之间，尤其是上司称呼下级、长辈称呼晚辈，在亲友、同学、邻里之间，也可使用这种称呼。

5.2.1.2 现代常用的谦称与敬称

谦称是表示谦虚的自称。谦称表示谦逊的态度，用于自称。

一般人自称愚、不才、在下、敝人、鄙人等。老年人谦称自己老朽，向比自己年轻的人称愚兄。敝姓谦称自己的姓，寒舍谦称自己的家，敝处谦称自己的房屋、处所，敝校谦称自己所在的学校。愚谦称自己不聪明，鄙谦称自己学识浅薄，老粗谦称自己没有文化。愚见、鄙见、拙见谦称自己的见解。鄙意谦称自己的意见。自己的意见主张为管见浅见。拙笔谦称自己的文字或书画，拙著、拙作谦称自己的文章。

对他人称自己的父母为家父、家母、家严、家慈；称妻子为拙荆、贱内、内人、山荆；称儿子为小儿、犬子、小犬；称女儿为息女、小女等。

称呼对方父母为令堂、令尊，对方子女为令爱、令郎。称老师为夫子、师父、师傅、先生、先哲。说别人的意见为高见、高论。别人的文章为大作。他人的妻子为尊夫人；他人的徒弟为高徒；他人的家为府上。

敢问用于问对方问题，敢请用于请求对方做某事，敢烦用于麻烦对方做某事。

5.2.1.3 称谓礼仪

1. 正式场合

（1）对处在主宾、主人身份的高职位人员应以职衔相称；

（2）可突出学历、职称等资历和荣誉称号；

（3）应尽量使用敬语。

2. 非正式场合

（1）对亲属的称呼：与外人交谈，对自己的亲属应采用谦称；对他人亲属要采用敬称。

（2）对朋友、熟人的称呼：敬称；姓名称；亲近的称呼。

3. 称呼的技巧

（1）初次见面更要注意称呼；

（2）称呼对方时不要一带而过；

（3）关系越熟越要注意称呼。

5.2.1.4 称呼禁忌

使用称呼时，要避免下面几种失敬的称呼。

1. 错误的称呼

粗心大意，用心不专，导致称呼错误。常见的错误称呼有两种。

（1）误读，一般表现为念错被称呼者的姓名。如“郇”“查”“盖”这些姓氏就极易弄错。为了避免这种情况发生，对于不认识的字，事先要有所准备；如果是临时遇到，就要不耻下问，谦虚请教。

（2）误会，主要是对被称呼人的年纪、辈分、婚否以及与其他人的关系做出了错误判断。如将未婚妇女称为“夫人”。

2. 不通行的称呼

有些称呼，具有一定的地域性，在某一范围内用地方性称呼可行，但跨地区、跨国家不能滥用。如山东人喜欢称呼“伙计”，但南方人听来“伙计”就是“打工仔”。中国人把配偶经常称为“爱人”，在外国人的意识里，“爱人”是“第三者”的意思，港台人将“爱人”一般理解为“二奶”。有的省份把另一半叫“对象”，无论是否结婚都叫“对象”，容易被误会为恋人关系而非夫妻关系。

3. 不恰当的称呼

工人可以称呼为“师傅”，道士、和尚、尼姑可以称为“出家人”。如果用这些称呼其他人，会让对方产生自己被贬低的感觉。

4. 庸俗的称呼

有些称呼在正式场合不适合使用。如“兄弟”“哥们儿”等，听起来亲切，但显得档次不高。介绍说这是张姐，那是李哥，这不像公司，倒像是跑单帮的。“老七”“小九”等替代性称呼，正规场合不能用，有不严肃之嫌。

5. 称呼外号

对于关系一般的，不要自作主张给对方起外号，更不能用道听途说的外号称呼对方。也不能随便拿别人的姓名乱开玩笑。

6. 语音禁忌

在官场，应注意上司的姓氏与职务的语音搭配，如赶上姓傅、姓戴的一把手，您叫“傅厅长”“戴局长”，对方肯定不高兴，因为外人一听，误以为他是副职或临时代办呢。应略去其姓氏，直称官衔“厅长”“局长”。如某处长姓贾，最好不要随便张口就“贾处长”“贾处”的，以直呼“处长”为宜，否则难避调侃之嫌。近年来官场流行简称，按照一般原则，正职以姓氏加职务称谓的第一个字，如“赵厅”“钱局”，这种称呼习惯了也未尝不可，但遇上类似“范局”（饭局）等语音相谐，就应略作变通，改用全称。

7. 无称呼

与客人交往，没有任何称呼是不礼貌的。如在大街上问路，上去就“哎”，对方肯定不高兴。有人称呼对方“那个谁”，被叫的人肯定觉得不爽。与客人打交道前，要准确地选择适当的称呼。

5.2.2 寒暄与问候礼仪

5.2.2.1 寒暄礼仪

寒暄，是应酬中的常用语。问候，是相逢之际所打的招呼，所问的安好。多数情况下，两者应用的情景相似，都是作为交谈的“开场白”使用。两者之间的界限常常难以确定。

寒暄的主要用途是打破僵局，缩短人际距离，向交谈对象表示自己的敬意，或是借以向对方表示乐于结交之意。与他人见面，若能选用适当的寒暄语，会为双方进一步交谈做良好的铺垫。反之，本该与对方寒暄几句，若一言不发，则是极其无礼的。

在被介绍给他人之后，应当跟对方寒暄。若只点点头，或只握下手，通常会被理解为不想与之深谈，不愿与之结交。碰上熟人，也应寒暄一两句。若视若不见，不置一词，难免显得妄自尊大。不同情况寒暄语各有特点：

1. 生人寒暄

跟初次见面的人寒暄，标准的说法是："你好""很高兴能认识您""见到您非常荣幸"，等等。

比较文雅的话，可以说"久仰"或者"幸会"。随便一些，可以说"早听说过您的大名""某某人经常跟我谈起您"，或是"我早就拜读过您的大作""我听过您作的报告"，等等。

2. 熟人寒暄

跟熟人寒暄，用语则不妨显得具体、亲切。可以说"好久不见""又见面了"，也可以说"你气色不错""您的发型真棒""您的小孙女好可爱呀""今天的风真大""上班去吗?"，等等。

3. 友好、敬重

寒暄语应带友好之意、敬重之心。寒暄语不一定具有实质性内容，而且可长可短，因人、因时、因地而异，但应具备简洁、友好与尊重的特征。不允许敷衍了事般地打哈哈，也不可戏弄对方。"来了""瞧您那德行""您又长膘了"等，均应禁用。

4. 不宜过于程式化

寒暄语不宜过于程式化。如两人初次见面，一个说："久闻大名，如雷贯耳，今日得见，三生有幸！"另一个则道："岂敢，岂敢！"搞得像演古装戏，就大可不必。

5.2.2.2 问候礼仪

问候者打招呼也。问候多见于熟人之间打招呼。西方人爱说："嗨！"中国人则爱问"去哪儿""忙什么""身体怎么样""家人都好吧"。在交际活动中，为了节省时间，可以一句"您好"将寒暄与问候合二为一。

问候语具有非常鲜明的民俗性、地域性特征。老北京爱问："吃过饭了吗?"其实就是"您好！"若答以"还没吃"，意思就不大对劲了。若以此问候南方人或外国人，常会被理解为"要请我吃饭""讽刺我不具有自食其力的能力""多管闲事""没话找话"，从而引起误会。

问候有顺序，专业讲法叫位低者先行。即地位低者先问候地位高者；下级先问候上级；主人先问候客人；男士先问候女士。问候因场合而异，女性优先体现在社交场合而非工作场合。中国人和外国人、生人和熟人、本地人和外地人，问候内容有别。

问候时的称呼，遵守前述称呼规则。

问候语言要正规标准。为了避免误解，统一规范，应以"您好""忙吗"为问候语。涉及个人私生活、个人禁忌等方面的话语，最好别作为问候语。见面就问候人家"跟朋友吹了没有"，或是"现在还吃不吃中药"，都会令对方反感。

问候禁忌：①忌问年龄；②忌问薪水或财产；③忌问为何不结婚，为何不生小孩。④忌问身体残障或缺陷；⑤忌贸然地问及性的问题；⑥忌冒失地问赠送礼品价钱多少。

5.2.3　致意

致意是一种常用的礼节，主要是以动作问候，通常用于与相识的人在各种场合打招呼。致意是一种不出声的表达友善之意的问候礼节，有起立致意、举手致意、点头致意、微笑致意、欠身致意、脱帽致意等形式。

致意的基本规范：男士应当先向女士致意；年轻者应当先向年长者致意；学生应当先向老师致意；下级应当先向上级致意。当年轻的女士遇到比自己年岁大得多的男士时，应先向男士致意。

5.2.3.1　起立致意

常用于较正式场合，长者、尊者到来或离去时，在场者应起立表示致意。如正坐着的下级、晚辈看到刚进屋的上级、长辈应起立表示敬意。

5.2.3.2　举手致意

也叫招手致意。适用于向距离较远的熟人打招呼。一般不必出声，只将右臂伸直掌心朝向对方，轻轻摆一下手即可，不要反复摇动。

5.2.3.3　点头致意

用于不宜交谈的场合，如会议、舞会进行中，与相识者在同一地点多次见面或仅有一面之交者，在社交场合相见亦可点头为礼。点头的正确做法是面带笑容，头部向下轻轻一点。

5.2.3.4　微笑致意

主要用于不太熟悉的人相见。在文明程度较高的国家，与陌生人目光相遇时微笑致意，已成为日常礼节。友善的微笑，友好的致意，不但能缩短人与人之间的“距离”，也能使自己和对方的心情都变得愉悦。与人相逢，能付之温馨的微笑致意，是文明有教养之人应有的礼节。

5.2.3.5　欠身致意

欠身致意的礼节较轻。处于坐姿的某些场合，有熟人入座，应欠身致意，即将臀部抬起，上身微微耸起，而不必站立起来，俗话说“欠欠屁股”。处于站姿正与客人交谈，这时另有其他客人参与进来，不能置之不理，不能中断谈话，需要欠身致意，即上身微微前倾表示不介意，欢迎。

5.2.3.6　脱帽致意

见面时男士摘下帽子或举一举帽子，向对方致意或问好。

女士无论何种场合，不论年龄大小，只需点头致意或微笑致意。只有遇到上级、长辈、老师、特别钦佩的人时，女士才要率先向他们致意。

在餐厅等场合，若男女双方不十分熟悉，一般男士不必走到跟前致意，在座位上欠身致意即可。女士如果愿意，可以到男士桌前致意，此时男士应起身协助女士就座。

商务场合遇见身份高的熟人，一般不宜立即起身向对方致意，而应在对方应酬告一段落之后再上前。

5.2.4 表情

面部表情作为丰富且复杂的体态语的重要方面，包括脸色变化、肌肉收展以及眉、鼻、嘴等的动作。表情是眼神、笑容、面部肌肉的动作，主要通过眼神和笑容体现出来。眼神要点，目中有人。交流时要养成注视对方的习惯。表情要互动（医院里就不能时刻“微笑服务”），不卑不亢，落落大方。这里重点介绍目光与微笑。

5.2.4.1 目光

交流时，目光交流总是处于最重要的地位。交流过程中，双方要不断地用目光表达情感、意愿，还要适当观察对方的目光，探测“虚实”。交流结束时，也要用目光作一个圆满的结尾。商务活动中，诚恳、坦然、友好的目光，让人产生亲近、信任、受尊敬的感觉，而游离、茫然、轻蔑的眼神，让人产生被轻视的感觉。从礼貌礼节的角度讲，看什么部位，看多长时间，从什么方向看，都很有讲究。

1. 注视部位

（1）公务注视。洽谈、磋商、谈判等场合，眼睛应看着对方双眼或双眼与额头之间的区域。这样注视显得严肃、认真，别人也会感到有诚意。近距离交谈，即一两米的距离内，要看对方的眼睛或者头部，特别面对异性的时候，通常不看中间，尤其不看下边。

（2）社交注视。茶话会、聚会、舞会等场合，眼光应看向对方双眼到唇心三角区域。这样注视使对方感到礼貌、舒适，从而营造一种良好的社交气氛。

（3）亲密注视。亲人、恋人和家庭成员之间，眼光可注视对方双眼到胸部之间的区域。这样注视表示亲近、友善。但对陌生人来说，这种注视有些过分。

2. 注视方向

注视的角度有讲究。要正眼相看，不要斜视。要以注视表示理解、支持、赞同、同意、认可、重视。眼能传神，也能走神。重表情的同时要注意眼神。

（1）平视。表示理性、平等、自信、坦率。适用于普通场合与身份、地位平等的人之间。

（2）仰视。即抬眼向上注视。表示尊敬、期待，适用于面对尊长时。

（3）俯视。即目光向下注视。一般表示对晚辈的爱护、宽容，也可表示轻慢、歧视。

3. 注视时间

注视的时间也有讲究。注视时间的长短相当重要。在交谈中，听的一方通常应多注视说的一方，目光与对方接触时间，一般占全部相处时间的1/3。谈话时，若对方为关系一般的同性，应该不时与对方双目对视，以示尊重。如果双方关系密切，则可较多较长地注视对方，以拉近心理距离。如果对方是异性，目不转睛长时间地注视不仅使对方不自在，也是失礼的表现。

5.2.4.2 微笑

俗话说：“面带三分笑，礼数已先到。”微笑是一种无言的答语，起着很微妙的作用。微笑是自我推荐的润滑剂，礼貌之花，友谊之桥。

笑也有分寸，微笑，含笑，大笑，狂笑，冷笑，苦笑，适用对象不同。

1. 微笑要求

（1）微笑必须真诚、自然。只有真诚、自然的微笑，才能使对方感到友善、亲切和融洽。

（2）微笑要适度、得体。微笑虽然是最有吸引力、最有价值的面部表情，也不能随心所欲。适度就是要笑得有分寸、不出声，含而不露；得体就是要恰到好处，当笑则笑，不当笑则不笑。喜庆的场合，应当微笑。特别严肃的场合，则不宜微笑，否则会适得其反，给人留下不好的印象。

（3）微笑要标准。职业化微笑一般要求露出 6 颗牙齿，即上下各 3 颗。

2. 微笑作用

（1）表现心境良好。面露平和欢愉的微笑，说明心情愉快，充实满足，乐观向上，善待他人，这样的人才会有魅力。

（2）表现充满自信。面带微笑，表明对自己的能力有充分的信心，使人产生信任感，容易被别人真正地接受。

（3）表现真诚友善。微笑反映心底坦荡，善良友好，待人真心实意，使人在与其交往中自然放松，不知不觉缩短了心理距离。

（4）表现乐业敬业。工作岗位上保持微笑，说明热爱本职工作，恪尽职守。在服务岗位，微笑更可创造和谐融洽的气氛，让服务对象倍感愉快和温暖。

5.3　面试礼仪

5.3.1　面试时的注意事项

求职面试由许多小环节构成，“细节决定成败”，下面详细阐述在求职面试时要特别注意的一些细节问题。

5.3.1.1　准时到达

准时到达是必需的。面试前，有必要先去看看应聘单位。记住面试的时间和地点，提前一点到达非常必要。至少留出 20 分钟的富裕时间，即使迷了路，车抛锚或一时没能找到正确的地点，仍然能够从容且准时到达。如果一切顺利，20 分钟的时间，待在车内或单位外面，稳定情绪、检查仪表。最好在面试前 5 分钟到达考官办公室，以示求职的诚意，给对方信任感，同时也利于调整情绪，作一些简单的准备，以免仓促上阵，手忙脚乱。无论什么情况下，都不要让考官等。但也不要早于 15 分钟至半个小时到达，这使人认为过分焦急，接待人员或主考官也因此而感到不自在。

在提前到达的几分钟内，应体会一下是否勇气十足，要是失去勇气不妨在嘴里说说下面列举的话，相信就心静如海，恐惧全失了：①勇气并非特定人士的专利，我当然也有。②举止如常即可，何必紧张？③按照计划从容面谈即可，这又不是什么高深难办的事。④万一失败，也实属正常。⑤自自然然，就像刚才走过来那般，迈出大步吧！何难之有。

当然，一点都不紧张是不可能的，也是不正常的。但是，应该尽快放松下来。要有信心，因为所要求的一切条件已具备，并且做好了充分的准备。紧张时可自我暗示，假定在场者都是同事，有的人或许还是将来的下级，紧张的应该是他们。

如果确因事不能准时到，或者因途中遇到预想不到的麻烦误了时间，一定要采取措施，如给主考官打电话，把迟到的原因解释清楚并征求是否可晚些到达或能否重新安排面试机会。

5.3.1.2 注意第一形象

到了面试单位，若有前台，要开门见山说明来意，经指导在指定区域落座。若无前台，则求助于工作人员。要注意文明。一些小企业没有等候室，就应在面试办公室的门外等候。到了应试地点，应先轻声敲门，得到许可再进去，忌讳直接推门而入。进入后应主动向在场的各位面试人打招呼、问好。或当办公室门打开时有礼貌地说声“各位好”，然后向室内招聘人员表明是来面试的。

和蔼地对待接待人员、秘书，但不要贸然与之闲聊，除非他们愿意，因为他们在工作。闲聊评价一般会在应聘者走后向主考官提出，或在综合评价时插一句，有好评自然无害，但差评将贻害无穷。

5.3.1.3 耐心等待面试

等待面试的表现不容忽视。到达面试单位后，应在等候室耐心等候，等待时不要来回走动，保持安静及正确的坐姿。有的单位为加快面试速度，往往略过单位情况介绍步骤，很快进入实质性阶段。应聘者应仔细阅读招聘单位事先提供的介绍材料，以先期了解情况。也可独立思考与面试有关的问题，做到心中有数。不要显得浮躁不安，也不要与其他应聘者聊天。有时，招聘人员会故意晚到以测试应聘者的素养。

5.3.1.4 面试表现得体

在与主考官面谈前，手心有汗暗地用手纸揩去，将手放在裤子或裙装上，以保持手心干燥。考官出现，要自然微笑，友善地对视。主考官可能主动伸出手，握手要坚定有力。通常求职者要等主考官首先伸手，例外是主考官是位先生，而求职者是位女士，女士应首先伸手。一般认为，女性求职者向主考官伸出她的手，既显示了开放和友好，又充分利用了女性的优势。求职者如果主动，则显得有些热情过头。握手可以交流情感，不要在此丢分，给主考官留下“笨手笨脚”的印象。

面试时先自我介绍，说明来意。面谈过程中，虽然主考官可能已通过个人简历、求职信了解了一些情况，但面对面的介绍是必要的重复，可加深印象，给对方以立体感。自我介绍一般要求简短。

自我介绍后，假如有名片，应立即拿出来，双手呈递对方，并说：“请多关照。”一张精美的名片也是一种很好的包装。如果主考官也拿出名片回应，应双手接过，并认真看一看，重复一下名字，有不懂的字可以请教。对方的名片应放在名片夹里以示珍重。

主考官没有请坐时，切忌急于坐下。否则，将被视为傲慢无礼。主考官让座时，应表示谢意，在指定位置就座，保持良好的坐姿。忌与主考官坐得太近、太远或太高。如任自选，可挑直背座椅。不要坐吱吱作响的椅子。即使风度翩翩，坐在这样的椅子上，也无任何风度可言，对姿态也无益。不要比主考官的位置低，这不利于交流并削弱自信。如果主考官指明坐在对面，不要正对，最好侧靠一点，坐时要精神抖擞，切忌懒散，尤其不要伏在考官桌上。面试中坐姿非常重要。坐时如果双手相握，或者不断揉搓手指，会使对方感到缺乏信心。稳稳当当坐在座位上，双掌伸开自然地放在大腿上，就会给人一种镇静自若、胸有成竹的感觉。

交谈中，写字台或其他设置物都是心理屏障，它们有利亦有弊。心不在焉是面试最大的忌讳，当主考官谈话时，必须把身子微微向前倾斜，留心其谈话。考官如果是男士，女性求职者不必身体过分屈就，否则会让人觉得不够持重。

5.3.2　面试后续礼仪

很多求职者只留意面试礼仪，而忽视面试后礼仪。实际上，面试结束并不意味着求职过程的完结，求职者还要注意面试的相关后续礼仪。

5.3.2.1　致谢主招聘人员

面试后两三天，最好给主招聘人员打个电话或写封信表示感谢。这可以加深其印象，增大求职成功的可能性。

1. 打感谢电话

面试后一两天，选择合适时间给主招聘人员打感谢电话。电话要简短，最好不要超过 3 分钟。主考官曾告知有问题可以打电话询问，可询问是否还有面试以及自己是否能被录用。

2. 写面试感谢信

主招聘人员对应聘者的记忆是短暂的。感谢信是最后的机会，它能显得与其他应聘者有所不同。不要在感谢信中提及能否被录用的问题，因为感谢信意在感谢主考官在面试上花费了时间和精力，而非增加对方的困扰。如果平时通过电子邮件联系，发一封电子感谢信，既方便又得体。如果面试单位比较传统，不妨写封书面感谢信。内容要简洁，一般不要超过一页纸。如果字体漂亮，手写是展示才华的好机会。

感谢信必须写给某个具体负责人，开头应提姓名及简单情况，以及面试的时间，并对主招聘人员表示感谢。中间部分要重申对该公司、该职位的兴趣，或增加一些对求职成功有用的新内容。结尾可以表示得到这份工作的迫切心情，以及为应聘单位发展壮大做出贡献的决心。

5.3.2.2　适时打电话询问

面试结束后两周左右，如果还没任何回音，可以给负责招聘的相关人员打电话，询问面试结果。此电话要注意两个礼仪细节：时间及方式。

1. 打电话的时间

询问面试结果是公事，应在正常工作日的时间段内打电话。要尽量避开周一上午、周五下午及每天刚上班的1小时内和下班前的1小时内，这几个时间段很多单位都有开例会的习惯。

2. 打电话的方式

通话自始至终都要表现得有礼，尊重通话对象。接通电话后首先说："您好！"接下来自报家门：全名、何时面试、面试什么职位。以便对方知道准确信息，便于查找。碰上要找的人不在，态度同样要文明礼貌，可以打听要找的人何时在，约好时间再打。

知道没被录用，要冷静、热情地请教原因，可以说"对不起，我想请教一下我没有被录用的原因，我好再努力"。谦虚的态度可能赢得对方的同情，也会获得下一次的面试机会。询问面试结果，最多打3次电话。如果用人单位想聘用，会直接说或及时联系。再多的电话，会适得其反。

5.3.2.3 正式报到前的准备

正式报到前，要先对招聘单位做全面了解，这样工作时会顺畅很多。了解该单位的方法很多，包括在面试时带回的企业简介、刊物或企业形象方面的资料、企业网站等，有条件或可能的话最好全面实地考察。对企业的整体运营情况有所掌握，会对适应新工作、新环境带来很大帮助。

5.3.3 求职面试心理障碍与禁忌

5.3.3.1 求职时需克服的不健康心理

（1）羞怯心理。在求职现场放下自荐书就想走，面对招聘者结结巴巴、面红耳赤，这样的人自然难以得到用人单位的赏识。

（2）仕途心理。"学而优则仕"，觉得当官才是正途，削尖脑袋往"衙门"钻，官场是实力加关系的大比拼，远非轻易所能进入，结果大多碰得头破血流。

（3）攀比心理。觉得在校期间成绩好，荣誉多，"官职"大，理所当然工作也应该好。却不知用人单位并非以此作为评判人才的唯一标准。

（4）依赖心理。缺乏独立意识，总爱拉父母、同学相伴求职，或一帮学友共同应聘同一单位，希冀日后相互照应，这种无主见和无魄力的毕业生用人单位多不欣赏。

（5）乡土心理。不愿出远门，只愿在眼前的"一亩三分地"里就业。有些人早早登上爱情方舟，毕业后为与另一半厮守而固守一方。

（6）低就心理。有些学生总觉得技不如人，竞争激烈，遂甘拜下风，不敢"明码标价"，找个买家草草卖出。对于单位的不平等协议也闭着眼睛签订，给日后职业生涯带来严重隐患。

（7）造假心理。假学历、假证书、假荣誉等并非敲开就业大门的救命稻草，假的终究长不了，反而会误了名声，毁了前程。

5.3.3.2　求职面试禁忌

（1）面试迟到，随便找借口。

（2）面试前喝酒、吃葱蒜等，口中有刺激性气味；不修边幅或者着装不当。坐姿懒散，抽烟、嚼口香糖。

（3）面试时带陪伴，没有信心。

（4）回答问题思路不集中，没有逻辑性，没有将能力与雇主的需求联系起来，没有列举出相应的能力证明。

（5）随意评价其他同类型公司。

（6）手势过多，使用方言，与主考官争辩。

（7）表现平淡，没有热情，对大多数提问都用简短的“是”或“不是”来做答，或者明显让人看出是在背答案。

（8）对招聘人员有抵触情绪，直呼招聘人员的名字或将其名字搞错。

（9）当招聘人员问“你有任何问题吗”，回答“没有”。

（10）在面试中对薪酬讨价还价。

∷延伸阅读

常见面试问题解析

面试问题不限于工作内容的阐述和专业性问答，更多的是考核求职者的综合素质及能力。主要包括以下几个方面：

（1）语言表达能力：谈话是否主题明确、思路清晰，是否有说服力。

（2）思考判断能力：能否准确理解对方意图，迅速应变找到答案，回答和提问是否紧紧相扣。

（3）交际沟通能力：能否听取并尊重别人的意见，有不同意见时能否恰当表达出来。

（4）合作协作精神：与他人能否和谐相处，能否团结协作，是否具有健康的竞争精神。

（5）诚信精神和责任感：与人交往时是否讲究诚信、奉献、谦虚、勇于承担责任。

（6）职业形象和素质：仪容仪表是否得体，举止是否文明大方，回答问题是否诚实、认真等。

主考官无论是提问还是观察，都围绕上述几方面进行。应聘者回答问题要言简意赅，抓住主考官感兴趣的内容——是否适合这份工作。无论回答对方什么问题，都要将自己的优点、特长与对方的需要相结合，无论成功还是失败的经历，都要导出积极向上的一面。

下面是应聘者的学历、个性、能力、价值观和过去的成绩等的一些常规问题。

问题 1：“请你自我介绍一下？”

问题 2：“谈谈你的家庭情况。”

问题 3：“你有什么业余爱好？”

问题 4：“你最崇拜谁？”

问题 5：“你的座右铭是什么？”

问题 6：“谈谈你的优缺点。”

问题 7：“谈谈你的一次失败经历。”

问题 8：“你认为你在学校属于好学生吗？”

问题 9：“你为什么选择我们公司？”

问题 10：“你希望的待遇为多少？”

课堂训练

任务布置

1. 下一次课将进行着装展示，请全体学生尽量穿正装（西装）。

2. 按照第 4 章任务驱动所成立的虚拟公司和担任的虚拟职务，制作公司台牌和个人挂牌。用于第 5 章介绍礼仪课堂实训时用。

3. 在下一次上课前预习下一章内容，做好必要的实训准备。

训练项目

☆训练项目 5-1　仪容互查

在上课前利用 5 ～ 10 分钟时间，让学生以两人为一组，组合性别不限，但不可重复组合，即学生甲和学生乙只能互查一次。操作时两人相隔一臂距离，面对面进行仪容互查。根据如下的检查项目（见表 5-1）打出相应的分数并签名。

检查项目及要点（每项 10 分）：

（1）整体清新整洁；（2）发型合格，头发干净；

（3）脸部干净；（4）耳朵清洁；

（5）鼻毛不外露；（6）口气清新；

（7）手指干净，指甲合格；（8）衣领干净挺括；

（9）鞋袜符合要求；（10）身体气味清新。

表 5-1　仪容互查检查表

被检查人姓名		检查日期	年　月　日		检查人姓名	
检查项目	第 1 次检查得分	第 2 次检查得分	3 次	4 次	5 次	总　评
整体印象（10 分）						
头（10 分）						
脸（10 分）						
耳朵（10 分）						
鼻子（10 分）						
口腔（10 分）						
手（10 分）						
鞋袜（10 分）						
衣领（10 分）						
气味（10 分）						

（续）

被检查人姓名		检 查 日 期	年　月　日		检查人姓名	
检 查 项 目	第 1 次检查得分	第 2 次检查得分	3 次	4 次	5 次	总　评
每次总分						

☆训练项目 5-2　现场面试问答

学生按每组 4 ～ 6 人分组。每组设计面试场景，根据延伸阅读中的 10 个面试问题进行现场演示。在面试问答过程中，要充分体现面试的语言礼仪，注意语言机智得体，切合面试岗位需要，在面试中要伴随恰当的身体姿态和面部表情。用摄像机、数码相机记录学生的面试过程并回放，学生进行相互评价，教师最后总结点评实训中的共性、个性问题。

☆训练项目 5-3　模拟企业求职面试

每两个同学一组，分别模拟求职毕业生和单位主考官，请预先设计好求职岗位，针对岗位，准备 5 个面试问题进行现场问答。

在学生分组自主训练的基础上，视时间选出典型的 3 ～ 5 组，进行课堂演练。其他同学给予点评，分析其能否被录用？

☆训练项目 5-4　职场性格测试

这是目前很多大公司人事部门实际采用的职场性格测试题。

请从下面 10 个问题的答案中，选择一个与你最相符或最相近的答案。选项后的数字为标准分值。

（1）你何时感觉最好？

A. 早晨②；　　B. 下午及傍晚④；　　C. 夜里⑥

（2）你走路时是（　　）。

A. 大步快走⑤；　　B. 小步快走④；

C. 不快，仰着头面对着世界⑦；　　D. 不快，低着头②；　　E. 很慢①。

（3）和人说话时，你（　　）。

A. 手臂交叠地站着④；　　B. 双手紧握着②；

C. 一只手或两手放在臀部⑤；　　D. 碰着或推着与你说话的人⑦；

E. 玩着你的耳朵、摸着你的下巴，或用手整理头发⑥。

（4）坐着休息时，你的（　　）。

A. 两膝盖并拢④；　　B. 两腿交叉⑥；

C. 两腿伸直②；　　D. 一腿蜷缩在身下①。

（5）碰到你感到发笑的事时，你的反应是（　　）。

A. 一个欣赏的大笑⑥；　　B. 笑着，但不大声④；

C. 轻声地咯咯笑③；　　D. 羞怯地微笑⑤。

（6）当你去一个派对或社交场合时，你（　　）。

A. 很大声地入场以引起注意⑥；　　B. 安静地入场，找你认识的人④；

C. 非常安静地入场，尽量保持不被注意②。

（7）当你非常专心工作时，有人打断你，你会（　　）。

A. 欢迎他⑥；　　B. 感到非常恼怒②；　　C. 在以上两极端之间④。

（8）下列颜色中，你最喜欢哪种颜色？（　　）

A. 红或橘⑥；　　B. 黑⑦；　　C. 黄或浅蓝⑤；

D. 绿④；　　E. 深蓝或紫③；　　F. 白②；

G. 棕或灰①。

（9）临入睡的前几分钟，你在床上的姿势是（　　）。

A. 仰躺，伸直⑦；　　B. 俯躺，伸直⑥；　　C. 侧躺，微蜷④；

D. 头枕在一只手臂上②；　　E. 被盖过头①。

（10）你经常梦到你在（　　）。

A. 落下④；　　B. 打架或挣扎②；　　C. 找东西或人③；

D. 飞或漂浮⑤；　　E. 你平常不做梦⑥；　　F. 你的梦都是愉快的①。

把每题答案的标准分值相加，再对照分析。

☆训练项目 5-5　眼神训练

眼神是指眼睛的神态，是通过眼睛传递信息的态势语。人们常说“眼睛是心灵的窗户”，通过丰富巧妙的眼神“眉目传情”，以此影响情绪，调整气氛，达到理想的效果。眼神训练可按如下步骤做眼部“体操”。眼神的操练，可提高眼球、眼睑运动的幅度、灵活性和可控能力。

1. 眼部体操

预备姿势：自然站立，头正直、下颌微收。练习中，头的位置始终不变。

第一节：①眼睑抬起，瞪大眼睛，正视前方某一物体，努力将其看清。②眼睑渐渐放松眼球回缩，虚视前方。③反复重复上述动作。

第二节：①眼睑抬起，眼光自左向右缓慢扫视，直至看到最侧面的东西，目光所到之处努力看清视线内的物象。②目光由右向左扫视，方法同上。③动作同上，只是速度加快，一拍向左，一拍向右。

第三节：①眼光由下向上缓慢扫视，眼睑尽量向上抬，直至看见最上方，眼过之处，努力看清视线之内的物象。②由上向下扫视，直至看见自己的前胸，但应控制眼睑的下落，不使其遮住瞳孔。③动作同上，速度加快，一拍向上，一拍向下。

第四节：①眼光缓慢向左斜上方斜视，左眼睑比右眼睑抬得更高。②眼光缓慢向右斜下方斜视，右眼比左眼用力稍大。③动作同上，速度加快。

第五节：动作与第四节相同，只是改变方向，成为右斜上方到左斜下方的动作。

第六节：①双眼从左侧视起，经由上－右－下方向，按顺时针转动一周，环视幅度尽可能大，速度均匀。②重复一次。③方法同上，向相反方向，按逆时针方向转动一周。

2. 眼神训练

（1）定眼。眼睛盯着一个目标，分正定法和斜定法两种。

正定法：在前方 2 ～ 3 米远的明亮处，选一个点。点的高度与眼睛或眉毛基本相平，最好找一个不太显眼的标记。进行定眼训练，眼睛要自然睁大，但眼轮匝肌不宜收得太紧。双眼正视前方目标上的标记，目光要集中，不然就会散神。注视一定时间后可以双眼微闭休息，再猛然睁开眼，立刻盯住目标，进行反复练习。

斜定法：要求与正定法相同。只是所视目标与视者的眼睛成 25° 斜角，训练要领同正定法。

（2）转眼。眼珠在眼眶里上、下、左、右来回转动。包括定向转、慢转、快转、左转、右转等。

定向转眼的训练有以下各项：

眼球由正前方开始，移到左眼角，再回到正前方，然后再移到右眼角。如此反复练习。

眼珠由正前方开始，由左移到右，由右移到左。反复练习。

眼球由正前方开始，移到上（不许抬眉），回到前。移到右，回到前。移到下，回到前。移到左，回到前。再反复练习。

眼球由正前方开始，由上、右、下、左各做顺时针转动，每个角度都要定住。眼球转的路线要到位。然后再做逆时针转动，反复练习。

眼球由正前方开始，由上向左按顺序快速转一圈后，立即定在正前方，然后方向相反再做一次。

眼球按同一方向顺序慢转，在每个位置、角度上都不要停留，要连续转。之后方向同慢转做一次，不同的是速度加快。

以上训练开始时，一拍一次，一拍两次，逐渐加快。但不要操之过急。正反都要练。

（3）扫眼。眼睛像扫把一样，视线经过路线上的东西都要全部看清。

慢扫眼：在距眼睛 2 ～ 3 米处，放一张画或其他物。头不动眼睑抬起，由左向右，做放射状缓缓横扫，再由右向左，四拍一次，进行练习。视线扫过所有东西尽量一次全部看清。眼球转到两边位置时，眼睛一定要定住。逐渐扩大扫视长度，两边可增视斜 25°，头可随眼走动，但要平视。

快扫眼：要求同慢扫眼但速度加快。由两拍到位，加快至一拍到位。两边定眼。

此外还可结合上述 12 种眼神练习进行表演及小品练习。

初练时，眼睛稍有酸痛感，是练习中的正常现象，其间可闭目休息两三分钟。眼睛肌肉适应了，这些现象就会消失。

在训练中要注意结合感情表现，进行眼睛训练。

☆训练项目 5-6　微笑训练

1. 对镜微笑训练

这是一种常见、有效和最具形象趣味的训练方法。端坐镜前，衣装整洁，以轻松愉快的心情，调整呼吸自然顺畅；静心 3 秒钟，开始微笑：双唇轻闭，使嘴角微微翘起，面部肌肉舒展开来；注意眼神的配合，使之达到眉目舒展的微笑面容。如此反复多次。自我对镜微笑训练时间长短随意。为了使效果明显，可放较欢快节奏的背景音乐。

2. 模拟微笑训练

（1）轻合双唇。

（2）两手食指伸出，其余四指自然并拢，指尖对接，放在嘴前 15 ～ 20 厘米处。

（3）让两食指尖以缓慢匀速分别向左右移动，使之拉开 5 ～ 10 厘米的距离。同时嘴唇随两食指移动速度而同步加大唇角的展开度，并在意念中形成美丽的微笑；让微笑停留数秒钟。

（4）两食指再以缓慢匀速向中间靠拢，直至两食指相接；同时，微笑的唇角开始以两指移动的速度，同步缓缓收回。提示：训练微笑缓缓收住很重要。切忌不能让微笑突然停止。

如此反复训练 20 ～ 30 次。

3. 情绪诱导微笑训练

情绪诱导就是设法寻求外界物的诱导、刺激，以求引起情绪的愉悦和兴奋，从而唤起微笑的方法。如打开喜欢的书，翻看使人高兴的照片、画册，回想过去幸福生活的片断，放喜欢的容易使自己快乐的乐曲等，在欣赏和回忆中引发快乐和微笑。有条件的，最好用摄像机摄录下来。

4. 记忆提取微笑训练

这是演员在训练中常采用的一种方法，也被称为“情绪记忆法”。就是将自己过去那些最愉快、最令人喜悦的情景，从记忆中唤醒，使这种情绪重新袭上心头，重享那惬意的微笑。

典型案例

经营微笑：希尔顿的成功之道

从一家扩展到 70 多家，从 5 000 美元发展到数十亿美元，声名显赫于全球的美国希尔顿酒店，半个世纪以来，不论经济如何波动，生意长期火爆，财富直线增长，稳坐世界酒店业“大哥大”地位。当有人探询其成功的秘诀时，希尔顿微笑着说：“经营微笑。”

1930 年是美国经济最萧条的一年，工厂倒闭，工人失业，85%的民众靠社会救济金维持生计，哪有闲钱去住酒店。全美国 80%的酒店关门歇业，转让出售的广告几乎贴满了酒店的大门和橱窗。希尔顿酒店也亏损，一度达到欠债 50 万美元的境地。面对这种情况，希尔顿召集留下的部分管理人员研究对策，寻找摆脱困境的良方。有人建议降低床位费，有人提出提高饭菜档次，还有人推出了添置一流设备……面对五花八门的方案，希尔顿却提出“经营微笑”的独特思路。希尔顿告诉管理人员和员工，酒店只有一流的设备而没有一流的微笑，客人会认为我们提供的服务是欠缺的、不完美的，希望大家可以思考如何“经营微笑”的具体方略。

虽说“经营微笑”一词对希尔顿的员工来说是第一次听到，经营思路、经营举措的含义也不明确，但他们虚心接受希尔顿的“培训”。希尔顿向员工呼吁：“目前，我们正值酒店亏损时期，为了将来能有云开雾散的一天，请各位千万别把愁云挂在脸上。请记住，希尔顿酒店的全体员工不是在经营酒店，而是在诚心、精心地经营微笑，笑里藏‘金’，笑里孕育着日出和鲜花。”

在微笑经营的具体措施上，希尔顿制定了一套完整的步骤和规则。例如，根据发自内心的微笑才是诚恳的和可亲的，首先培养员工热爱酒店、把客人当亲人的思想感情；其次，把微笑及态度和蔼、语言温馨、举止规范礼貌等素质纳入量化考核，实行奖惩制度，把微笑这个“软件”提高到比任何“硬件”都重要的位置予以呵护。

面对经济大萧条的现状，大多数美国人愁云满面，对前途迷茫和失望。因此，微笑成了 30 年代美国大地上最为短缺的“精神产品”。希尔顿正是发现了这一商机，把酒店当作出售微笑的市场，让希尔顿酒店处处绽放微笑，成为人们安慰灵魂、寻求寄托、恢复自信、感受亲切的家园。

在剩下的 20%的酒店中，只有希尔顿酒店服务员的微笑是持久、诚恳而又美好的。微笑宛如阳光，人人向往阳光，由此不难想象，希尔顿酒店被顾客光顾的情景了。

经济萧条刚过，希尔顿酒店集团就率先跨入了新的繁荣时期，别人还在装饰酒店寻找客源的时候，希尔顿已迎来日进斗金的黄全旺季。

微笑给人留下的是宽厚、谦和、亲切的美好印象，表达出的是对顾客的理解、关爱和尊重。微笑不需要投资，但微笑的价值是无限的，微笑可以增加利润，微笑更能创造成功和奇迹。

【讨　论】

根据这一案例，请谈谈你对微笑的新认识。

【知识强化】认真独立完成知识巩固提高同步练习题。

Chapter 6

第 6 章

介绍礼仪

【学习内容】

介绍的分类。介绍的基本要点。什么情况下需要做自我介绍。自我介绍时的顺序与时间掌握。自我介绍的时机。自我介绍的辅助工具与辅助人员。自我介绍的三种模式。第三方介绍的介绍人。第三方介绍的顺序。业务介绍时的注意点。

【学习目标】

在商务交往中，成为彬彬有礼、善于交往、极受欢迎的人。

【情景导入】

洪燕妮是某高校管理学院企业管理专业的学生，毕业后她应聘到一家国际旅行社从事业务接待工作。很多时候她要进行自我介绍，不少时候她要为其他人做介绍。做介绍时，洪燕妮经常拿不准先介绍谁、什么时机做介绍。由于不谙介绍之道，有时候搞得自己尴尬，有时候搞得客人尴尬。甚至到后来，碰到需要介绍的情况，她都心里很紧张。如果你是洪燕妮，你能够将介绍工作做得大方得体、完美无缺吗?

在商务礼仪中，介绍是一个非常重要的问题。商务交往始自介绍。介绍是商务交往之桥。在商务往来中，总会有双方互不相识的情况，此时需要进行自我介绍或者经过第三者介绍。介绍意在说明情况，介绍人缺位、不到位，缺少介绍，会引起一些不必要的麻烦和尴尬。介绍是交际之桥，人和人打交道，介绍是一座必经的桥梁。

6.1 介绍概述

6.1.1 介绍分类

介绍就是向外人说明情况。从礼仪的角度讲，介绍可以分为四类。

第一类，自我介绍。说明本人情况，说明个人情况。

第二类，介绍他人。领导或同事与客人不认识，客人之间相互不认识，跟他们都认识的第三方出面为不相识的双方做介绍，说明情况，这叫为他人做介绍。

第三类，集体介绍。在大型活动社交场合，需要把某单位、某集体的情况向其他人说明。

第四类，业务介绍。向客人介绍业务、介绍产品。

6.1.2 介绍的基本要点

（1）介绍的时机。往往是地位比较低，希望别人认识的情况下需要介绍。考虑介绍的效果，涉及时机问题。介绍的时机包括具体时间、具体地点、具体场合。一般应在尊者正式时间不忙时介绍，不在其休息、就餐、走路等场合介绍。

（2）介绍的主角。谁出面做介绍，主动说明情况。一般的游戏规则是，地位低的人需要先向地位高的人说明情况。介绍的标准化顺序是所谓的位低者先行。地位低的人先做介绍。介绍时态度要端正，目光应直视介绍对象。

若有可能先递名片再做介绍。名片上头衔、职务、地址、电话都有，便于接受介绍者更快地了解情况。

（3）介绍的内容要完整。泛泛之交的应酬式介绍和商务场合的交际式介绍，有所不同。自我介绍一般应包括单位、部门、职务和姓名四要素。

（4）介绍时间要简短。长话短说，没话不说，同时也要注意表达方式。

（5）注意缩略语的使用。做介绍时，所在的单位和部门名字比较长的，第一次要用全称，第二次及以后才可以改为简称，不可乱用，避免混淆误解。

6.2 自我介绍

商务交往中，每个人都需要做自我介绍，都无法逃避自我介绍。自我介绍的主角当然是自己。

6.2.1 需要做自我介绍的两种情况

6.2.1.1 想了解对方

所谓将欲取之，必先予之。来而不往非礼也。一般情况下，想了解对方的情况，作为一种交换，就要让对方了解自己的情况。

6.2.1.2 想让别人了解你

介绍意在说明情况。想让别人了解你，就要主动自我介绍。介绍内容要全面；单位、部门第一次使用全称。

6.2.2 自我介绍时的顺序与时间掌握

6.2.2.1 自我介绍的顺序

一般的游戏规则，主人应该先向客人做介绍。主人和客人，主人先做介绍。长辈和晚辈，晚辈先做介绍。男士和女士，男士先做介绍。地位低的人和地位高的人，地位低的人先做介绍。不清楚地位高低，地位高的人先做自我介绍，也没大关系。自我介绍没有谁必须先向谁介绍的硬性规定和要求。

6.2.2.2 自我介绍的时间

自我介绍时要时间简短，语言简洁。一般在1分钟内，半分钟以内最好。内容规范，按场合的需要把该说的说出来。长话短说，废话别说，简明扼要说明几项主要信息。

6.2.3 自我介绍的时机

商务活动中，自我介绍前，要注意观察是否具有适宜的环境。一般而论，下面四种情况下，做自我介绍比较容易达到介绍的目的。

（1）对方有空时。想认识的那个人、想向对方介绍的那些人，比较有空，没有别的事在做。对方正在聊天，正在吃饭，这些情况下自我介绍就比较尴尬。

（2）没有外人在场时。有外人在场，人家忙着应付外人，去自我介绍，可能记不住你说的话，也可能没法把你当回事。

（3）周围环境比较幽静时。在地铁里、在火车上、在人行道上，来去匆匆，这时候做自我介绍，扭头就忘。想记都找不着笔和纸。

（4）较为正式的场合。写字楼、宴会厅、会客室、客人家里等比较正式的场合，自我介绍氛围比较好。

6.2.4 自我介绍的辅助

在某些情况下，自我介绍需要辅助工具和辅助人员。

6.2.4.1 辅助工具

辅助工具就是名片。自我介绍尽量先递名片再介绍，可以节省时间，让对方加深印象。做自我介绍时，特别是比较郑重其事地做自我介绍，应该养成习惯，首先把名片递给对方，因为真名实姓、所在单位、头衔职务，名片上印得一清二楚。名片上联系方式一目了然，而且可信性比较强。有商务交往经验的人，应该先递名片再做介绍。

6.2.4.2 辅助人员

如果有可能，自我介绍最好有辅助人员。有些不太好意思说的话，辅助人员可以说，就不至于太尴尬。

6.2.5 自我介绍的模式

自我介绍可以分为三种模式。

6.2.5.1　寒暄式

寒暄式又叫应酬式。面对泛泛之交，不得不做介绍，但又不想跟对方深交，可以用寒暄式做自我介绍。介绍内容其实就一项——姓名。“先生你怎么称呼？”“你好，我叫李正强。”不多说，有距离的交往。

6.2.5.2　公务式

工作中，正式场合做的介绍。公务式自我介绍，需要说出以下四个基本要素：单位、部门、职务、姓名。叫作公务介绍四要素，一个不能少。介绍时要一气呵成，递名片时职务和单位没必要再多说，若没带名片，或者不想给对方名片，做介绍就要报全。说明情况到位，有助于对方产生全面认识。公务是公事公办，讲头衔、讲单位、讲职务。

6.2.5.3　社交式

在私人交往中，想跟别人交朋友，想了解对方情况，要介绍五个内容：姓名、职业、籍贯、爱好和共同的熟人。社交要找私人话题，这样的介绍有利于找到共同点。

6.3　介绍他人

介绍他人就是为他人做介绍，专业的讲法是第三方介绍。

6.3.1　介绍人

谁当介绍人，公私有别。家里来了客人，女主人是介绍人。单位来了客人，专职人员、公关、文秘、办公室主任、外办、接待办的领导和工作人员是介绍人。不同的介绍人，给客人的待遇不一样。商务性活动，一般由以下几类人员做介绍人。

6.3.1.1　专职接待人员

办公室主任、秘书、前台接待等，这些人是专业人士，其职责就是迎来送往。

6.3.1.2　公关礼宾人员

礼仪先生、公关人员等是专门做接待工作的。

6. 3.1.3　对口人员

联系人有责任向其他不知道、不熟悉的人做介绍。特殊情况下，对贵宾的介绍，一般应该由东道主一方职务最高者出面做介绍。礼仪上把它叫作规格对等。实际上就是对客人的一种尊重和重视。

6.3.1.4　双方的熟人

发现潜在客户又很想认识的情况下，可以找与双方都认识的人做介绍。

介绍他人认识之前要了解双方的意愿。介绍人要对被介绍人的基本情况有比较准确和清楚的了解，了解得越充分，介绍的信息就越准确。

6.3.2 介绍的顺序

总的原则是尊者有优先知情权，客人有优先知情权。

身份、地位低的一方先介绍，身份、地位高的一方后介绍。被介绍双方中尊者居后，后被介绍的应该是双方中比较受尊重的人。地位低者的情况要让地位高者先知道。男先女后、主先客后、下先上后。双方都有很多人，要先从主人方的职位高者开始介绍。标准化做法，介绍晚辈和长辈，要先介绍晚辈；介绍上级和下级，要先介绍下级；介绍主人和客人，要先介绍主人；介绍职务低的和职务高的，要先介绍职务低的。

替别人介绍或引荐的前后顺序。陪同接待人员将客人介绍给己方的顺序：不分男女，不分老幼，不看职务高低，这种介绍称之为“宾主介绍”，即明确谁是主人，谁是客人。

客人有优先知情权，先向客人介绍主人，主人按职务高低从高往低次序介绍。再将客人介绍给主人。来的客人，主人提前会有所了解和知晓，而客人可能完全不知道面对者何人。简单说就是先介绍自己人，后介绍外来人。

被介绍人要面带微笑，目光注视对方，认真聆听介绍内容。如果坐着，要站起来。但如果是社交场合，女士和年长者、腿脚不方便者可以坐着。介绍后，一般要微笑、互相握手并互致问候。需要表示庄严、郑重和特别客气时，还可以在问候的同时微微欠身鞠躬，握手与否都可以。

6.4 业务介绍

需要向别人介绍本单位的产品、技术、服务等，这叫业务介绍。

业务介绍要把握以下三个方面：

一是要把握时机。销售礼仪中有“零干扰”原则，就是在工作岗位上，向客人介绍产品时，要在客人想知道、感兴趣或有空时再介绍，不能强迫服务。消费者或者目标对象有兴趣时。见机行事，效果会比较好。

二是要讲究方式。该说什么不该说什么要明白。一般来说，业务介绍需要注意四点：第一人无我有。产品技术同类产品中别人没有我有，把业务、产品、服务的独特之处说出来。第二人有我优。有质量和信誉保证。有些产品，有些服务，大家都有，但是我们质量好，技术能保证，后续服务比较到位。第三人优我新。现代产品技术质量日趋成熟，一般服务也都比较优质。在这样的情况下，要把产品服务那些新的方面介绍出来，新奇之点介绍出来。第四诚实无欺。假冒伪劣，坑蒙拐骗，肯定行不通。

三是不要诋毁他人。来说是非者，必是是非人。说别人业务好可以，别诋毁同行同产品。同行不是冤家，也不该相妒，要共同合作共同发展。毁人者自毁也，骂别人其实是骂自己。有良好修养的人，是不会在介绍业务时，诽谤他人的。

6.5 集体介绍

集体介绍分两种情况，就是集体对集体，或者集体对个人。

一种情况是两方都是集体，两边都是单位。一般把地位低的一方先介绍给地位高的一方，先介绍地位低的，后介绍地位高的。地位低的一方一般就是东道主。地位高的一方一般就是客人。这是一般游戏规则。

另一种情况，就是集体和个人，一个人和一群人。常见规则是把个人介绍给集体。因为个人比集体人少，就地位低。一边是个人，一边是集体，先介绍个人，后介绍集体。有时只介绍个人，不介绍集体，叫作单向式介绍。

课堂训练

任务驱动

1. 以第 4 章成立的虚拟公司和担任的虚拟职务为基础，每组选 1 名男生和 1 名女生参加打领带比赛，从速度和美观等方面进行考核。比赛时间为下次课的前 5 分钟。

2. 在下一次上课前预习下一章内容，做好必要的实训准备。

训练项目

☆训练项目 6-1 穿着正装展示

1. 实训提示

（1）正确理解正装的含义。（2）注意衬衫、领带和西装的协调。（3）女士着裙装，注意鞋、袜搭配。（4）注意在着装规范前提下的个性搭配。

2. 商务正装穿着效果评价评分表如表 6-1 所示：

表 6-1 商务正装着装效果评价评分表

考评人		被考评人			
考评地点		考评时间			
考核项目	考核内容	分值	小组评分 50%	教师评分 50%	实得分
商务正装着装	1. 正装的选择	15			
	2. 正装穿着规范	30			
	3. 衬衣选择	5			
	4. 领带选择及打法（男）	10			
	5. 袜子与鞋选择	10			
	6. 创意（女）	10			
	7. 整体形象	5			
	8. 现场答辩	10			
	9. 小组主持人表现	5			
	合计	100			

注：考评满分为 100 分，60 ～ 69 分为及格，70 ～ 79 分为中等，80 ～ 89 分为良好，90 分以上为优秀。

☆训练项目 6-2　自我介绍

1. 每位学生以自己的身份向全班同学进行一分钟的自我介绍。

2. 假如你刚刚毕业到一家大型的外资企业工作，在公司举行的新同事欢迎会上，请你向全体同事介绍自己。

☆训练项目 6-3　介绍他人

按照第 4 章任务布置所成立的虚拟公司和担任的虚拟职务，自主进行情境设计来展示居间介绍礼仪，按照所学介绍礼仪要求进行演练。演练前，推选 5 名学生担任评委，对各位学生和各小组的表现进行打分。

要求：（1）精神集中；（2）面带微笑；（3）称呼准确；（4）语言得体；（5）顺序正确；（6）辅助手势优雅。

☆训练项目 6-4　模拟面试后书面致谢

商务英语专业毕业的王子毓，幸运地被学校推荐到一家著名外资公司参加面试。总经理 John 和蔼可亲，同王子毓亲切交谈后，留给他一张名片。经过一天、两天……一周、两周的漫长等待，王子毓逐渐放弃了希望。无奈中，他应聘其他单位，但发现他还是最在意那份工作。于是他找出 John 的名片，按照上面的地址写了一封感谢信。三天后，总经理 John 打来电话："祝贺你被录用了！"上班后，John 告诉王子毓："在 30 名求职者中，你是唯一写了感谢信的人，虽然有些迟，但让我看到了你是一个有感恩心的人。"

假如，你就是幸运的王子毓，你的感谢信怎样写呢？

典型案例

案例 6-1　目光与人品

有位企业经理讲过这样一件事："有一回，我同某公司销售经理共进午餐。每当一位漂亮的女服务员走到我们桌子旁边，他总是目送她走出餐厅。我对此感到很气愤，感到自己受到了侮辱。心里暗想，在他看来，女服务员的两条腿要比我对他讲的话更重要。他并没有听我讲话，他简直不把我放在眼里。"

【讨　论】

商务场合如何注意自己的行为？

案例 6-2　老太太与"配偶"

有位人口普查员，填写人口登记表时，问一位没有文化的老太太："您有配偶吗？"老太太愣了半天回答不上来。旁边有人解释说："他是问您有老伴吗？"老太太这才恍然大悟。

【讨　论】

与人交流有哪些需要注意的呢？

【知识强化】认真独立完成知识巩固提高同步练习题。

Chapter 7

第 7 章

握手礼仪

【学习内容】

握手的场合。握手时伸手的先后顺序。握手的标准方式。握手禁忌等。

【学习目标】

在商务交往中，成就个人魅力，成为彬彬有礼、善于交往、极受欢迎的人。

【情景导入】

叶大伟是某大学经济学院外贸专业毕业生，大学毕业后供职于某外贸公司担任办公室秘书。这个职位很重要的一个工作方面就是要迎来送往，所以平时免不了要行握手礼节。叶大伟初入职场，朝气蓬勃，干劲十足，但有时高涨的热情并没有得到应有的回应，甚至还受到了打击。如有一次他主动伸出手向一位副总级女士表示欢迎，对方却迟迟不伸手，搞得叶大伟相当尴尬。还有一次他抢着和一位来访的老总握手，惹得本公司总裁满脸不高兴。现在请你帮帮叶大伟，在商务交往中，握手礼仪有哪些讲究呢？

商务会面时常用的握手礼来源于最初的摸手礼。西方传说，人类刀耕火种的年代，人们手上经常拿着石块或棍棒等武器。古人在路上遇到陌生人时，如果双方均无恶意会放下手中东西，伸开自己的一只手（通常是右手），手心朝前，向对方表明自己手中没有武器，两人走近再互相抚摸掌心，以示友好，这一习惯沿袭下来，就成为现在广泛适用的握手礼。

握手是人类最基本的礼节之一，是世界上大多数国家通行的相见和分别时的礼节，也是我国最通行的相见礼节，是国人见面的常规礼仪。从某种意义上讲，握手其实是国际社会最常见的见面礼节。握手，让情感从手心传递，是沟通思想、交流感情、增进友谊的重要方式。

见面除了握手礼，还有合十礼、拱手礼、脱帽礼、举手礼、吻手礼、亲吻礼、拥抱礼、鞠躬礼等，不同民族、不同国家有着截然不同的礼仪习俗和规范，要因人、场合和习俗而异，不可不知。

商务会面时最常用的握手礼是商务活动中唯一得体的身体接触。作为重要的见面礼，握手的礼仪必须足够被重视。

7.1 握手的场合

一般需要跟别人握手，主要是三大场合。

7.1.1 见面或者告别

握手表示友好，可以沟通原本隔膜的情感，可以加深双方的理解、信任。见面时握手表示欢迎，这个程序一般不能缺少。告别时握手表示欢送，一般也不能缺少。

7.1.2 祝贺或者慰问

握手含有感谢、慰问、祝贺之意。有好事、高兴的事，握手表示祝贺，口说无凭握手为礼。相反，有不好的事、不幸的事，握手表示慰问。握手还可有声援、鼓励等意思表示。

7.1.3 表示尊重

“礼”的意思是尊重，“仪”的意思是规范的表现形式，尊重别人要表现出来。握手表示尊敬、景仰。简单的握手，让对方如沐春风。

7.2 握手的标准方式

握手的手位应该是手掌和地面垂直，手指尖稍稍向下。手向侧下方伸出，手掌垂直于地面，除拇指外四指并拢，拇指适当张开。

握手的标准方式：行至距握手对象 1 米处（约一步左右），双腿立正，上身应自然前倾，行 15° 欠身礼。伸出右手，与对方右手相握。握手时用力适度（2kg 力量），上下稍微晃动三四次，随即松开手，恢复原状。

握手时，年轻者对年长者、职务低者对职务高者都应稍稍欠身相握。有时为表示特别尊敬，可用双手迎握。

握手时为了表示热情友好，应当稍许用力，但以不握痛对方的手为限度。一般情况下不必太用力，握一下即可。男士与女士握手不能握得太紧，不要满手掌相触，西方人往往只握一下妇女的手指部分，但老朋友可以例外。过紧地握手让对方感到疼痛或感觉被压制，或是只用手指部漫不经心地接触对方的手都是不礼貌的。

正常情况下，跟他人握手的时间不能太长也不能太短，握手停留时间在 3 ～ 5 秒。初次见面者，握手时间一般应控制在 3 秒以内，不宜超过 3 秒，除非是表示鼓励、慰问和热情。熟人之间可以稍微延长，但是绝对不要长过 30 秒，超过 30 秒，会令人很尴尬。即使握同性的手，时间也不宜过长，以免对方欲罢不能。但时间过短，会被人认为傲慢冷淡，敷衍了事。

与人握手，精神要集中，神情要专注、热情、友好、自然，面含笑容，目视对方双眼，同时与对方寒暄。微笑能够在任何场合为任何礼节增添无穷的魅力。一定要说话，并要以表情进行配合。

双手握手，被称为手套式握手，又叫外交家握手，除非是表示故友重逢真诚慰问，或者热情祝贺，熟人之间、关系密切的人之间可以，其他人尤其异性之间不得双手相握。

7.3 握手时伸手的先后顺序

握手时，总有一方是发起者。在比较正规的场合，谁先伸手有标准化做法。

握手的标准化做法：一般由“尊者决定”，位高者主动，或叫尊者居前，就是地位高的人先伸手。握手必须站立，以示对他人的尊重、礼貌。被介绍之后，最好不要立即主动伸手。年轻者、职务低者被介绍给年长者、职务高者时，应看年长者、职务高者的反应而行，当年长者、职务高者用点头致意代替握手时，年轻者、职务低者也应随之相应地点头致意。商务活动中，“位尊者”的判断顺序为职位、主宾、年龄、性别、婚否。上下级关系中，上级应先伸手，以表示对下级的亲和与关怀；主宾关系中，主人宜先伸手以表示对客人的欢迎；根据年龄判断时，年长者应主动伸手以表示对年轻者的欣赏和关爱；根据性别判断时，女性宜主动伸手，以展现大方、干练的职业形象；根据婚姻情况做出判断时，已婚者应向未婚者先伸手以表示友好。

7.3.1 男女之间握手

男士和女士握手，一般是女士先伸手。和女性握手，男士不要先伸手。男方要等女方先伸手，如女方不伸手，无握手之意，可用点头致意或鞠躬致意。异性之间握手一般不用双手。当年龄与性别冲突时，一般仍以女性先伸手为主。在国外，女士与男士握手，女士可以坐着不站起来。除长者或女士外，坐着与人握手是不礼貌的，只要有可能，都要起身站立。

女士与外国人握手时，手指与肩部要自然放松，以备男宾可能行吻手礼。

很多女士在与男士握手时只握四指，以示尊重和矜持，但在男女平等的今天，这种握手方式已不符合礼仪规范。尤其在商务活动中，性别被放在次要的位置，女性更应主动、大方地与男士平等、友好地握手，以便进一步进行平等互利的商务交流。

7.3.2 宾主之间握手

主人应向客人先伸手，以示欢迎。客人告辞时，客人先伸手，意思是让主人留步。接待来宾，不论男女，女主人都要主动伸手表示欢迎，男主人也可以先伸手向女宾表示欢迎。

7.3.3 长幼之间握手

年幼的要等年长的先伸手，年长的先伸手，年轻的应立即回握。

7.3.4 上下级之间握手

下级要等上级先伸手，以示尊重。有职位差别时，职位高的先伸手，职位低的应立即回握。

7.4 与多人握手的顺序

一个人与许多人握手，要讲究一定的顺序。

第一种顺序：由尊而卑。先长辈后晚辈，先主人后客人，先上级后下级，先女士后男士。从地位高的人开始，依次进行。

第二种顺序：由近而远。伸手跟最近的人握手，依次而远。

第三种顺序：顺时针方向进行。商务场合尤其是在宴会桌上，顺时针方向进行比较合适。与时俱进，国际上这也是一种比较吉利的方向。

碰到不应先伸手的人士先伸了手，另一方也要积极回应，不要让对方产生不必要的尴尬。在任何情况下拒绝对方主动要求握手的举动都是无礼的，但手上有水或不干净时，应谢绝握手，同时必须解释并致歉。

7.5 握手禁忌

握手礼作为最常见的见面礼和告别礼，很能显示个人有无教养。商务交往中，握手虽然司空见惯，看似寻常，但由于用来传递多种信息，因此在握手时应努力做到合乎规范，并且避免违犯下述禁忌。

7.5.1 忌用左手握手

与阿拉伯人、印度人交往，切忌用左手握手。他们认为左手是不洁的，用左手握手是对对方的一种侮辱。握手一定要求用右手，另一只手自然下垂，不能放在口袋里。

7.5.2 忌掌心向下或向上

掌心向下往往给人一种傲慢的感觉，掌心向上有乞讨之嫌。

7.5.3 忌戴帽子、墨镜、手套

握手时不戴帽子。戴有帽子时，应先脱帽。军人戴军帽与对方握手时，应先行举手礼，然后再握手。不能戴墨镜，患有眼疾或眼部有缺陷者方可例外。一般不戴手套，只有女士在社交场合可以戴着薄纱手套与人握手。男士握手前应摘掉手套。

7.5.4 忌交叉握手

不要越过其他人正在相握的手同另外人相握。多人同时握手切忌交叉，要等别人握完后再伸手。与基督教徒交往时，更要避免交叉握手。因为形状类似十字架，在基督教信徒眼中，被视为不吉利。

7.5.5 忌长握异性之手

男士与女士握手时间要短一些，用力更轻一些。不要相互攥着不放，也不要使劲用力。一般只宜轻轻握女士手指部位。

7.5.6 忌心不在焉

握手时不看着对方，看着第三者；左顾右盼，东张西望；不言不语，表情呆板，都是不尊重对方的表现。不能一面与对方握手，一面心神不安，目光游移不定。要专心致志，不要三心二意。一定要认真地看着对方，双目安然注视对方并微笑，面含笑意致意或问好，必要时寒暄两句，表现热情。

7.5.7 忌拍拍打打

握手时以另一手拍打对方身体，正规场合，这样做显得极不严肃、庄重。

7.5.8 忌揩拭手掌

不要在与人握手之后，立即揩拭自己的手掌，好像与对方握一下手就会使自己受到“污染”似的。

7.5.9 忌手指冰凉

不要在握手时递给对方一截冷冰冰的手指尖，像是迫于无奈似的。这种握手方式在国外叫作“死鱼式握手”，被公认是失礼的。

7.5.10 忌拒绝握手

不要拒绝与他人握手。在任何情况下，都不能这么做。

课堂训练

任务驱动

1. 下次课请带来印好的名片，将进行名片礼仪训练。

2. 在下一次上课前预习下一章内容，做好必要的实训准备。

训练项目

☆训练项目 7-1　仪容互查

在上课之前利用 5～10 分钟时间，让学生以两人为一组，组合性别不限，但不可重复组合，即学生甲和学生乙只能互查一次。操作时两人相隔一臂距离，面对面进行仪容互查。根据如下的检查项目（见表 7-1）打出相应的分数并签名。

检查项目及要点（每项 10 分）：

（1）整体清新整洁；（2）发型合格，头发干净；

（3）脸部干净；（4）耳朵清洁；

（5）鼻毛不外露；（6）口气清新；

（7）手干净温润，指甲合格；（8）衣领干净挺括；

（9）鞋袜符合要求；（10）身体气味清新。

表 7-1　仪容互查检查表

被检查人姓名		检查日期	年　月　日		检查人姓名	
检 查 项 目	第 1 次检查得分	第 2 次检查得分	3 次	4 次	5 次	总　评
整体印象（10 分）						
头（10 分）						
脸（10 分）						
耳朵（10 分）						
鼻子（10 分）						
口腔（10 分）						
手（10 分）						
鞋袜（10 分）						
衣领（10 分）						
气味（10 分）						
每次总分						

☆训练项目 7-2　打领带比赛

以虚拟公司和担任的虚拟职务为基础，每组选 1 名男生和 1 名女生参加打领带比赛，从速度和美观等方面进行考核。可由学生 3～5 人组成评判小组，对比赛进行打分，评判成绩记录入平时成绩。

☆训练项目 7-3　双方握手训练

两人一组，练习男男握手、女女握手、男女握手、宾主握手、上下级握手、晚长辈握手等情景下的握手礼仪。

☆训练项目 7-4　多方握手训练

男女混合，6 人一组，练习一人与多人握手情景下的握手礼仪。

☆训练项目 7-5　模拟企业求职面试

每两个学生一组，分别模拟求职毕业生和单位主考官，请预先设计好求职岗位，针对岗位，准备 5 个面试问题进行现场问答。

在学生分组自主训练的基础上，视时间选出典型的 3 ～ 5 组，进行课堂演练。其他同学给予点评，分析其能否被录用？

典型案例

诚信为商务之本

北京同仁堂集团公司从 1993 年以来一直是全国 500 家最大的工业企业之一。集团总资产超过 31 亿元，2001 年销售收入 30 亿元，实现利税 2.1 亿元，连续 4 年销售收入每年增长 15%，这在竞争激烈的医药市场中相当不易。同仁堂之所以长盛不衰，并不断发展壮大，很重要的一条原因是：同仁堂一以贯之地坚持诚信为本的药德思想，并随着时代的发展，不断融入新的内涵。

1998 年，一位广州顾客来电要求买 5 公斤铁落花急用。这种药平时用量少，同仁堂也没有这么多，但销售人员马上与市内其他批发部联系，凑齐了 5 公斤，再打长途电话告诉广州顾客。当那位顾客来同仁堂取药时，才知道只要 10 元钱的药，却使同仁堂人费了很多周折。这位顾客激动地说："我在南方问遍了大半个中国都没有找到 5 公斤铁落花，最后抱着一线希望找同仁堂。没想到你们为我这 10 元钱的药花了这么多的精力。"

（资料来源：诚信在商务谈判中的作用 .www.yrty.net/cgi-bin/topic-65-15-0-200-.html，2010-6-26。）

【讨　论】

请谈谈同仁堂的成功之道。

【知识强化】认真独立完成知识巩固提高同步练习题。

Chapter 8

第 8 章

名片礼仪

【学习内容】

名片的制作、功能、种类及使用。交换名片的细节及注意事项。索取名片的基本方法。名片使用三不准。

【学习目标】

在商务交往中，成就个人魅力，成为彬彬有礼、善于交往、极受欢迎的人。

【情景导入】

欧阳嘉善是某大学管理学院国际贸易专业的毕业生，毕业后他应聘到一家大型的物流企业从事市场拓展工作。一进入工作岗位，公司办公室就为欧阳嘉善做了三盒名片。但欧阳嘉善初入职场，对名片的使用所知不多。如果你是欧阳嘉善，你认为你应该掌握哪些名片使用的知识和技能呢?

名片，中国古代称“名刺”，是标示姓名及其所属组织、单位和联系方法等信息的纸片。名片是我国古代文明的产物。清代学者赵翼在其著作《陔余丛考》中记载：“古人通名，本用削本书字，汉时谓之谒，汉末谓之刺，汉以后则虽用纸，而仍相沿曰刺。”可见，名片的前身即我国古代所用的“谒”、“刺”。

名片作为身份的象征，已是商务交往中一种必不可少的重要沟通联系工具，成为具有相当社会性、广泛性，便于携带、使用、保存和查阅的个人交往的信息载体，担负着保持联系的重任。商务人员在各种场合进行商务往来，都离不开名片的使用。名片使用正确与否，已成为影响商务交往成功与否的重要因素。

商务礼仪场合，也应重视名片的使用。名片使用简便、灵活，能适应现代社会人际交往频繁的需要，得到了广泛的应用。名片远不只是相互通报姓名的工具，可用来表示祝贺、感谢、介绍、辞行、慰问、馈赠以至吊唁等多种礼节。可在名片左下角用小写字母写有法文含义字母，表示不同的礼节，也可用通用的文字写上简短的字句。

几种国际上通用的法文缩写是：① p. f.（pour felicitation）敬贺；② p. c.（pour condoleance）

谨唁；③ p. r.（pour remerciement）谨谢；④ p. p.（pour presentation）介绍；⑤ p. p. c.（pour prendre conge）辞行；⑥ p. f. n. a.（pour feliciter lenouvel an)(大小写均可）恭贺新年；⑦ Avec ses compliments（或者用英文 With the compliments of…）谨赠，不用缩写字母，而是在姓名上方写上。

8.1　名片概述

名片是商务交往不可缺少的工具，为职场人士所必备。名片是互相认识、自我介绍最快速有效的方法。现代社会越来越注重名片的使用，联系业务、结交朋友，互留名片已成为初次相识时不可缺少的程序。交换名片，已经成为商务交往的第一个标准式动作。

8.1.1　名片的分类

名片使用普遍，分门别类，没有统一的标准。最常见的分类主要有以下几种。

8.1.1.1　按名片用途分

1. 商业名片

商业名片也叫商务名片。印名称，地址，办公电话。为商务人员进行业务活动所使用。主要特点：常使用标志、注册商标，印有企业业务范围。大公司有统一的名片印刷格式，使用较高档纸张。一般不印私人信息。

商业名片有“三个三”的要求。第一个三，单位的全称，所属部门，企业标志。这是本人归属。一般印在名片左上角。第二个三，本人姓名，行政职务，学术头衔（职称）。这是本人称谓。印在名片正中间，是名片最重要的内容。第三个三，地址，邮政编码，办公室电话等。这是联络方式。

2. 公用名片

公用名片也叫公务名片。为政府或社会团体人士在对外交往中使用的名片。主要特点：常使用标志，部分印有对外服务范围，没有统一的印刷格式，力求简单适用，注重个人头衔和职称。名片内不提供私人信息，主要用于对外交往和服务。

3. 私人名片

私人名片又叫社交名片，个人名片。用于泛泛之交，只印名字。朋友间交流感情，结识新朋友使用。主要特点：不使用标志，设计个性化。常印有个人照片、爱好、头衔和职业，含有私人信息。纸张选择根据个人喜好。

8.1.1.2　按名片质料和印刷方式分

1. 数码名片

这是一种用电脑与激光打印机制作的名片。其特点为：使用专门的电脑名片纸张，印前与印刷工作可利用电脑与打印机完成，印后需再简单加工，印刷时间短，立等可取。目前在国外多采用彩色激光输出，可根据用户特殊需求制作，效果好于其他名片，是目前国际上最为流行的名片类型。

2. 胶印名片

用名片胶印机印刷的名片。其特点为：使用专用盒装名片纸，印刷量大，质量可靠，印完装盒。胶印名片印刷复杂，印刷工序多，交货周期长，必须专业人员操作。在彩色激光打印机面市前，主要都是胶印名片，现在已经被数码名片所取代。

3. 特种名片

除纸张外的其他载体通过丝网印刷机印刷的名片。可使用金属、塑胶等载体，采用丝网印刷，名片档次高，印制成本也高，印刷周期长，价格高于纸质名片。名片色彩鲜艳，但分辨率不如纸质名片。多为个人名片所采用，使用不普遍。

8.1.1.3 按印刷色彩分

1. 单色

只印刷一种颜色的名片。现代名片正面单色使用不多，需要者以临时用途为多。名片的背面，因不是主要浏览面，大量使用单色印刷。

2. 双色

只印刷两种颜色的名片。因双色名片已能使简单的标志得到体现，价格适中，现代胶印名片大多使用双色印刷。

3. 彩色

印刷三次，不含或只含浅色图片的胶印名片和彩色电脑名片。使用三色能使名片标志得到较好体现，注重对外形象的企业大多使用三色名片。其套印复杂，耗费较大，故价格较高。部分三色名片需印刷浅色图片，制版难度大，价格比一般三色名片略高。

4. 真彩色

印刷三次以上，带有图片的胶印名片、彩色激光打印机输出的名片和丝网印刷名片。真彩色名片为名片印刷的最高档次，名片的设计可得到完美的体现。胶印名片如要印刷图片，得使用菲林制版，使图案细致入微。

8.1.1.4 按排版方式分

1. 横式名片

以宽边为长，窄边为高的名片印刷方式。横式名片因其设计方便、排版通行，成为目前使用最普遍的名片印刷方式。

2. 竖式名片

以窄边为长，宽边为高的名片印刷方式。竖式名片因其排版复杂，可参考的设计资料不多，适用于个性化的名片设计。

3. 折叠名片

可折叠的名片，比正常名片多出一半的信息记录面积。

8.1.1.5 按印刷表面分

1. 单面印刷

只印刷名片的一面。简单的名片只需印刷一面就可以了，目前国内绝大多数名片采用单面印刷。

2. 双面印刷

印刷名片的正反两面。当内容较多单面排不下或需要在反面印上内容时，使用双面印刷增加信息量。

8.1.1.6　其他方式

1. 应酬式名片

只有姓名，最多加上本人籍贯与字号。

2. 社交式名片

有姓名和联络方式。

3. 公务式名片

归属单位、本人称呼（职务与头衔）、联络方式（邮政编码、单位地址、办公电话）。

4. 单位式名片

单位标志及其全称、单位联络方式。

8.1.2　名片的主要内容

名片的主要内容，就是名片上所印的主要文字与图案信息。

8.1.2.1　姓名

名片最重要的部分。艺术类人士姓名可以选择艺术字体，可以选择手写签名。

8.1.2.2　单位名称

商务名片中不可缺少的部分。

8.1.2.3　标志

标志也称为 logo。可以印公司商标等标志，是品牌形象的重要表现。

8.1.2.4　职务职称

让接收者直观了解其位置。可印社会团体的头衔，如会长、顾问等。

8.1.2.5　联系方式

名片的必要部分，包括手机、电话、邮箱、传真等。

8.1.2.6　经营项目，产品信息

应该直观列出，便于客户了解。

下面一些内容属于名片的次要内容，可有可无，可以选择：

（1）照片。保险行业常见，让客户加深印象。可以放写真照片或艺术画像，演艺界人士或艺术家等常见。

（2）位置地图。把本单位的位置地图印在名片背面，写上行车路线，给客户直观指引，让客户能直接找到单位。

（3）企业口号。宣传单位形象，提高单位知名度。个人名片可以印上个人对接受名片者的祝福。

（4）图片。看名片能记住单位性质，如电信企业名片印上与网络有关的底纹、航空企业印蓝天飞机等。

8.1.3 名片的设计与制作

8.1.3.1 名片设计

名片是职场人士及其所属组织对外交往的“脸面”，在保证必要信息顺利传递的同时还要求美观大方，符合名片主人及所属组织的行业及身份特点。设计精美的名片让人爱不释手，即使与名片之主交往不深，也乐于保存。设计普通的名片其应有的功效可能大打折扣。名片设计主要注意以下两点：

1. 名片的必要信息完整

必要信息也即名片的主要内容，通常包括名片持有人的姓名及职务、单位及地址、通讯方式、业务领域等，都不能少。

2. 名片的美化和修饰

（1）文字设计表现。需要文字设计的有：单位中英文全名、中英文字首、文字标志等。字形可以变化，如设计的字形、篆刻的字形、传统的字形等。行业常影响名片文字造型的表现方式，如软笔字体适合应用在茶艺馆。要注意字体与书面配合，营造版面的氛围，使名片具有一种视觉冲击力。

（2）色彩设计表现。社交名片色彩选择可以比较有个性。正式场合使用的公务名片，色彩组合时，最好与单位的形象统一，选择稳重大方，容易产生信赖感的灰色、白色、米色等颜色。

（3）饰框、底纹的设计表现。饰框、底纹以装饰性为主要目的，色彩应用上以不影响文字效果为原则，主从关系明显，产生美观而又主题明晰的视觉效果。若文字与饰框、底纹混合不清，阅读效果则不佳。

8.1.3.2 名片制作

1. 规格尺寸

5.5cm × 9cm 是名片的标准尺寸。国外有相当数量的人名片规格略大一点，为 6 cm × 10 cm。

2. 材质

最好使用卡片纸。出于环保考虑，可选再生纸。

3. 色彩

单色的浅白、浅黄、浅蓝、浅灰。色彩总体上要控制在三种颜色之内，包括标记，图案，单位、徽记（企业形象可识别系统 CIS）。名片的颜色以少为好，两种颜色最好，纸一种颜色，字一种颜色，顶多加一有特定颜色的徽记。颜色多于三种会给人杂乱无章之感。

4. 图案

可以出现企业、本单位所处位置简图、单位标志性建筑和主打产品。没有特殊原因，且非特别行业，名片上不印本人照片。

5. 字体

一般情况下，名片字体为宋体、楷体，最好打印、铅印，不要手写。与港澳台有业务联系的可用繁体字。

6. 印刷

中文和外文最好双面印刷，各印一面，不要混印。纯粹是国内业务，可以把姓名称谓之类印在一面，另一面印单位的业务范围。可以在名片上印飞机、火车、轮船如何抵达的路线图，也是联络方式的一种。最好不要印名言格言。

8.1.4 名片的功能

名片有介绍功能、联络功能、结交功能、替代信件功能、留言功能、礼单功能等。

8.1.4.1 介绍功能

名片最基本的功能是自我介绍，是自我介绍信。初次与交往对象见面，除了必要的口头自我介绍外，名片作为辅助的介绍工具，姓名、地址、单位、职务一清二楚，能向对方明确身份，而且还可以节省时间，强化效果。

8.1.4.2 联谊卡功能

名片上都有联络方式，利用名片上提供的联络方式，即可与对方取得并保持联系，促进交往。有了名片，意味着有过交往或比较熟悉，需要时能取得联系。

8.1.4.3 结交他人

商务交往中，如欲结识某人，往往可以本人名片表示结交之意。因为主动递送名片给初识之人，既意味着信任友好，暗含“可以交个朋友吗”之意。对方一般会礼尚往来，将其名片递过来，从而完成双方交往结识的第一步。

8.1.4.4 替代信件功能

在社交场合，尤其是国际社交场合，人们往往以名片代替一封简洁的信函使用。此即名片的特殊用途。具体做法是：在社交名片的左下角写上一行字或一句短语，然后装入信封寄交他人。本人亲自递交或托人带给他人，用铅笔书写；采用邮寄方式，应用钢笔书写。书写时多采用法文缩略语，较常见的法文缩略语及其对应含义如下：

n.b. 意为“注意”。

p.c. 意为“谨唁”，凭吊、追悼时用。

p.f. 意为“祝贺”，庆祝节日时用。

p.m. 意为“备忘”，提请对方注意某事时使用。

p.r. 意为“谨谢”，接受礼物、款待、祝词之后，或者收到别人庆祝、吊唁之类名片后使用。

p.p. 意为“介绍”，向对方介绍某人时用。

p.p.c. 意为“辞行”，调离、离任时，向同事告别时使用。

p.p.n. 意为“慰问”，问候病人时用。

p.f.n.a. 意为“新年愉快”。

8.1.4.5　留言功能

拜访某人不遇，或需向某人传达某事而对方不在，可以写个纸条，或让他人带话，也可以留张名片，并在名片上简单写上具体事由，留在主人处或委托他人转交，表示来拜访了，起到留言作用。

8.1.4.6　礼单功能

以私人身份向他人馈送礼品，可用本人社交名片充当礼单，置于礼品包装之内。但最好是将其装在与名片大小相当的信封里，信封上写收礼者姓名。可以不封口，随礼品送对方，对方一看就知道这个礼物是谁送的。

8.1.5　使用名片的场合

以下三种场合需要使用名片：①初次见面时递送名片；②随赠品发放名片；③参加重要招待会、展览会时投送名片。

8.2　名片交换

初次相识，往往要互送名片。名片交换是名片礼仪的核心内容。如何交换名片，是商务人员修养的反映，也是对交往对象尊重与否的直接体现。交换名片务必遵守一定之规。送名片可在交流前或交流结束、临别之际，可视具体情况而定。

8.2.1　携带名片

参加正式商务活动前，商务人员都应随身携带名片，以备交往之用。名片的携带应注意以下三点：

一是足量够用。携带的名片数量要充足，确保够用。若有几种名片，要分门别类，根据不同交往对象使用不同名片。

二是完好无损。名片要保持干净整洁，不可出现折皱、破烂、肮脏、污损、涂改等情况。

三是放置到位。名片应统一置于名片夹、公文包或上衣口袋内，在办公室可放于名片架或办公桌抽屉里。女士的名片放在手袋里，不可随便放在钱包、裤袋内。放在合适的固定位置，以免需要时东找西寻，显得毫无准备。训练有素的人名片放在标准位置，出门前要检查，因为它是通行证，是商务交往的联络卡，商务交往必不可少。

8.2.2　递送名片

商务人员在递送名片时，要注意以下几点：

一是观察意愿。除非想主动与人结识，否则名片务必在交往双方均有结识对方并欲建立联系的意愿的前提下发送。这种愿望往往会通过“幸会”“认识你很高兴”等一类谦语以及表情、体态等非语言符号体现出来。如果双方或一方并没有这种愿望，则无须发送名片，否则会有故意炫耀、强加于人之嫌。

二是把握时机。发送名片要掌握适宜时机，只有在确有必要时发送名片，才能发挥名片功效。一般应选择初识之际或分别之时，不宜过早或过迟。不在用餐、看戏、跳舞之时发送名片，也不在大庭广众之下向多位陌生人发送名片。

三是讲究顺序。名片交换规则是地位低的先递名片给地位高的，地位低的人要先把名片给地位高的人，这叫位低者先行。尊卑有序，循序渐进。双方交换名片时，男士先递给女士，晚辈先递给长辈，下级先递给上级，主人先递给客人，再由后者回送名片。人多时一般按照两个规则操作，一是正规做法，按照职务高低呈递。二是非正规做法，又分两种，由近而远依次进行；如果是圆桌依顺时针方向进行，这是比较吉利的方向，说明时光在前，大家共同发展。在多人之间递送名片时，切勿跳跃式发送，甚至遗漏其中某些人。

递送名片应态度谦恭，起身站立，或主动走向对方，双手或右手拿名片上方，文字面面向对方，面带微笑，举至胸前，上体前倾 15° 左右，恭敬递上。名片的正面应朝着对方呈递。对于国人，应中文面朝上，别是外文，别是光板。非常正规做法（标准做法）：捏着名片的两个上角（上侧），把名字正对着对方，递送过去。单右手拿着上角递送也可以，一般不要用左手递名片。有上司在场时不要抢先递名片，等上司递名片后再递。

四是先打招呼。递名片前，应先打招呼，让对方有所准备。既可先作自我介绍，也可以说声“对不起，请稍候”、“可否交换一下名片”之类的提示语。递名片的同时要寒暄：“多指教！”“常联系！”“多关照！”“这是我的名片”等，别一言不发。

五是表现谦恭。递送名片应郑重其事，整个过程应谦逊有礼，郑重大方。

8.2.3 接受名片

接受他人名片，主要应当做好以下几点：

第一，态度谦和。接受他人名片时，不论多忙，都要暂停手中一切事情，起身站立，面含微笑相迎，恭敬地双手接过名片。至少也要用右手，不得使用左手。接受名片时要起身迎接，除非站不起来。应双手捧接。接过对方的名片后要表示谢意，人家说多指教，应该说“不客气”或者“彼此彼此”。

第二，认真阅读。不可接过名片后不看。接过名片后，先向对方致谢，然后从头至尾默读一遍，接受名片时最礼貌的做法，认真看人家的名片。遇有显示对方荣耀的职务、头衔不妨轻读出声，以示尊重和敬佩。

看有两个好处，一是表示重视。人家好心好意给名片，看都不看，肯定不合适。二是确切了解对方身份，保证做到不失礼于人。不认真看，很有可能把单位、职务、姓名搞错，这是很失敬于人的。若对方名片上的内容有所不明，可当场请教。国际性的大公司，要求拿到名片后不仅要看，而且要看将近一分钟。一分钟可把对方的名字、头衔反复看三到五遍，记住了，不会弄错。马来西亚、新加坡等国的公司，要求看时做默读状，让对方知道在看，就是要善于表达。韩国、日本等国的公司要求更高，要求对方如果有重要头衔要念出声来。

第三，精心存放。把收到的名片收藏到位。先是现场收藏。收到名片后放到名片夹里，放到上衣口袋里，放到办公室抽屉里，毕恭毕敬地认真收藏，给人非常妥当和被重视的感觉。再是以后收藏。名片要及时整理，按照姓氏、笔画、单位分门别类整理好，以备需要时取用。

接到他人名片后，切勿随意乱丢乱放、乱揉乱折，不能顺手一扔，不能到处乱扔，对方给的名片无论如何不要随便扔掉，不能用名片在桌上敲。不要随便给别人，未经允许给了他人，随便把他人的名片给外人，是非常不尊重人，非常不礼貌的。名片不拿，放到裤兜里，给人不被尊重的感觉，很不礼貌。

第四，有来有往。接受了他人名片后，一般应当即回送对方一张自己的名片。没有名片，名片用完了或者忘了带，应向对方做出合理解释，给对方有个交代，并致以歉意。切忌毫无反应。真没有或不想给，标准化说法，名片用完了或者名片没有带。对方以这两种话来回应时，真实的情况有三：位高的人不想给；确实忘带了或用完了；没有名片。如果是第二种或第三种情况，可以说："如果方便的话，改日再给吧。"要是真没有也要比较委婉地回答"没带"或"用完了"。

8.3 索取名片

一般不要伸手讨要名片，不到万不得已不要。商务交往中索取名片一方面要将对方的名片要过来，另一方面要在索取名片的过程中给对方留下良好的印象，同时推广单位形象、个人形象。商务礼仪是商务交往中的艺术，索取名片有五种常规方法：

8.3.1 交易法

将欲取之，必先予之。来而不往非礼也。对于不熟的人，想要对方的名片，首先递送自己的名片："先生您好！请多关照！""洪总，认识您很高兴，能交换一下名片吗？""彭教授，非常高兴认识你，这是我的名片，请多指教"。给了对方名片，对方也应回名片，这是应有的交往礼仪。

8.3.2 明示法

明确表示交换名片。"王总，我们交换一下名片吧，这样联系更方便！"这个办法用于比较熟的人。

8.3.3 谦恭法

对地位高、名气大的名流显达之类用谦恭法。必须讨名片时应以请求的口气，如"您方便的话，请给我一张名片，以便日后联系。”对于长辈、高职务者或名人，可以先做个过渡，“希望以后能有机会向您多请教”“以后如何向您请教”“请问如何联系”。谦恭要讲究对象，面对尊长、名人 或 VIP 类客户，这种方法索取名片比较容易获得成功。在这种情况下，对方给了名片更好，如果不给，索取者也不丢面子。晚辈年轻人，对长辈对有地位的人用谦恭法比较有效。

8.3.4 联络法

平辈之间或者长辈对晚辈、上级对下级可用联络法，如“以后如何跟你联系？”“希望下次到深圳来还能再见您，不知道怎么跟您联系比较方便？”联络法与谦恭法的区别是“请教”与“联系”。遇到这种情况，看得起对方就给，看不起或抱有警惕性，可以说：“以后我跟您联系吧！”地位平等的人用这种办法比较好。

8.3.5 激将法

如果面对的人地位身份高，将名片送过去后，对方有自我保护意识，说声“谢谢”就没有下文，可以说：“能否有幸交换一下名片？”

面对他人索取名片，商务人员不应直接加以拒绝。如确有必要这么做，则需注意分寸。最好向对方表示名片刚用完，或说忘了带，以免对方尬尴。

8.4 名片使用三不准

商务人士必须会用名片。现代商务活动中，不会使用名片的人是没有商务经验的人。使用名片，一般有三不准。

8. 4.1 名片不得随意涂改

名片如同脸面，不能随便涂改。宁可不给也不涂改。这里有个形象意识。尤其在国际商务交往中不用涂改的名片。

8.4.2 不印两个以上头衔

名片上往往只提供一个头衔，最多两个。印一大堆头衔，喧宾夺主，主次不分。如果身兼数职，或者办了好多子公司，应该印几种名片，面对不同的交往对象，使用不同的名片。

8.4.3 不提供私人联络方式

商务交往公私有别，提供办公室电话，总机号码，不提供私宅电话，这是在商务交往场合的自我保护意识。

课堂训练

任务布置

1. 准备礼仪小品剧

10 名学生组成小组，综合运用称呼、介绍、握手、名片、方位、迎送等相关礼仪知识进行情境设计，通过剧情的巧妙设计展现出来。

2. 在下一次上课前预习下一章内容，做好必要的实训准备。

训练项目

☆训练项目 8-1　名片交换实训

利用第 4 章任务驱动中准备的名片，按照第 4 章中成立的虚拟公司和虚拟职务，分别演练名片交换礼仪。

☆训练项目 8-2　名片索取实训

利用第 4 章任务布置中准备的名片，按照第 4 章中成立的虚拟公司和虚拟职务，分别演练名片索取礼仪。

☆训练项目 8-3

按照第 4 章课堂实训项目进行形体训练和站、坐、蹲、走、手姿训练。

典型案例

名片落地，生意告吹

中兴公司新建的办公大楼需要添置一系列的办公家具，价值数百万元。公司总经理已决定，向 A 公司购买这批办公家具。

这天，A 公司的销售部负责人打电话来，要上门拜访总经理。总经理打算等对方来了，就在订单上盖章，定下这笔生意。

不料，对方比预定的时间提前两个小时到来。原来，A 公司听说中兴公司的员工宿舍将在近期落成，希望员工宿舍的家具也能向 A 公司购买。为了谈这件事，销售负责人还带来了一大堆的资料，摆满了台面。总经理没料到对方提前到访，刚好手边又有事，便请秘书让对方等一会儿。这位销售负责人等了不到半小时，就开始不耐烦了，一边收拾起资料一边说："我还是改天再来拜访吧。"这时，总经理发现对方在收拾资料准备离开时，将自己刚才递上的名片掉在了地上。对方却并没发觉，还无意间从名片上踩了过去。这个不小心的失误，却令总经理改变了初衷，A 公司不仅没有机会与对方商谈员工宿舍的家具购买，连差不多到手的数百万元办公家具的生意也告吹了。

【讨　论】

为什么说细节决定成败？这一理念在本案例中有何体现？

【知识强化】认真独立完成知识巩固提高同步练习题。

Chapter 9

第 9 章 言谈礼仪

【学习内容】

语言类别。言谈类型。言谈礼仪规范。职场言谈技巧。言谈应注意的问题。

【学习目标】

在商务交往中，成为彬彬有礼、善于交往、极受欢迎的人。通过高雅的谈吐，成就个人魅力，塑造良好的个人形象。

【情景导入】

马在野是某高校管理学院市场营销专业的毕业生，毕业时他应聘到北京一家知名汽车4S店从事汽车销售工作。在向客户推销汽车过程中，语言的运用具有非常重要的作用。马在野因为刚开始工作，在言谈礼仪方面存在不少欠缺。现在请你给马在野指导一下，他在言谈礼仪方面应该学习哪些知识、注意哪些问题呢？

商务交往中，语言是传送信息最基本、最重要的方式。有人说，当今世界威力最大的三件东西是：舌头、金钱、原子弹。可见，语言对人类是多么重要。言谈礼仪，又称交谈礼仪，文雅的说法是谈吐礼仪，是个人基本礼仪的重要组成部分。交谈是两个或者两个以上的人所进行的对话，是人们交流思想、传递信息、进行交际、开展工作、建立友谊、增进了解的一种形式，反映个人的知识、阅历、教养以及综合的应变能力。交流主要通过语言完成，在语言交流和沟通时应注重基本礼仪，并掌握一定的语言运用技巧。

个人礼仪素养主要通过言谈举止和待人接物表现出来。良好的语音、准确的语感、适当的节奏、适宜的肢体语言、丰富的脸部表情，是谈吐的基本要求。

9.1 语言类别

从现代交际学角度看，语言可以分为有声语言、无声语言、类语言、时空语言和书面语言（文字）五种类型。商务工作中，各类语言起着不同的作用。下面介绍前四种类型的语言。

书面语言在第 17 章文书礼仪中再作介绍。

9.1.1 有声语言

有声语言，也叫自然语言，是发出声音的口语，以交流双方口头表达即时倾听为沟通方式。有声语言一般分为会话和独白两种。

9.1.1.1 会话

会话是两个或两个以上的人之间交谈的一种沟通方式，如商讨、谈判等。会话过程中，围绕中心话题表述意见，是商务工作中信息沟通最为常用的一种方式。

9.1.1.2 独白

独白是一个人讲众人听的一种单向语言信息传递形式，如推销员向顾客介绍产品，新产品发布会等。具有目的明确、充分说明、层次性强的特点，说话者的目的可以得到充分表达。

9.1.2 无声语言

从广义传递信息方式角度看，无声语言指利用有声语言以外的其他方式表达信息，是参与信息交流的一种不出声的伴随语言。说话者利用无声语言加强有声语言的信息传递，或补充有声语言的不足。无声语言分为默语和体语两大类。

9.1.2.1 默语

默语是说话中的短暂停顿，经常出现在高信息量的谈话中，有含义丰富、效率强的特点，也是一种语言形式。在特定语言环境中，默语的含义非常明确，用于信息的展开与加强。

9.1.2.2 体语

体语是由说话者的肢体动作、面部表情、空间距离等传送信息的一种无声语言，体语和有声语言相辅相成，大部分信息传递要借助于体语和有声语言的密切配合。体语可分为动态体语和静态体语两种。

1. 动态体语

动态体语指通过头部、四肢的动作、面部表情以及目光表达某种含义。在特定的交流环境下，动态体语可以帮助有声语言传递信息，提高信息传递效率。

2. 静态体语

静态体语指在特定交流语境中，以身体的静态姿势传递的信息。主要可以分为两种形式：

（1）姿势语。说话者的姿势语有三种：躺卧、屈膝和直立。商务交往中，屈膝的坐姿是最常用的，男士一般在就座时两腿分开，以示“自信”、“开朗”；女性常用膝盖并拢的坐姿代替架腿，以示“庄重”。坐姿主要分为严肃式和随意式。严肃式仅在非常重大正式的场合使用，使用时间比较短暂；多数情况下人们采用随意式，随意并不等同于任意，架起二郎腿或不停地抖动腿脚，在任何交际场合都是一种有失水准的行为。

（2）空间距离。也是一种静态体语。信息交流双方的距离也可以传递信息，每个人都有一定的私人空间，不仅包括个人占有的物品（办公用品），还包括身体四周的空间，这是真实存在的感觉。私人空间被挤占，会感到不踏实、不安全、不自在，甚至中断信息交流。这种静态体语又分为位置体语和空间长度体语。位置体语指交往双方坐在不同的位置来传递信息。空间长度体语是以身体之间的不同距离来传递信息。

9.1.3 类语言

类语言又叫副语言，指在交际过程中有声音但无固定含义的语言。工作中经常使用的有说话的重音、语调、停顿、语速和笑声等形式，都没有特定含义，但却能传递特定的信息。在信息交流过程中，类语言的作用有时比有声语言大。

9.1.3.1 重音

谈话人根据思想表达的需要，特意把某句话、某个词组说得重一些，这就是重音。交流中，有时为了加深或强调特定的部分，对其提高音量，表示它非常重要，提醒对方注意。如“明天我不来”，将重音放在“明天”，言下之意，其他时间会来；将重音放在“我”，就是告诉对方，我肯定不会来，而别人会来。可见不同重音落点，会传递不同信息，重音的使用完全依赖交际的需要。

9.1.3.2 语调

所谓语调，指的是一句话里能够表达谈话人态度或感情的一种声音频率，俗称语气。语调主要由声音的高低变化形成，通常表现在句尾上，所以语调又称句调。语调可以影响有声语言的含义，相当于书面文字中的标点符号。如果说话很单调，对方就很难获得重要线索，而且不被对方注意，降低信息传递效率。语调、语速及语气可以传递很多细节性内容，运用得好，可以达到良好的沟通效果。

9.1.3.3 停顿

停顿，或称顿挫，是说话时句子前中后作或大或小的语音间歇。美国著名作家马克·吐温说：“恰如其分的停顿经常产生非凡的效果，这是语言本身难以达到的。”停顿并非谈话的中断或空白，而是谈话的延续和深化，是谈话节奏的特殊处理。

停顿一般可分为语法停顿和强调停顿两种。前者是表示句子与句子、段落与段落、意群与意群之间的逻辑关系的停顿，又叫“逻辑停顿”。目的在于使语言表达层次分明。后者是为了强调某个词语或突出某种情感所运用的停顿，主要由谈话人的意图和情绪决定，故又称“心理停顿”和“情感停顿”。停顿时间一般较语法停顿稍长，为的是给听者留下想象、思考、回味的余地。如交谈中称呼对方时，加重语气之后停顿一下，然后再谈要说的事，这样能引起对方的充分注意。

9.1.3.4 语速

语速，即说话音节的长短。语速快慢与人的年龄、用语习惯、感情、语气、语态节奏等有关。欢快、着急、激动时语速快，而失望、哀痛、悲伤时语速慢。语速一般分为快速、中速和慢速，与语言结构特点有很大关系。现代汉语超过200个音节为快速，150个左右为中速，100个以下则为慢速。

语速的快慢由谈话内容和谈话人的思想感情的变化所决定，直接影响到语言交际的效果。一般来说，应根据谈话的场合、内容、对象采用相应的语速，该快则快，该慢则慢，有快有慢、变化适当，如实地表达谈话人的心情。在正常情况下，处于平静的语境中时，应用中速谈话；处理紧急公务和突发事件时，则用快速表达；表示慰问、哀悼时，说话宜用慢速。

9.1.3.5 笑声

笑声也是一种类语言，它含义丰富，形式多变，而且不固定，理解时必须结合当时具体的语境。只有在特定语言环境中，笑声的含义才是单一的、确定的。笑声对改善交际气氛是必不可少的，有其他方式很难达到的效果。

9.1.4 时空语言

不同民族和文化有不同的时间观念、空间观念以及相应的行为方式。不同的行为习惯会产生冲突和碰撞。

9.2 言谈类型

很多商务活动都离不开言谈。开展调查研究，与人促膝谈心，进行公务谈判，接待宾客来访，都需要运用言谈。言谈的常见类型有：

9.2.1 单向与双向言谈

发表讲话，布置工作，进行演讲，都是单向言谈。按照事先准备的讲稿，或依照讲话的目的要求，在一定范围内发表讲话，要求说得有条理、有层次。单向灌输，一气呵成，不停顿，不讨论，不交流，把要说的内容说完就结束。询问情况，回答问题，交流看法，进行谈判，会客寒暄，则是双向言谈，需要根据对象、场合和交谈进程，不断调整言谈内容，使交谈不断推进和深入。

9.2.2 正式与非正式言谈

在正式场合涉及公务内容的言谈都可以看作是正式言谈，要求庄重、严肃。非正式言谈，则是非正式场合、私下场合，会见客人的寒暄，相遇熟人的交谈，同事之间的闲谈，这类言谈可以是自由、轻松和随意的。

9.2.3 有声与无声言谈

通过口头语言表达意思的，是有声言谈，包括语气措辞、语速语调等。通过交谈时的动作、表情及距离来传达信息、表达感情的，是无声语言。动作包括头部、手部的动作，点头摇头，挥手握拳，都传达特定的信息。说话时的表情是常见的伴随体语，通过表情表达喜怒哀乐。微笑被认为是人类最美好的语言，是言谈时应该具有的基本表情。眼神也是一种重要体语，目光可以反映心理和情感的变化，传达重要的信息。言谈时空间距离反映密切程度，根据交谈双方的关系确定，与亲友熟人和一般工作关系的人交谈距离有所区别。

9.2.4 直接与间接言谈

与听者在同一场所面对面的交谈，是直接言谈。要注意谈吐的仪表，注意听者的反应。电话交谈则是间接言谈，要注意遵守通话礼仪规范。

9.3 言谈礼仪规范

言谈礼仪指言语、体态和聆听艺术构成的沟通方式，是两个或两个以上的人对话时的礼仪，是双方思想、知识、阅历、教养修养、聪明才智和应变能力的综合表现，是个人内在德行的外化表现。俗话说“言为心声”，谈吐是运用语言表达思想、沟通信息、交流感情的重要方式，是礼仪形象的重要体现。谈吐要符合一定的礼仪规范，就要熟知语言表达的基本方式，掌握谈吐的基本礼节。

我国自古重视言语修养，有“一言以兴邦、一言以丧邦”的说法，强调言语作用之大，功效之巨，无可比拟。自然流露的以礼待人的言语，能为顺利的商务交往创造良好的条件。言谈礼仪规范主要有以下几方面。

9.3.1 态度端正

商务活动中的言谈，正确的态度应该是热情、诚恳、稳重、平易。热情是言谈的基本要求，冷漠无情、无精打采、有气无力的言谈毫无感染力，无法收到效果。表里如一、真挚诚恳是言谈的基本态度，以诚为本，诚心待人，才能取得听者的信任。虚伪做作，华而不实，都不可取。言谈还须稳重，稳重是成熟的表现。只有稳重，才能给人安全感，增加可信度，任何轻佻的语言、表情、动作都应当避免。平易能拉近距离，傲慢无礼、狂妄自大、盛气凌人，只能让人敬而远之。要先人后己、一视同仁，让别人先说、多说，不打断别人说话。

态度决定一切。商务活动中的言谈态度主要要求有：笑容多一点；嘴巴甜一点；想得细一点；说得清一点；站得直一点；坐得正一点；走得快一点；穿得雅一点；态度诚一点；应变活一点。

神情专注是态度端正的基本要求。专注是对人的一种尊重。谈话时精力要集中，不能东张西望、左顾右盼，也不能边说边翻书、看报纸、看电视节目、批阅文件，都不礼貌。面带倦容、哈欠连天，漫不经心、心不在焉等不礼貌行为，也会影响对方的谈话兴趣，打消交谈热情。言谈时要及时反馈，对别人传递的信息予以及时回应；对别人给予的好意、所做的好事，应及时用恰当的语言表达谢意。

谈话的姿势反映个人的性格、修养和文明素质。交谈时，双方要互相正视、互相倾听。身体要与对方平视的角度保持一致，转动身体不得只转动头部，上身需保持正直。

9.3.2 定位准确

言谈中必然构成一定的角色关系。关系不同，角色定位也不同。言谈时角色定位应恰如其分。定位准确才能选择合适的话题。话题是身份、知识含量、素质的定位，谈话时要注意双向定位。要善于选择话题，谈论的话题决定了彼此的档次。交谈话题参考：

9.3.2.1 对方擅长的话题

交谈的话题为对方所擅长的话题，地位有落差，谈论或提问此类话题较好。可以向其请教，引入对方专业领域，但要注意自己也要懂行。

9.3.2.2 格调高雅的话题、安全话题

如哲学、地理、历史、文学、艺术、建筑、风土人情等公共话题，这类话题不易引起冲突，比较安全。

9. 3.2.3 轻松愉快的话题

如电影、电视、体育比赛、流行时尚、烹饪小吃、天气状况等话题是比较好谈的话题。

9.3.3 内容恰当

内容是说什么。言为心声，语言传递思想，表达情感，所以内容很重要。

跟客人说话要知道什么该说什么不该说，该说的要说，不该说的不能说。谈话内容根据交谈的实际情形定。有明确话题时，就要相对集中，不能东拉西扯，不着边际；没有明确话题时，要选择健康有益、对方感兴趣、令人愉悦的适当话题。不能是低级庸俗、耸人听闻、荒诞离奇、令人反感的话题，尤其不能说一些议论领导同事、拨弄是非的闲话。说闲话的人谈论他人，惹人烦的人诉说自己，杰出的谈话者谈论对方。

言谈内容要投机、恰当和适中。投机，是知道见什么人说什么话，不说什么话。恰当，即说真话不如说对话。适中，即话多话少重在效果。衡量话多话少有标准。物理效应标准为交谈中传递信息准确、精确和清晰。社会效应标准为交谈中所传递的信息引起最佳社会效果。

羡余信息指信息传递中多说的话，也称多余信息或赘余词语。言语交谈中恰当的羡余信息可以起到优化信息传递的作用，不能一概斥之为“饶舌”。

9.3.4 表达得体

用最恰当的言辞和口吻表达意思，就是表达得体。不同场合、不同对象、不同内容应当

有不同的语气措辞和语调声态。是激昂还是低沉，是慢条斯理，还是加快语速，是严厉还是平和，是直话直说还是委婉含蓄，都要看具体情形。不管对象场合，不论谈论什么，都是一个腔调，肯定不合适。

表达得体，要做到文质彬彬，用语妥帖。用语有分寸，恰如其分地反映实际情况，既不夸大，也不缩小。尽量避免使用诸如："你总是""又是你""你从来"等。用语要文雅而有礼貌，文明礼貌用语"您好、请、谢谢、对不起、再见"等，要经常地恰当地运用。这十个字体现了基本的说话文明语言形式。

说什么和如何说都需要注意。在如何说的问题上，有三点要注意：第一要细语柔声。使用标准的普通话，吐字清晰，避免粗声大嗓。有理不在声高。第二要善于跟对方互动。形成良性的反馈，说的话爱听，说的话会意、会心，有意思。酒逢知己千杯少，话不投机半句多。第三要尊重对方。礼者敬人也，交谈时眼里有事，心里有人，懂得尊重对方。

表达得体要求养成使用敬语的习惯。敬语，表示尊敬和礼貌的词语。初次见面为"久仰""幸会"；很久不见为"久违"；请人批评为"指教"；麻烦别人称"打扰"；求给方便为"借光"；托人办事为"拜托"；看望别人为"拜访"；等候别人为"恭候"；请人勿送为"留步"；对方来信称"惠书"；请人帮忙说"烦请"；他人指点称"赐教"；请人解答用"请问"；赞人见解用"高见"；归还原物说"奉还"；欢迎顾客叫"光顾"；求人原谅说"包涵"；老人年龄叫"高寿"；客人到来说"光临"；中途先走说"失陪"；与人分别说"告辞"；赠送作品用"雅正"。这些敬语要留心使用，合理使用。

9.3.5 音量适宜

声音大小适当，语调平和沉稳。一般的阐述应使用正常的语调，让对方清晰听见而不引起反感的适中音量。无论普通话、外语、方言，咬字要清晰，音量要适度，以对方听清楚为准，切忌大声说话。语调要平稳，尽量不用或少用语气词，使听者感到亲切自然。

音量是否恰如其分，是否适宜的决定因素：一是通达，以对方刚好能够清晰准确地听到为前提。二是环境，言谈音量应随环境不同而有所调整。幽静的环境音量宜小，嘈杂的环境音量适当加大。三是内容，视所谈事情或问题的重要性和私密性而定。重要而需保密的，音量要小；重要而无须保密的，音量适度放大。私密性强的，音量宜小；私密性不强的，音量宜大一些，以便交谈顺利进行。

言谈基本要求：应尽量使用低声，不要大嗓门，不要唾沫四溅。在大庭广众之下，粗声大嗓是缺乏教养的表现。语音要亲切，不要粗犷尖硬。语速要适中，不要太快太慢。语调要抑扬顿挫，不要平板单调，毫无变化。吐字要清晰，不要含糊不清。与人谈话应保持适度距离。

9.3.6 方式灵活

提高言谈效果，有委婉、含蓄、模糊、自言、沉默、反语、提问等多种方式，应灵活使用。

9.3.6.1 委婉

商务交往中，认识和情感有时并不完全一致，有些话虽然完全正确，但对方碍于情面难以接受，直言不讳效果往往不好。这时委婉就派上用场。所谓委婉，就是曲折婉转。侧面触及或以柔克刚，使对方听话的同时仍感到是被尊重的，也就既能从理智上又能在情感上接受意见。要求尽量采用商量的口吻，尽量采用自谦口气，必要时适当地称颂对方。委婉的具体做法大致有以下几种方式：

1. 用某些语气词

用“吗、吧、啊、嘛”等柔软语气，使人感到话不那么生硬。如“别唱了”与“别唱了好吗”，第二句无疑就比第一句显得客气、婉转，使人易于接受。

2. 灵活用词

把“我觉得这样不好”改为“我并不觉得这样好”，同样的意思可以表达得不那么咄咄逼人。

3. 缓和、推托

他人有求，不想直截了当地拒绝，可以说“这件事目前恐怕很难办到”。

4. 转移

女朋友问：“星期天我们去公园划船好吗？”可以这样回绝：“我们一齐去图书馆温课吧！”

9.3.6.2 含蓄

商务交往中有时因种种原因，不便把某一信息表达得太清晰直露，而要靠对方从话中揣摩、体会出所蕴含的真正意思。这种“只可意会，不可言传”的手段就是含蓄。

1. 暗示

一位推销员向顾客发问：“我们的产品你满意吗？”顾客不满意，又不好直接讲，就说：“你认为满意就是满意啰。”推销员得到暗示，顾客对产品满意与否心中有数了。

2. 巧避分歧

一位姑娘与一位小伙子相爱，她的女友劝阻说那个小伙子相貌一般。姑娘回答：“谢谢你的关心，但男人不是因为帅才可爱，而是因为可爱才帅的。”这样，对方就能听出言外之意，不再劝阻了。

9.3.6.3 模糊

商务交往中，有时因故不便或不愿把真实意思暴露给别人，这时可以把信息模糊化，既不伤人，又不使自己难堪。比如答非所问。有位小姐问：“我漂亮不？”可以回答：“你很有特点。”有人问：“我是不是变老了？”可以回答：“一下子看不出来。”

9.3.6.4 自言

商务场合，若大家互不认识，一句“今天天气真热”的自言自语，往往能成为交谈开场的引子，使原不相识的人攀谈起来。自言自语一般有助于人的自我表现。自言自语和自我表现，在交往中常具有其他手段所没有的优点。一位著名的话剧演员，年轻时投考剧院，可报名时间已过，他灵机一动，考试时在场外引吭高诵，引起了主考老师的注意，最后就考上了。

9.3.6.5　沉默

沉默是金，有时候沉默比说什么都好，这就是“此时无声胜有声”。沉默可以表示赞许，也可以表示无声的抗议。可以是欣然默认，也可以是保留意见。可以是威严的震慑，也可以是心虚的表现。如被邀请参加不喜欢的聚会，被邀者可以摇摇头，然后沉默，别人就不好再说了。

9.3.6.6　反语

中国有句古语云：“将欲取之，必先予之。”有时为达到某种目的，说话者口头说的意思和自己的真实意图恰恰相反，却反而成功，这就是反语的妙用。

9.3.6.7　提问

提问是交谈的一大技巧，是引导话题、展开话题或转移话题的一个好方法。提问有三种功能：一是通过发问了解不熟悉的情况；二是把对方的思路引导到某个要点上来；三是打破僵局，避免冷场。不要问对方难以应对的问题，不能问大家都忌讳的问题。提问要把握时机，一个话题快谈完时，问一下，可使交谈继续下去；或者不愿意交谈某个话题，用提问转移话题。如交谈中有人问到收入，不愿谈此话题，可以问：“你对你的工作怎么看？”提问时，最好问与话题有联系的问题。

9.4　职场言谈技巧

商务活动中，双方的接触、沟通和合作，都要通过语言表达实现。一次成功的谈话，不一定非要表现机智的语句或者雄辩的口才，关键在于感情交流和思想火花的碰撞。大多数人并不具备语惊四座的特殊才能，但是可以通过谈话技巧，清晰、准确地表达观点和感情，成为善于交谈的人，成为受人欢迎的交谈对象。言谈作为个人礼仪的一个重要组成部分，是一门艺术。言谈的技巧主要有以下几点。

9.4.1　善于表达

提高语言表达能力，必须善用语言，注重表述中的语法结构和习惯用法。一个字、一个词的错用或违反某一语法规则，会影响对意思的理解，进而影响交谈的效果。平时多留意别人谈话中的精辟言辞，注意电视、广播及戏剧中的精彩对话和演讲，不断提高准确表达的能力。

掌握语言技巧，提高口语表达能力，必须以“礼”服人，以“美”悦人。好的语言，给对方一种满足或愉悦，达到心理相悦、心灵相牵的效果。

9.4.2　恰当选择话题

恰当选择话题包括两个方面。一是选择话题的时机要恰当，大家不感兴趣的话题不要说，大家正热衷某话题时不提新话题，大家正忙于做某事或急于去做某事时不提话题。“言贵精，更贵适时”。二是选择话题的内容要恰当，要根据对象、环境条件、实际需要选择话题，贴近生活、知识结构、兴趣爱好，尽量不涉及不愉快、属隐私、保密、不宜表态的话题。

9.4.3 巧用谈话语言

掌握一些“万能用语”，如“坦率地说……”，“我是这样考虑这个问题的……”，“我希望您能理解……”，“您的问题让我很难回答，因为……”，“我很高兴您能欣赏我的观点……”，“我盼望着将来继续和您合作……”，“这是我为什么这样做的理由和想法……”，“听完解释后，您也许会同意我的观点……”，“这样理解您的话对吗？”，“在我回答您的问题之前，我必须强调……”，等等。

常言道：一句话让人跳，一句话让人笑。同是一句话，采取不同的说法，效果大不相同。说什么话，什么时间说，如何说，都必须十分用心。说话要先看对象，没有难说的话，只有不会说话的人。语言的魅力是无穷的，想使所说的话符合倾听者的胃口，就要看菜下饭，到什么山头唱什么歌。话要说得到位，准确表达意思。话要说得得体，充分表现出礼仪水准。话不得体，甚至让人不好接受，谈话自然无法顺利进行。先动脑，再动口，说话之前不忘考虑三分钟。

9.4.4 巧用表情语言

每个人都有面部表情，面部的每个细胞、每个皱纹、每根神经都表达某种意愿、某种感情、某种倾向。面部表情是人内心世界最准确、最微妙的晴雨表。

表情得体，可为谈话锦上添花，反之会弄巧成拙。面部表情贵在四个字：自然，真挚。目光眼神是最富感染力的表情语言。眼睛是心灵的窗户，与有声语言相协调，可以表达万千变化的思想感情。眼睛凝视时间的长短、眼睑睁开的大小、瞳孔放大的程度以及其他一些变化，都能传递最微妙的思想感情。

每一种眼神都有其特定的含义。正视表示庄重，斜视表示轻蔑，仰视表示思索，俯视表示羞涩等。视线频频乱转，是心不在焉或心虚；视线向下，表示害羞、胆怯、伤感或悔恨；视线向上，是沉思、高傲的反映。在交谈时，目光自下而上注视对方，一般有询问的意味，表示愿意听讲下一句；目光自上而下注视对方，一般表示在注意对方讲话；头部微微倾斜，目光注视对方，一般表示：“哦，原来是这样”；眼睛光彩熠熠，聚精会神地注视对方，一般表示对谈话内容充满兴趣；每隔几秒偷看一下手表，表示催促、不耐烦的意思，是希望对方结束谈话的暗示。

9.4.5 学会倾听

所谓倾听，就是认真地、积极地听，并能“听懂”对方所说的话。倾听是主动参与的过程，听的人必须及时思考、接收、理解，并做出必要的反馈。倾听的基本原则是少说多听。

智者善听，愚者多说。

谈话本身包括说和听，真诚地倾听对方的话，就是对对方最好的赞美。聆听别人讲话，必须做到耳到、眼到、心到，同时还要辅以其他的行为和态度。社会学家和心理学家从人际关系角度进行研究，提出了以下聆听技巧。

9.4.5.1 主动积极

对对方的感觉和意见表示出极大的兴趣，并且积极回应对方，有不明白的问题，及时问清楚。与对方保持良好的互动，鼓励对方讲话。单独听对方讲话，身子稍稍前倾，保持自然微笑，表情随对方谈话内容相应地变化，恰如其分地点头。

9.4.5.2 不打断对方

决不轻易打断对方的谈话，让对方把话说完。谈话有时并不是一下子就能抓住实质，应该让对方有时间不慌不忙地把话说完，即使对方为了理清思路，作短暂的停顿，也不要影响其思路。不经对方允许，不插话。任何情况下不否定对方的话。

9.4.5.3 体察对方的感觉

感觉往往此思想更能引导行为，越不注意别人感觉的真实面，就越不会彼此沟通。体察感觉，将对方话背后的情意复述出来，表示接受及了解其感觉，会产生很好的效果。

9.4.5.4 不要匆忙做结论

一个善于交谈的人，应该努力弄懂对方的谈话内容，完全把握他的意思。

9.4.5.5 关怀、了解和接受对方

要鼓励或帮助对方寻求解决问题的途径，态度若真诚，不带虚假，定能奏效。

9.4.5.6 全神贯注地聆听

真诚的倾听需要全身心地投入，要采取开放尊重信任的姿态，排除干扰，不做无关的动作，集中精力、全神贯注地聆听对方讲话。注视说话者，保持目光接触。东张西望，低头做事，面露不烦，都是不礼貌的，都会使对方产生反感。

9.4.5.7 不要介意对方谈话时的语言和动作特点

有些人谈话时常常带口头语或作一些习惯动作，对此不必介意，应将注意力放在对方谈话的内容上。

9.4.5.8 注意反馈

聆听对方谈话，要注意信息反馈，及时验证是否已经了解对方的意思。可以简要地复述对方的谈话内容，并请他纠正。适时而恰当地提出问题，配合对方的语气表述意见，有助于对谈话内容的准确理解。

9.4.5.9 交谈时要冷静

一个善于聆听的人，总能控制感情。过于激动，无论对讲或听的人来说，都会影响表达的效果。

9.4.5.10 注意语言以外的表达手段

表达内容并不一定都在话语中。聆听对方谈话时，还要注意对方的声调、语调、态度以及表情、手势、动作等，以便充分了解对方的本意。

9. 4.5.11 抓住主要意思，不被枝节所吸引

善于聆听的人，总是注意分析哪些内容是主要的，哪些是次要的，以便抓住问题的实质，避免造成误解。对方所讲的话题，可通过巧妙的应答，把内容引向所需的方向和层次。

9.4.5.12 使思考的速度与谈话相适应

思考的速度通常要比讲话的速度快若干倍，在聆听谈话时，大脑要抓紧工作，勤于思考分析。心不在焉，不动脑筋，对方谈话的内容没记住，让对方重复，这样就很耽误时间，影响工作效率。

9.4.5.13 不要总想占主导地位

不要表现得好像无所不知，只有自己才能给对方以启发。自以为是的人，往往最不会聆听对方的谈话。善于听别人说话，是深入细致地了解对方的重要手段。听人说话时，必须仔细地把握对方说的内容和其声调神态所流露出的心情。有时对方说得很清楚，听来比较容易；有时对方说得很不清楚，零乱或者含糊，曲折或者隐讳，听来需要很多功夫。要细心地一面听，一面加以分析、整理、揣摩、研究。听人说时，同时还要思考。借着对方说的时间，整理思想，寻找恰当而有力、明确而动人的词句，完善地表达思想。对对方了解得越清楚，就越容易寻找到适当而有力的词句来表达，讲的话也就越容易使对方发生兴趣，越容易得到对方的理解与同情，也就越容易控制谈话的发展，越容易把谈话引到所希望的方向。

最善于说话的人，必须是最善于听人说话的人。很会说话的人，总是先倾听别人说话，用微笑用点头及偶尔的问话，鼓励畅所欲言，提高兴趣，刺激思想。静静地听，到了关键点才出声开口，三言两语，抓到重点，不但牢牢地吸引别人的注意力，深深地打动别人的心，且能迅速而顺利地解决问题。

总之，听时可以看，可以想，可以观察对方了解对方，可以寻找恰当有力的词句。两个人的谈话，至少有一半时间可以静静地好好地听，如果有 10 个人在一起谈话，那么，你就至少有 90% 的时间在听。与其打断别人谈话，侵占别人说话的时间，不如让别人多说几句。话好不在多，句句有分量、有道理、有趣味，才能句句动听、句句精彩。

9.4.6 善于赞美

言谈中应学会赞美他人。记住与人交往时要善于肯定对方。交往是艺术，夸人就是艺术。有的人夸人也让人感到不舒服。不在女性面前夸奖其他女性，女人的特点是善于比较，乐于比较。既然是夸就让对方痛快点，用点夸张的词，如“你比明星还漂亮”“你是当之无愧的校花”“大有名气”“业界第一”，等等。

9.4.7 善用幽默

英国思想家培根说："善谈者必善幽默。"谈吐离不开幽默，幽默是语言中的高级艺术，是个人文化、修养、道德、机智、心理和语言驾驭能力等多方面素养的综合反映，是个人智慧、胸怀、性格诸因素的综合体现。语言的诙谐幽默和机智绝不只是言谈技巧，是人们的思想、学识、智慧和灵感在语言运用中的结晶。善于使用幽默的表达方式，可使交谈在轻松愉快、生动活泼的气氛中顺利进行。

言谈中幽默具有妙不可言的功能。商务交往中，具有幽默感的人几乎毫不例外地受欢迎。在一些令人局促不安、尴尬的场合，幽默的谈吐可消除紧张，化解误会。幽默是紧张气氛的缓冲剂，既可使对方摆脱窘境，又能自我解嘲。幽默的语言可以打破僵局，为僵持不下的局面开辟可能的新途径。

9.4.8 巧妙拒绝

许多人不知道如何拒绝别人，由此带来不少烦恼。拒绝的技巧主要有以下几种。

9.4.8.1 无效回答

无效回答是避开实质性问题，用模棱两可的话或已知信息作答。1988年年底，一次新闻发布会上，记者向美国白宫发言人奥克兰提出一个关于柬埔寨的敏感问题，奥克兰答道："我们所声明过的就是我们的立场，我们的立场仍然像我们所声明的一样。"

9.4.8.2 移花接木

避开对方所提的问题，回答的是貌似相关其实并不相同的另一个问题。在一次中外记者招待会上，一位西方记者问周恩来总理："请问，中国人民银行有多少资金？"这个问题含有讥笑中国贫穷的意思，又涉及国家机密。周总理幽默地答道："中国人民银行的货币资金嘛……有拾捌元捌角捌分。"正当全场记者愕然之时，总理接着解释说："中国人民银行发行面额值为拾元、伍元、贰元、壹元、伍角、贰角、壹角、伍分、贰分、壹分十种主辅人民币，合计为拾捌元捌角捌分。"

9.4.8.3 诱导反问

诱导反问即反问对方，从而诱导对方自我否定。罗斯福担任总统之前，曾在海军部担任要职。一天，当一位朋友问起海军在加勒比海某小岛建立潜艇基地的计划时，罗斯福向四周看了看，压低声音问："你能保密吗？""当然能。"罗斯福接着说："你能我也能。"

9.4.8.4 先扬后抑

对于一些并非无理取闹且有一定合理性，但自己不能完全认同的想法或暂时无法给予满足的要求，采取"先肯定后否定"的方法予以劝导或委婉地拒绝。周恩来总理为解决印尼华侨的双重国籍问题与印尼华侨谈话："大家可以想一想，如果在我们国内，有几百万外国侨民，都是双重国籍，我们政府好不好办事呢？凡事都要推己及人。中国有句老话叫作'己所不欲，勿施于人'。我们如果遇到这个情形，也不愿意，那么，我们在国外怎么能要求人家接受双重国籍呢?”

9.5 言谈礼仪注意事项

9.5.1 讲普通话

言谈，首先指会用汉民族共同语——普通话，与人进行交流。普通话由国家法律规定推广，讲普通话有助于互相之间有效沟通。讲方言土语，有时听不懂，影响沟通，甚至严重阻碍沟通。

商务人员都应有较好的普通话能力，这样，无论是与国内各方言区的人交往，与国内其他兄弟民族的人交往，还是与国际客人交往，都能有规范的表达和较好的沟通。有了较好的普通话能力，还能使商务人员的书面语言更规范，避免滥用方言词，影响文字的交际功能。当然，商务人员也应根据工作需要掌握好方言、少数民族语言和外国语言，以利工作展开。

9.5.2 言谈“四不准”

9.5.2.1 不准打断对方

谁都有说话的权利，不要轻易打断别人，因为这样是没有教养的标志。双方交谈时，上级可以打断下级，长辈可以打断晚辈，平等身份的人没有权力打断对方。万一与对方同时开口说话，应说“您请”，让对方先说。

9.5.2.2 不准补充对方

有人就是好为人师，总显得懂得多，好像比对方技高一筹。出现这一问题，实际上是没有摆正位置，站在不同角度，对同一问题的看法会产生很大差异。真正容人的人给他人说话的机会，给他人表达自己意愿的权利。说话技巧四个字：少说多听。在公众场合和在外人面前，特别当跟对方位置不平等时，交谈的基本技巧是少说多听。不轻易补充对方，当然如果谈话双方身份平等，彼此熟悉，有时适当补充对方的谈话也并无大碍，但是在谈判桌上绝不能互相补充。

9.5.2.3 不准纠正对方

不是原则问题，不要随便进行是非判断，大是大非另当别论，小是小非得过且过。“十里不同风，百里不同俗。”不同国家、不同地区、不同文化背景的人考虑同一问题，得出的结论未必一致。真正有教养的人，懂得尊重别人，尊重别人就要尊重对方的选择。除了大是大非的问题必须旗帜鲜明地回答外，一般性问题不随便与对方争论。记住商务交往的原则：从心理上接受别人。不要把自己的是非判断标准随便强加于人。得罪人往往不是在大是大非的原则问题上，而是让人难堪下不了台。

9.5.2.4 不准质疑对方

不随便对别人的谈话内容表示怀疑，心里头掂量掂量、衡量衡量、评估评估倒也可以，当众说出来有时挺尴尬。对别人说的话不随便表示怀疑，质疑对方并非不行，但是不能写在脸上。质疑对方，实际是对其尊严的挑衅，是一种不理智的行为。商务交往中，这样的问题值得高度关注。

9.5.3 商务交谈“六不谈”

下列六大问题要注意避免谈及。

9.5.3.1 不非议党和政府

作为一个公民，作为一个有教养的人，不非议党和政府，是社会公德的体现。

9.5.3.2 不涉及秘密

不要涉及国家秘密与商业秘密。国家有安全法和保密法，谈及秘密时更要有分寸，不能乱说。

9.5.3.3 不非议交往对象

不涉及交往对象的内部事务。跟人打交道，说者无心，听者有意，别令人难堪和尴尬。

9.5.3.4 不背后议论领导、同行和同事

来说是非者，必是是非人。在组织内部、单位内部，可以批评和自我批评，但是内外有别，在外人面前不能说自己单位和部门坏话，思想上行动上维护自己组织的形象这是一种教养。一个受尊重的人，是爱岗敬业、维护自己所在组织的人。

9.5.3.5 不谈论格调不高的话题

格调不高的话题不谈。不谈及家长里短、小道消息、男女关系，有失身份。

9.5.3.6 不涉及私人问题

中国人有时不见外，无所不谈，但是现代社会强调尊重个人隐私，关心有度，和外人交流时，不该谈的，不谈为好；不该知道的，不知为好。特别是在国际交往中，个人隐私不谈。

9.5.4 个人隐私“五不问”

商务活动中，个人隐私不适合随便打探打听。一般是五个方面，称为个人隐私“五不问”。

一不问收入。现代社会中个人收入往往是个人实力的标志，问挣多少钱，实际上是问人本事如何。收入代表个人能力与企业效率，不要问。

二不问年龄。在现代市场经济条件下，竞争比较激烈，个人年龄，实际上是个人资本。特别是临近退休及白领丽人对年龄问题敏感，不得问。

三不问婚姻家庭。家家都有一本难念的经。婚姻家庭，纯属隐私，贸然相问，显示格调低下，不得问。

四不问健康。跟年龄一样，现代人的健康其实也是一种资本。健康状况属于个人隐私，不得问。

五不问个人经历。籍贯、家乡、专业、学校等，不轻易相问。学科背景、学历、学校之类，其实都是实力问题，有教养的人不谈。英雄不问出处，不重过去，只重现在。

人的言谈水平来自长期的积累和修炼，需要用阅历磨炼，用知识丰富，用艺术美化。需要从经验中找到成功的阶梯，从成长中得到成熟的启迪。

∷延伸阅读

1. 亲属称谓

（1）家庭内部关系称谓

（2）父系直系亲属称谓

（3）母系直系亲属称谓

（4）旁系亲属称谓

2. 商务交往中令人讨厌的 8 种行为

3. 商务交往中损害个人魅力的 26 条言谈错误

课堂训练

任务驱动

1. 在下一次上课前预习下一章内容，做好必要的实训准备。

训练项目

☆训练项目 9-1　仪容互查

在上课前利用 5 ～ 10 分钟时间，让学生以两人为一组，组合性别不限，但不可重复组合，即学生甲和学生乙只能互查一次。操作时两人相隔一臂距离，面对面进行仪容互查。根据如下的检查项目（见表 9-1）打出相应的分数并签名。

检查项目及要点（每项 10 分）：

（1）整体清新整洁；　（2）发型合格，头发干净；

（3）脸部干净；　（4）耳朵清洁；

（5）鼻毛不外露；　（6）口气清新；

（7）手指干净，指甲合格；　（8）衣领干净挺括；

（9）鞋袜符合要求；　（10）身体气味清新。

表 9-1　仪容互查检查表

被检查人姓名		检 查 日 期	年	月 日	检查人姓名	
检 查 项 目	第 1 次检查得分	第 2 次检查得分	3 次	4 次	5 次	总　评
整体印象（10 分）						
头（10 分）						
脸（10 分）						

(续)

被检查人姓名		检查日期	年 月 日		检查人姓名	
检查项目	第1次检查得分	第2次检查得分	3次	4次	5次	总 评
耳朵（10分）						
鼻子（10分）						
口腔（10分）						
手（10分）						
鞋袜（10分）						
衣领（10分）						
气味（10分）						
每次总分						

☆训练项目9-2 接待言谈

以第4章成立的虚拟公司和担任的虚拟职务为基础，两家公司为一组，模拟公司接待言谈礼仪。

☆训练项目9-3 言谈禁忌

两人一组或多人一组（不超过6人）进行谈话，其中一人用言谈禁忌的话题和语言进行谈话，其他人应对，并认真体会真实感受。

☆训练项目9-4 有主题言谈

两人一组或多人一组（不超过6人）进行有主题谈话，其中一人要充当主持人或引导者角色，围绕主题发表意见或看法，要使每个人都充分表达意见，最后主持人或引导者进行总结性发言或陈述。

典型案例

案例9-1 老田鸡“退二线”

某局新任局长宴请退居二线的老局长。席间端上一盘油炸田鸡，老局长用筷子点点说：“喂，老弟，青蛙是益虫，不能吃。”新局长不假思索，脱口而出：“不要紧，都是些老田鸡，已退居二线，不当事了。”

老局长闻听此言顿时脸色大变，连问：“你说什么？你刚才说什么？”。新局长本想开个玩笑，不料说漏了嘴，触犯了老局长的自尊，顿觉尴尬万分。

幸亏秘书反应快，连忙接着说：“老局长，他说你已退居二线，吃田鸡不当什么事。”气氛才有点缓和。

【讨 论】

结合事例谈谈言谈中是否要有禁忌。

案例 9-2 谁是最有价值的人

曾经有个小国的人到中国来，进贡了三个一模一样的金人，工艺精湛，把皇帝高兴坏了。这小国的人同时出一道题目：这三个金人哪个最有价值？皇帝想了许多办法，请来珠宝匠检查，称重量，看做工，都没得出结论。最后，有一位退休的老大臣说他有办法。老臣拿出三根稻草，第一根插入第一个金人的耳朵里，这稻草从另一边耳朵出来了。第二根插入第二个金人的嘴巴里，稻草直接掉出来，而第三个金人，稻草进去后掉进了肚子，什么响动也没有。老臣说：第三个金人最有价值！使者默默无语，答案正确。

【讨　论】

这个故事蕴含的深意是什么？

【知识强化】认真独立完成知识巩固提高同步练习题。

Chapter 10

第 10 章 电话礼仪

【学习内容】

电话形象。接电话礼仪。打电话礼仪。手机使用礼仪。

【学习目标】

在商务交往中，成为彬彬有礼、善于交往、极受欢迎的人。通过训练有素的电话礼仪，塑造个人和单位良好的电话形象，进而塑造个人和组织的良好形象。

【情景导入】

在现代商务交往中，有一种工具日益成为人们沟通的桥梁，这就是电话。电话是现代人之间进行交流和沟通的便捷工具。我们每天都在使用电话，但是，关于电话的礼仪你懂得多少呢？你知道所谓“电话形象”吗？电话什么时间打最得体？使用电话需要注意些什么？使用电话又有哪些技巧？如果你对这些都不甚了了的话，且听老师娓娓道来。

10.1 电话形象

人类已经进入了快节奏、高效率的信息时代。在众多现代化的通信设备中，电话以其迅速、及时、方便、高效等优点已经成了我们生活工作的一个重要的组成部分。电话作为重要的交际手段，在商业活动中的应用十分广泛。商界人士使用最多的通信工具就是电话了。有些人用电话交谈的时间远远多于跟人面对面交谈的时间。电话不仅是传递信息、获取信息、保持联络的工具，而且也是商务人员个人或所在单位形象的载体。接电话、打电话好像很容易，实则大有讲究。商务交往中平常不过的接打电话实际上是在为通话者本人或所在单位绘制一幅令人印象深刻的电话形象。

10.1.1 什么是电话形象

所谓电话形象，即闻其声如见其人。初次交谈，对方根据电话里的声音、态度等表现，了解通话者的性格、情绪、表情、意图，通过谈话就基本可以描画出对方的形象，这就是“电话形象”。电话形象的含义是：人们使用电话时的种种表现，会使通话对象“如见其人”，能够给对方留下完整深刻的印象。通话过程中的语言、声调、内容、表情、态度、时间感等，虽然有空间阻隔，双方并不谋面，但传递的信息是正面还是负面，情感真诚还是虚伪，态度热忱还是冷漠，双方都完全可以感觉得到，甚至比亲眼看见还要真切。电话中能够准确感知通话者的个人素质、待人接物的态度以及通话者所在单位的整体水平。

与日常会话和书信联络相比，接打电话具有即时性、经常性、简洁性、双向性、礼仪性等较为突出的特点。不论打电话还是接电话，都必须以礼待人，克己敬人。电话礼仪与电话形象密切相关。如果使用电话不讲礼貌，失敬于人，无形中将会使人际关系受到损害。正因为电话形象在现代社会中无处不在，而商务交往又与电话“难解难分”，所以凡是重视维护自身形象的单位和个人，无不对电话的使用给予高度关注。

10.1.2 电话形象是电话礼仪的主旨所在

电话礼仪，要求无论是打电话还是接电话，都应做到语调热情、自然大方、声量适中、表达清楚、简明扼要、文明礼貌。商务人员都要有电话形象意识，通讯发展了，跟客户沟通未必亲自见面，电话打过去，如果印象好，一份合同就签了；如果印象不好，一单生意就黄了。电话印象差，就是公司差、企业差甚至产品和服务都差。员工个人形象代表产品和服务的形象，代表组织形象。

10.1.3 电话形象是商务交往的第一张“名片”

商务交往中“第一印象”特别重要。第一印象好，打起交道来心情愉快，事情也会办得更顺利。第一印象往往在见面之前已经存在。因为出于礼貌，见面前经常会通过电话约定见面的时间、地点等细节，第一印象已经通过声音传给对方。电话形象是商务交往的第一张“名片”，怎样给人一张得体的“声音名片”，值得注意。

10.1.4 电话形象是个人形象的重要组成部分

电话形象是使用电话时的种种外在表现，是个人形象的重要组成部分。人们常说“如闻其声，如见其人”，说的就是声音在交流中所起的重要作用。通话时的表现是个人内在修养的反映，电话交流同样可以给对方和其他人留下完整深刻的印象。一般认为，电话形象主要由语言、内容、态度、表情、举止以及时间感等多种因素构成。电话最重要的是传达信息，目的要明确，语气要热诚、亲切，口音清晰，语速平缓。电话语言要准确、简洁、得体。音调要适中，态度要自然。

良好的电话形象应该遵循四个原则：声音谦和，内容简洁，语言文明，态度谦恭。

10.1.5 电话形象五要素

电话礼仪要求文明打电话，礼貌接电话。时空选择、通话语言、通话内容、通话态度、举止表现构成电话形象五要素。

10.1.5.1 时空选择

打电话首先要选择时间。工作电话一般应在工作时间打。工作时间办公事，效率高，质量好，休息时间不打电话。除非万不得已，晚上10点以后，早上8点之前，无重大的急事不打电话。万一有急事打电话，第一句话要说："抱歉！事关紧急，打搅你了！"否则人家会烦。再者，就餐时间不打电话，节假日不是重大事情不打电话。尽量不要占用对方的节假日时间，否则影响私人空间。如果电话是国际长途，尤其是美国、欧洲这样距离较远的国家，还要注意时差问题。按照惯例，通话的最佳时间：一是双方预先约定的时间；二是对方方便的时间。

通话时间宜短不宜长，每次通话应该有效地控制在三分钟之内，电话礼仪上叫作通话三分钟原则。意思是长话短说，办事有效率。尊重时间，最好养成重要电话列提纲的习惯，提纲为金字塔形，把最重要的事放在前面先说。

打电话要注意空间。一般来讲，私人电话在家打，工作电话在办公室打。在公众空间打电话实际上是噪音骚扰，有教养的人不在公众场所打电话。开会、接待客户等场合，电话最好关机或设置到振动不接或出去接。

10.1.5.2 通话语言

电话语言要准确、简洁、得体。使用电话的过程实际上是语言交流的过程，语言是信息传递的载体，是电话形象的一项重要内容，应当遵循礼貌、规范、温婉、文明这四项基本的用语要求。

1. 用语礼貌

沟通过程中表现的礼貌最能体现个人的基本素养。用语是否礼貌，是对通话对象尊重与否的直接体现，也是个人修养高低的直观表现。用语礼貌，就是在通话中始终较多地使用敬语、谦语。通话开始时的问候和结束时的道别，是必不可缺的礼貌用语。

2. 用语规范

通话用语往往有一定之规，主要体现在通话人的问候语和自我介绍两项基本内容之上。其内容详见前面各有关章节。

3. 用语温婉

通话时的语气直接反映通话人的办事态度。语气热诚、温和、亲切、自然，语速平缓，音调适中，会使对方心生好感，从而有助于交往进行；语气生硬傲慢、拿腔拿调，则无助于沟通的顺利开展。

4. 用语文明

为了不影响他人的正常工作，通话双方都应控制说话的音量。不可大声嚷嚷、高声谈笑，或者一惊一乍、时高时低，打扰他人工作；也不可窃窃私语，鬼鬼祟祟，无端吸引他人注意。

10.1.5.3 通话态度

基本要求是做到，通话中对通话对象表现出足够的耐心、细致、周到和热情。

拨打电话时，要沉住气，耐心等待对方接电话。一般而言，至少应等铃声响过 6 遍，或是大约半分钟，确信对方无人接听后才可以挂断电话。切勿急不可待，铃响未过 3 遍，就断定对方无人而挂断电话；也不可响两三下后就挂断重拨，如此循环往复，似与对方“捉迷藏”，让人把握不定；更不可在接通电话后埋怨对方，或在铃响之时心急火燎，念念有词，责怪对方。

商务人员应当勤于接听电话。电话铃响，应立刻停止手中工作，拿起记录纸笔，做好电话接听。切不可故意让铃声响几遍再慢吞吞、懒洋洋地伸手去接，如此既怠慢对方，也妨碍了他人正常工作。

接电话时发现对方找的是同事，应让对方稍候，然后热忱、迅速地帮对方找接话人，切不可不理不睬，漠然视之，直接挂断电话。也不可拖延时间，让对方久等。

10.1.5.4 通话内容

最重要的是自我介绍。按照电话礼仪标准，通话自我介绍有下列几个步骤：一是报电话号码。万一对方拨错了，说了一遍本机号码，使对方不至于再错。二是报单位名称。公司总机或者部门电话一般如此：“你好，上海东方电视台。”三是报姓名。专用电话、私人电话如此，拿起话筒：“你好，王子欣。”国际交往一般报三要素，单位、部门、姓名。对方可能不知道你是什么人以及你的头衔，所以要全报。

为了节省通话时间并获得良好的沟通效果，打电话之前、之中都需要认真斟酌通话内容，做到“事先准备、简明扼要、适可而止”。通话前，最好把对方的电话号码、姓名、通话要点等内容整理好并列出清单。这样可以有效地避免“现说现想、缺少条理、丢三落四”等问题的发生，收到良好的通话效果。通话内容要简明扼要，最忌吞吞吐吐，含糊不清，东拉西扯。简短寒暄之后，就应当直奔主题，不要讲空话废话、无话找话和短话长说。要适可而止，一旦要传达的信息已经说完，就应当果断地终止通话。否则，让人觉得做事拖拖拉拉，缺少素养。

10.1.5.5 通话举止

通话时的表情、动作、语言是对通话人尊重与否的体现。听到电话铃响，口中正吃东西，应迅速吐出，再接电话；正嬉笑或争执，要等情绪平稳后再接电话；正和来客交谈，应告诉对方有客人在，待会给他回电。不在通话时把话筒夹在脖子下，不抱着电话机随意走动。打电话时，应停止一切不必要的动作，采取正确站姿、坐姿。接电话时的开头问候语要有精神，要多用礼貌用语，彬彬有礼。电话交谈时要配合微笑、点头等肢体动作。话筒离口的距离不要过近，口气要温柔，声音要适中，声调要合适。不对着话筒发出咳嗽的声音。若是代听电话，要主动问客户是否需要留言。让人久等的电话，要向来电者致歉。工作时朋友来电，应扼要迅速地结束电话。接到投诉电话，千万不能与对方争吵。

10.2 接电话礼仪

有鉴于电话在商务活动中的重要性，商务人员非常有必要掌握电话的接听技巧。接听电话不可太随便，要讲究必要的礼仪和一定的技巧，以免产生误会。

10.2.1 接听电话，做好记录

大多数人习惯用右手拿起电话听筒，在与客户电话沟通时，做必要的文字记录就不方便。有人在写字时将话筒夹在肩膀上，电话很容易因夹不住而掉下来发出刺耳的声音，从而给客户带来不适。应提倡用左手拿听筒，右手写字或操作电脑，这样就可以轻松自如地与客户沟通。

认真清楚地做好电话记录。公务电话管理应当完善，单位一般都应有专门的电话记录簿。要养成随时做记录的习惯。电话记录既要简洁又要完备，6W 要素重点记清楚：① When 何时；② Who 何人来电；③ Whom 找谁；④ What 何事；⑤ Why 为什么来电；⑥ Where 什么地方、什么单位来电。工作中这些信息资料都十分重要。

代传电话要记录明白 5W：Who（谁打来的）、Where（什么地址）、When（什么时间打来的）、Why（为什么打来）、What（如何处理了）。

10.2.2 接听电话，要及时

要重视“第一声”的印象。电话接通，听到亲切、优美的招呼声，对方心里一定会很愉快。接电话时应有“我代表单位形象”的意识。电话接通要先说“你好”，并自报家门。“你好，这里是精彩生活时空公司”，声音清晰悦耳，吐字清楚，给对方留下好的印象，对方对其所在单位也会有好印象。

迅速准确接听电话。听到电话铃声，应准确迅速地拿起听筒，让对方久等是不礼貌的。整个电话沟通中，克制和耐心必不可少，要负责地回答所有问题，如遇不清楚的事，或请了解情况的人接，或跟对方解释：“我不了解具体情况，过后我再给您回电话，您看可以吗？”

通常，电话铃声响过两声之后应该接听电话，专业讲法叫作铃响不过 3 声原则。接电话强调铃响不过 3 声，最好在 3 声之内接听。打来的电话不接那是严重的失礼。及时接听电话是对客户的重视和尊重。有些商务人员由于担心处理方式不妥当而得罪客户，从而招致老板责备，因此把电话当作烫手的山芋，抱有能不接就尽量不接的想法。实际上，跟客户电话沟通的过程也是能力的提升过程，只要养成良好的接听习惯，接电话并不是一件难事。

如果电话铃声 3 响之后仍然无人接听，客户往往会认为这个公司的员工精神状态不佳。有经验的人，桌上电话响了之后，手先上去，等它响两声三声时再接。一般来说，办公室里电话铃响 3 遍之前就应接听，3 遍后第一句话就应道歉：“对不起，让您久等了。”表示歉意。也不要铃响一声就接，电话铃一响就接，那边还没做好准备，也不好，过犹不及。尽快接听

电话会给对方留下好印象，让对方觉得自己被看重。接听电话时，应注意使嘴和话筒保持 4 厘米左右的距离；耳朵贴近话筒，仔细倾听对方讲话。

有客人在时电话响了，向客人表示歉意后接听，并尽快告知对方现在有客，方便时再给对方打过去。同客人谈话中来了电话，应先对客人说声“对不起”，得到谅解，再接电话：“实在对不起，现在我正有客人，稍后我再给您回电话。”这是商务交往中有教养的表现。有客人在不接也不对，是对打电话人的不尊重。反之，若有客人在，接电话没完没了，冷落了客人，也不好。

找同事的电话，人不在时你代接，叫代接电话。该代接要代接，否则是非常失礼的行为。周边同事的电话响，本人不在应该代接。让电话响个不停没人接，给对方造成非常糟糕的印象。代接电话要合理有序地表达。要找的人不在，要首先告诉对方找的人不在。先说不在，然后才问来系何人，所为何事。不要倒过来，否则会让打电话的人产生不好的推想。如果要找的人正在忙要紧事不能及时接听，代接的人应妥为解释。既不及时接听，又不解释道歉，甚至不耐烦，是极不礼貌的。对方要找的人不在，切忌只说“不在”就把电话挂了。

不要随便叫人代接电话，如果本人在，电话找，特别是打的是本人的电话，不要找他人代接。尤其不要让孩子、秘书代接已有约在先的电话。约好给本人打电话不要让别人听，这是对通话对象的尊重。秘书接听找老总的电话，先告诉对方老总不在，再问对方是谁，有何事情。

为他人代接、代转电话，要注意：①以礼相待。接电话时，对方所找的是他人，应友好地问：“对不起，他不在，需要我转告什么吗？”②尊重隐私。代接电话时，不要问对方与所找之人的关系。当对方有求于己，希望转达某事给某人时，要守口如瓶，不要随便扩散。别人通话时，不要旁听，更不要插嘴。③记忆准确。代接电话，对方要求转达的具体内容，要记录正确无误，免得误事。④传达及时。代接电话，首先弄清找谁。如果答应对方代为传话，要尽快落实，不要轻易再托他人转告，容易使内容走样，还有可能耽误时间。

总之，通过电话联系沟通，关系到个人形象和单位形象。应提倡“电话文化”，培养良好的工作态度与作风，树立良好的单位形象。

10.2.3 接听电话，语言要规范

使用礼貌语言，是通话的基本要求。通话注意简洁明了，语速适中。

拿起电话，接通后先要问候对方“您好”，然后自报家门。接电话者应该先主动向对方问好，并立刻报出本单位或部门名称，如“您好，这里是某某公司”。训练有素的人接打来的电话，拿起听筒应首先自我介绍：“你好！我是某某某。”亲切的第一声很重要。随着年龄的增长，很多人的身价会越来越放不下来，拿起电话往往张口就问：“喂，找谁，干吗……？”很不礼貌。要彬彬有礼地向客户问好。礼貌用语随时挂在嘴边，可以让客户感到轻松和舒适。

10.2.4　确定来电者要找的人或来电者的身份

电话是沟通的命脉，很多规模较大的公司电话是通过前台转接到内线的，如果接听者不清楚来电者的身份，在转接过程中遇到问询就说不清楚，从而耽误了宝贵的工作时间。确定来电者身份，要注意给予对方亲切随和的问候，避免对方不耐烦。

对方打来电话，一般会主动作介绍。如果没介绍或者没听清楚，就应该主动自我介绍，然后问："请问您是哪位？我能为您做什么？您找哪位？"有的人习惯拿起电话盘问一句："喂！哪位？"这在对方听来，陌生而疏远。如果对方找的人在，应说："请稍等。"然后用手掩住话筒，轻声招呼同事接电话。

10.2.5　拨错电话和中断电话的处理

10.2.5.1　拨错电话的处理

发现拨错了电话，应当诚恳地向对方致歉，不可一声不吭即挂断电话，更不可怨天尤人，说诸如"倒霉""见鬼"一类的话。

发现对方拨错了电话，切勿责备对方，而应向其解释，告之本单位或本人是谁。必要而可能时，不妨告诉对方所要找的正确号码，或予以其他帮助。

对打错的电话要有礼貌地回答，让对方重新确认电话号码。第一句话要说"先生您好，电话您拨错了"；第二句话要把电话号码重复一遍，让对方验证确实错了；第三句话要问"您需要帮助吗？"这样做，表现出了应有的教养。

10.2.5.2　中断电话的处理

正通话时电话中断，可能没电，可能掉线，可能到了信号死角。这时，接电话的一方有责任告诉对方。遇到毫无先兆掉线的情况，要马上拨回去，或者地位低的人把电话先打回去。电话再次接通之后要说明并表示歉意，不要让人觉得是有意不听。这是尊重对方的表现。

如果因线路问题或其他客观原因导致通话中断，应由发话人迅速重新拨一遍，并向其解释、致歉，不可让对方久等；受话人也应守候在电话旁，不宜转做他事，甚至抱怨对方。

10.2.6　听清楚来电目的

了解清楚来电的目的，有利于采取适当的处理方式。电话接听者应该清楚来电的目的是什么，是否可以代为转告，是否一定要指名者亲自接听，是一般性的电话还是其他来往电话。商务人员都应积极承担责任，切忌不是自己的电话就心不在焉。

上班时间打来的电话几乎都与工作有关，都十分重要，不可敷衍。接电话时要尽可能问清事由，避免误事。打来电话如无法处理，应认真记录，委婉地探求对方来电目的，是否需要另行解决，这样既不误事又可赢得对方好感。

10.2.7 注意声音和表情

要有喜悦的心情。接电话时要保持良好的心情，对方看不见，也会被欢快的语调所感染，留下极佳的印象。面部表情会影响声音的变化，即使在电话中，也要有“对方看着我”的正确心态。

清晰明朗的声音。接电话过程中绝对不要吸烟、喝茶、吃零食、嚼口香糖，这些是极为失礼的行为。注意姿态，懒散的姿态对方能够“听”出来。说话音量要适中，咬字要清楚，吐字要清晰，语速比平时略微缓慢，必要时重要的话重复两次，提到时间、地点、数字，要交代得非常仔细。声音好听，并且待人亲切，会让客户产生好感。亲切、温情的声音会使对方产生良好的印象。不要在接听电话的过程中暴露不良情绪，也不要因为自己的声音践踏单位的金字招牌。

拿起话筒要面带笑容。不要以为笑容只能表现在脸上，它也会藏在声音里，客户能够感受到。如果绷着脸，声音会变得冷冰冰。

10.2.8 保持正确姿势

姿态影响电话中的声音。树立良好的电话形象，应始终保持正确的姿势。大部分人讲话用的是胸腔，容易口干舌燥。如果运用丹田之气，不但可以使声音具有磁性，而且不会伤害喉咙。身体稍微下沉，受到压迫后丹田之气就无法发出，影响声音的质量。保持端坐的姿势，不趴在桌面边缘，可以使声音自然、流畅、动听。

10.2.9 复诵来电要点

电话接听完之前，记得复诵一遍来电要点，防止记录错误偏差带来的失误。注意听取时间、地点、事由和数字等重点词，应避免使用对方不能理解的专业术语或简略语。要对涉及的时间、地点、联系电话等信息进行核查，尽可能避免错误。暗示对方终止通话，标准化做法是重复要点。

10.2.10 道谢

道谢是基本的礼仪。来电者是客，以客为尊，不能因为电话客户不直接面对而马虎。客户是重要的资源，企业成长和盈利增加都与客户来往密切相关。商务人员对客户应该心存感激，真诚地道谢和祝福。

10.2.11 让客户先收线

不论哪行哪业的商务人员，打电话和接电话都应牢记让客户先收线。应让对方结束通话，然后轻轻把话筒放好。“啪”一声扔回原处，极不礼貌。结束电话交谈时，不可只管自己讲完就挂。要在对方之后挂电话，否则对方会听到“咔嗒”的声音，这会让对方感到很不舒服。电话结束时，应该礼貌地等客户先收线，整个电话才算圆满结束。

10.3 打电话礼仪

10.3.1 打电话前的准备

商务人员应掌握打电话的 5W1H 通话注意事项。

10.3.1.1 理由

打电话的理由（Why)。此次电话什么目的？是不是非打不可？这些都要在打电话之前考虑清楚。想清楚了再打电话，工作期间时间宝贵，都要讲究效率。

10.3.1.2 内容

打电话要沟通的内容（What)。为了使通话取得最大绩效，商务人员应事先准备好所要用到的资料、文件等，并思考采用何种方式向对方传达信息，讲述的内容要有次序。注意电话内容应简洁明了，使用礼貌语言，使对方如沐春风。应避免用办公电话聊私事，不得不用办公电话说私事，时间应尽量短，以免影响单位的正常工作通话。

10.3.1.3 对象

打电话的对象（Who)。通话对象可能是总经理，也可能是普通职员，要确认接电话者是不是所要找的人。对象不同，涉及不同礼貌用语的使用。但不管接听对象是谁，在选择对方称呼时都应该注意满足对方的优越感，以获得相应的回报。注意确认对方的电话号码、单位、姓名，以免打错电话。

10.3.1.4 时间

选择恰当的时间（When)。要考虑对方此时是否有时间或方便，要选择对方比较合适的时间通话。选择通话时间非常重要，公事公办，非公务交往别打电话。不要占用个人时间，应尽量避免在对方工作忙碌、例会、用餐、休息等时间段内打电话，不到万不得已不打扰个人休息休假。别因为公事把电话打到客户家里。

有些时间打电话，通话效果受影响。星期一刚上班最好别打，周末综合征，还没缓过劲来。星期五还差半小时下班了，心不在焉了，最好别打。要选接听电话一方心平气和、聚精会神、专心致志的时间打电话，效果才最好。

10.3.1.5 场所

与客户通话的具体地点（Where)。现在通信发达，公务电话线路充裕，具体的通话地点选择余地较大。为了不使外界的杂音或私语影响通话，最好在单位办公室打工作电话，办公室具有最好的通话环境条件和时间条件。一般不用个人手机打工作电话，除非万不得已，在车站、码头、商场等场合不用手机打工作电话，通话环境不好会极大地影响通话效果。

10.3.1.6 方法

如何恰当地表达（How)。如原先约定某天交货，但实在来不及，应选择较妥当的说辞，让客户能够接受；否则，简简单单的抱歉话语，客户很难接受。

10.3.2 确定对方尊称及电话号码

确定完 5W1H 之后，还要确定如何称呼对方、对方电话号码是否有误。

拨前要认真看电话号码，别打错。出现电话号码错误或接电话者不是所要找的人，应该向对方道歉，并想办法找到正确的电话号码或相关人员。不慎拨错电话号码，不要一味地追问对方。礼貌的做法是：当对方告知打错电话后，应该主动报出所要联系的号码，请对方核对，以便证实记忆是否有误，然后道歉，挂断电话。

拨通号码后耐心等待。拨通后如听见铃响，暂时无人接听，应耐心等待片刻，待铃响六七次后再挂断。否则，对方不在电话机旁，匆匆赶来电话已挂断，这无疑也是一种失礼行为。

10.3.3 报上单位名称及本人姓名

打电话者应主动报上单位名称及本人姓名，以便对方了解通电话的是什么人、具体什么事。这有助于双方电话沟通的开始。通话之初，先要向受话方恭敬地问一声："您好！"然后再进入正题。不要一开始就"喂"，或开口便讲事情。

问候对方后，就要自我介绍。通常，在电话里自我介绍有四种模式：一是报本人全名；二是报本人所在单位的名称；三是报本人所在的单位和全名；四是报本人所在的单位、全名和自己的职务。其中，第一种用于私人交往；后三种用于公务交往；最后一种最为正规。

电话需要通过总机接转时，要对总机话务员问一声"你好"，还要说一声"谢谢"。另外，"请""麻烦""劳驾"之类的谦词、敬语，该用时也一定要用。

碰上要找的人不在，需要接电话的人帮忙找或叫或代为转告、留言时，态度同样应谦恭有礼。

10.3.4 专心应对，切忌词不达意

通话过程应该始终专心应答，避免词不达意。接电话的同时不做其他事情，分心分神很容易听不清楚客户的话，要求对方复述对方很可能不耐烦。电话铃声就是专心应答的开始，不要对接电话敷衍了事。注意通话时间和内容。通话时间以短为佳，宁短勿长。一般限定在 3 分钟之内，尽量不要超过这一限定。通话内容要简明扼要、长话短说、直言主题，力戒空话、废话、无话找话和短话长说。通话过程中，自始至终都应做到待人以礼，尊重通话对象。

10.3.5 复诵重要事项及电话号码

复诵重要事项和电话号码，是核实结果、减少偏差必不可少的一个步骤。通过复诵，求

得准确，避免因为信息传达偏差而导致的误会甚至冲突。

10.3.6 真心诚意地应答

跟客户通话交流要真心诚意。在电话里不可避免地会遇到一些不招人喜欢的客户，对这类客户不能表现出个人情绪，要始终保持心胸开阔和个性沉稳。否则，声音传递心情的反应，可能引发客户更为强烈的反弹。通话中不要装腔作势或者大声嚷嚷。如果张嘴就是："你哪里？找谁？干什么……"，客户就可能会有两种反应：着急挂电话或者采用更重的口气。做生意不是吵架，通话过程中应尽量让声音轻柔一点儿，但也不要矫揉造作，虚情假意。

10.3.7 打电话挂机时的技巧

礼貌结束。通话结束前，应说礼貌语，如"好，就这样吧，再见"或者"还有什么事吗？"打电话的一方挂电话时，要留神轻放，不能发出动静颇大的响声。

打电话谁先挂有讲究。最容易出现的错误是对方先挂。假定打电话双方都忠实于这一规定，双方都等着对方挂，结果只能是占用了宝贵的时间，这一方式没有可操作性。商务场合哪方先挂电话，电话礼仪的标准化做法，地位高者先挂：长辈先挂；上司先挂；客户先挂；上级机关先挂。地位平等时，让被叫者先挂。求人的人等被求的人先挂。

注意挂电话的礼节。按照礼仪，上下级或长辈与晚辈之间通话时，应由上级或长辈先挂断电话。与上司通话，不管上司是男女老少，下级尊重上级是一种职业规范，此时应该上司先挂电话；如果是总公司来电话，不管打电话的人是什么级别，他代表了上级机关（单位），此时应该是总公司的人先挂电话；如果是客户来电话，客户是上帝，应该让客户先挂电话。同级间主叫先挂。如果是同事或朋友之间打电话，那么一般应由打电话的一方提出，然后彼此客气地道一声"再见"，再挂电话。

10.3.8 打电话禁忌

不应在办公时间利用办公室电话打私人电话。办公室是处理公务的场所，办公室的电话是联系业务、处理公务信息的要道，经常性、过多地占用办公电话，会给领导和同事留下不好印象。不要随意打长途电话。一是费用较高，二是过于频繁地长途电话会造成占线，影响业务信息的传递。不是因公需要，不能随意拨打长途电话。

10.4 手机使用礼仪

手机也叫移动电话，现在是十分普及的通信工具。手机使用的礼仪主要有以下几点。

10.4.1 尊重对方

给对方打手机，尤其对方是身居要职的忙人，先应考虑对方此时是否方便接听。注意从听筒听到的回音，鉴别对方所处的环境。如果很静，有可能在会场；如果很吵，有可能在路上或车上。有了初步判断，对能否顺利通话就有了准备。无论何种情况，能否通话还是由对方决定为好。“现在通话方便吗？”通常是拨打手机的第一句问话。如果需要长时间通话，应主动询问对方，是否需要拨打其座机电话。

与重要客户面谈，开始时要先拿出手机，当着对方的面关机，这表示“我为您而关机”“我的眼里只有您”，表示尊重。不能在洽谈中手机乱响，不停接听电话，有三心二意之嫌、不专业之嫌、不尊重对方之嫌。出去接听手机，表示将对方放下了，冷落了对方。接见或洽谈，如果是重要商务，可将手机交给他人代管。商务交往中手机的使用有不响、不听、不出去接听三大原则。

10.4.2 遵守公德

手机使用不能影响公共秩序。包括：在会议中、出席重要活动或和别人洽谈时，最好关掉手机或调到静音、振动状态；在楼梯、电梯、路口等公共场合，不旁若无人地大声接打电话。需要与人通话时，应找僻静无人之处，切勿当众自说自话；在剧院、图书馆、赛场、医院，或是观看各类展览时，可把手机调到静音，或用短信进行联系。此外，不恰当的铃声设置和彩铃也会失礼于人。商务人员尤其公司管理人员由于岗位性质，应该以稳重的形象示人，工作场合中如果响起“爸爸，接电话”“汪、汪”这样的手机铃声，不仅显得很不严肃，而且与身份不符。同样，工作期间有人拨打手机联系公事时，却听到“我就不接电话呀，我就不接电话，别人的电话我都接，我就不接你电话”这样的搞笑彩铃也是令人反感的。

10.4.3 放置规范

手机是通信工具，不可当作炫耀的装饰品，不可将其握在手中，或别在衣服外面，或有意当众摆弄。商务礼仪规定，手机的使用者应将其放在适当位置，建议手机放在公文包里。正常情况下，手机放在公文包里比较合适。外出随身携带手机的最佳位置是放入公文包，或者上衣口袋。穿套装、套裙时，切勿将其挂在衣内腰带上，也不要放在裤子后兜，来电话时屡屡撩衣取出，很不雅观。女士要注意，手机就算再小巧好看，也别挂在脖子上。

10.4.4 保证畅通

使用手机，主要目的是为了保证与外界联络畅通。手机号码改动，应及时通报给重要的交往对象；有未接电话，应及时回电；拨打他人手机占线或未接时，应保持耐心等候对方 10 分钟左右，此期间不宜再同其他人联络，以防手机占线；因故暂时不方便使用手机，可在语音信箱留言，说明原因，告之联系方式，还可采用呼叫转移的方式与外界保持联系。

10.4.5　重视私密

由于手机话费相对较高，而且通讯属于个人秘密，手机号码不可随意告人。联系不熟悉的人，可先拨办公座机，有急事需拨打手机，应注意讲话言简意赅；手机泄密现象时有发生，牵涉到公司技术机密、汇款等要事最好采用座机；出于自我保护和防止他人盗机、盗码等考虑，手机不宜相互借用，也不要到不正规的维修点检修。

10.4.6　规范使用

通话的整个过程，不管是打还是接，跟座机使用一样，礼貌用语要有，电话该谁挂就是谁挂，该说道别就要说道别。使用手机不要干扰他人。要养成习惯，进入公共场合手机改为振动或者关机。不在大庭广众中频频响起，更不在人多之处接听。拍照要征得对方同意。发手机短信要发有效信息、有益信息，别动不动发无聊段子。

10.4.7　安全使用

使用手机必须牢记"安全至上"，要特别注意：不在驾驶汽车时使用手机，防止发生车祸；乘坐飞机起飞时，必须自觉关机，手机发出的电子讯号会干扰飞机导航系统，使飞机"迷失方向"；在加油站或是医院停留期间，也不使用手机，否则极有可能引发火灾，或影响医疗仪器设备的正常使用。在一切标有文字或图示禁用手机的地方，均要遵守规定。

移动电话不适合传送重要信息，从商业秘密角度来讲，移动电话不适合传递重要商业信息，非法组织非法个人使用窃听工具，搞不好那些信息资料就被窃取了。使用技术手段，打移动电话电话的人在什么位置、讲话内容均可知道。

不要借用别人的手机，这是基本礼貌。现代人都有个人空间，讲究的人名片上不印手机号码，不要问手机号。自己人、家人、朋友无所谓，外人尤其是陌生人，借用手机是没有教养的标志。手机的卡、内存、短信、号码，从某种意义上都是个人隐私，用了人家手机，万一这个卡被复制了，将来话费高了，都有嫌疑，都是麻烦。

∷延伸阅读

1. 成功电话沟通

（1）做好通话准备。

（2）关注通话表现。

（3）讲究通话内容。

（4）做好通话记录。

2. 通话时的举止

（1）重要的第一声。

（2）微笑接听电话，要有喜悦的心情。

（3）清晰明朗的声音。

（4）迅速准确地接听电话。

（5）认真做好电话记录。

（6）挂电话的礼仪。

3. 移动电话使用礼仪

（1）使用规范。

（2）放置到位。

课堂训练

任务布置

在下一次上课前预习下一章内容，做好必要的实训准备。

训练项目

☆训练项目 10-1　演出礼仪小品剧

由准备好的礼仪小品剧组演出礼仪小品剧。整个演出过程用摄像机摄录下来。演出后，可进行回放，由教师和学生对小品剧中每位成员的表现做出评定。

☆训练项目 10-2　打电话与接电话实训

实训物品：电话座机、手机。

训练方法：（1）利用实训室的电话和学生个人的手机，两人一组，自主设定商务情境和内容，进行打电话和接电话实训。实训内容应涉及打电话与接电话的各个环节。教师或考评小组现场点评电话礼仪是否符合规范。

（2）将学生分成训练小组。每组设计办公场景和商务情境，现场演示接听电话、接听手机的礼仪。操作过程中，要充分体现办公通讯的语言礼仪，并注意伴随恰当的身体姿态和面部表情。学生进行相互评价，教师最后总结点评操作中的共性、个性问题。

☆训练项目 10-3　模拟面试后电话询问

杨帅到深圳雅昌印刷有限公司应聘跟单管理人员，人力资源部张凯莉经理负责面试。两周后，杨帅还没得到任何答复。请两位学生分别模拟杨帅和张凯莉，进行电话询问。

☆训练项目 10-4　模拟办公室上班时接打电话

学生以某公司秘书的身份模拟接打电话内容如下：

（1）通知部门经理开会的电话；

（2）对方要找王总经理，秘书告知王总不在的电话对话情景；

（3）对方打错了电话，秘书的应对；

（4）对方咨询本公司产品情况时，秘书需要查资料请对方等候的电话。

☆训练项目 10-5　根据情况，模拟秘书在特殊时间接打电话

打接特殊电话情景如下。

（1）刘经理正在开会，有一位客户要找他，当秘书告诉客户刘经理正在开会后，客户仍坚持要见刘经理。请演示秘书处理的情景。

（2）赵经理正在会见一位客人，有一位自称是赵经理朋友的人要赵经理接电话。请演示秘书的处理方式。

（3）有一位客户的电话，钱经理交代秘书不要转给他。请演示这位客户来电话时秘书的应对。

（4）有一位客户，所购产品出了一些问题，打电话来，火气很大。请演示秘书的应对。

典型案例

铃声终于激怒了老总

“开会了，开会了！”大家都来到了会议室。周总经理召集各部门经理开会，布置下一个季度的营销任务。老总刚清了清嗓子准备说话，一阵刺耳的手机铃声响起来，李经理忙不迭地站起来跑出去接电话。老总脸上显出了愠色。会议继续进行，但总发生不是这里在低头小声接电话，就是那里突然一声铃声的情况。老总突然一拍桌子，把大家吓得一哆嗦。“把手机关了，我不相信关一会儿手机会死人！”

【讨　论】

接打电话有哪些礼仪需要注意？

【知识强化】认真独立完成知识巩固提高同步练习题。

商务活动篇

PART 4

Chapter 11

第 11 章 接待礼仪

【学习内容】

接待工作文明礼貌三要素；文明礼貌五句十字用语；接待工作中的热情三到；接待客人的座次礼仪；接待服务的基本流程；引导礼仪、引见礼仪、拜访礼仪、乘车礼仪、电梯礼仪、馈赠礼仪等。

【学习目标】

在商务活动中，完美地表现现代职场人的职业素质，充分地展示所在单位的良好形象。

【情景导入】

刘福静是某高校外语学院英语专业的毕业生。她毕业后应聘到一家五星级大酒店做前台接待工作。入职时，上司对刘福静说："接待工作关乎酒店形象，非常重要。你要按照商务接待礼仪，认真做好接待工作。"刘福静一听有点紧张：按照商务接待礼仪做接待工作，可是我没学过啊。现在请你来教教刘福静，商务接待礼仪都有哪些内容呢？

11.1 接待礼仪概述

接待，吹响了商务交往的序曲。礼貌接待，以礼待客，专业术语叫礼宾，是做好接待工作的基本前提。

11.1.1 接待工作文明礼貌三要素

11.1.1.1 接待三声

第一个要素是接待三声，具体包括以下三点。

1. 来有迎声

就是接待有礼，完美迎客。见到客人主动打招呼，主动微笑致意问好。不认识，不理会，装作没看见，视之无物，对个人来说，礼貌有欠缺；对单位来说，形象大受损。

2. 问有答声

对客人有问必答，不厌其烦。客人有问要回答，也不要没话找话；说话要有预案，要事先做好回答准备。答问是树立形象的绝好机会，会给人很好很深刻的印象。

3. 去有送声

善始善终，客人告辞时要道别："再见！""欢迎再来！"，诸如此类。

11.1.1.2 文明五句

第二个要素是文明礼貌五句十字用语，这是人际关系和谐的润滑剂，是中华民族精神文明的具体体现。五句十字简洁明了，通俗易懂，是最基本的文明礼貌用语。商务交往中，经常使用这五句十字，避免了许多不必要的误会和摩擦，可以使商务交往顺利进行。

1. 第一句问候语"你好"

养成习惯，张嘴先说"你好"，不管对自己人还是外人，都要先说"你好"。

2. 第二句请求语"请"

需要别人帮助、理解、支持、配合，要先说"请"。

3. 第三句感谢语"谢谢"

别人帮助、理解、支持之后要说声"谢谢"，特别是那些收费性服务的岗位要说"谢谢"。

4. 第四句抱歉语"对不起"

怠慢了别人，伤害了别人，麻烦了别人，要说声"抱歉"或者"对不起"。

5. 第五句道别语"再见"

客人要走了，要有一句道别语，表示欢送。

11.1.1.3 热情三到

讲礼仪目的是为了与人沟通，沟通要形成一座桥而不是一堵墙，只讲礼仪没有热情不行。接待工作中必须做到第三个要素热情三到。

1. "眼到"

与人交往要注视对方，基本要求是眼看眼。让对方感觉真诚。注视要友善，要会看，注视对方部位大有讲究，一般看头部，强调看双眼；中间通常不能看；下面尤其不能看。不论男女，对长辈、对客户，不能居高临下俯视，应该平视，必要时仰视。问候时要看，引证对方观点时要看，告别再见时要看，慰问致意时要看，其他时间可看可不看。注视对方时间有要求，专业标准，与对方沟通和交流时注视对方的时间，应该是和对方相处总时间长度的1/3 左右。

2. "口到"

一是讲普通话，方便沟通，方便交际。讲不好也要讲，这是文明程度的体现，是员工受教育程度的体现。二要区分对象，因人而异。讲话要看对象讲规矩，去交罚款，对方"欢迎下次再来"，就不合适。对不同的人，表达应有所不同。注意区别，不可千篇一律。

3. "意到"

要有表情。把友善、热情表现出来，不能没有表情，冷若冰霜。表情要放松要自然要互动。交往对象不高兴，请不要高兴；交往对象高兴，请不要忧郁。医院里就不能时刻"微笑服务”。当然都要不卑不亢，落落大方。

11.2 座次礼仪

有人的地方就有老少尊卑，有尊卑就有尊位与位次的排序，这是礼仪的核心内容。座次，也叫位次，座次的排列，表面上排的是顺序，实际上排的是尊卑。

11.2.1 尊位的概念

尊位也叫上位，是一场活动中方位上最重要、最尊贵的位置，居于中心意义的位置，其他位置对该位置形成众星捧月之势。这种位置既可以是座位，也可以是站位、行位，不同的场所、不同的文化和不同的历史阶段有不同的确定标准。不同的活动中，“尊位”各有不同。尊位分为主方尊位和客方尊位两种。

尊位是各种礼仪活动的基点，有了这个点就便于确定其他人的位置。离开了尊位的确定，礼仪活动就失去了方向。尊位的特征：形成众星捧月之势；具有视野上的最佳位置；具有行动上的最便利条件。

“尊位”是礼仪中表达尊敬的重要环节。我国古人认为“左吉右凶”“吉事尚左，凶事尚右”（《老子》),《礼记》中说：“左为阳，阳，吉也，右为阴，阴，丧所尚也”。中国传统的做法是“以左为尊”，将客人安排在主人的左侧，以示尊敬。在汉代，尊位根据方向确定，其中“东向”座位最尊（即坐西朝东），其次是“南向”座，然后是“北向”座，最后是“西向”座。

国际通行的做法是“以右为尊”，将客人安排在主人的右侧，以示敬意。“以右为贵”的渊源，有一种说法是因为古代君主为防暗杀而不许近臣带刀，但君主本人腰间佩剑，由于佩剑的手柄都向右，因此，君主为了安全，总将自己最信任的人安排在右手边。被安排在主人的右边，就等于获得了主人信任。这就产生了“以右为贵”的习俗。另一种说法，源于基督教教义基督耶稣的预言。基督临死前在罗马犹太总督和希律王面前，对审讯他的法官们说：“从现在开始，人之子（指耶稣本人）将会被安排坐在伟大的上帝右手边”。这样就形成了以右为贵的习俗。

“以右为贵”是从主方尊位的角度而言的。通常情况下，公认主方尊位比客方尊位更为重要，有时主人将主方尊位让与客方主人以示更进一步的敬重和尊崇。

11.2.2 位次及其排序

位次也叫座次，是礼仪场合所在的方位及其顺序。这种顺序是一种优先权的体现和获得的过程，即先出场的人比后出场的人具有各方面的优先权。确定了尊位以后，其他人的位置按照一定顺序进行排列，就叫位次排序。

尊位为活动的安排确定了基础，位次排序则保证了活动的有序进行。位次排序是等级与平等的平衡艺术。在正式的商务活动中，位次排序主要依据利益关系而定。交叉和平行排列是商务活动、正式活动中位置安排的两种最主要形式。

位次及其排序的总体要求：①以右为上；②面门为上；③居中为上；④远门为上；⑤前排为上（临台为上）；⑥沙发为上（有椅子与沙发两种座位）；⑦窗外为上（有一边是窗，能看见窗外景色）；⑧在前为上（西洋式房间，有暖炉或装饰物在前的为上）。

11.2.3 位次排序原则

11.2.3.1 职位排序原则

按职位排序是一种纵切面上的排序方法。在各方内部进行。

11.2.3.2 主客双方对等原则

主客双方地位上应该平等。相同和相似职位上的主客双方在商务活动中的礼仪位次基本平行。这是建立在各方内部按职位排序基础上的一种排序原则，具体排序时一般将这种平等关系转化为在相同和相似职位上的对等排序。

11.2.3.3 利益排序原则

现代商务活动，往往不是一对一的简单交往，而是涉及包括政府部门、教育机构、国际组织、民间社团等社会各方面的复杂活动。因此，主客双方混有不同成分时，单纯地用“按职位排位”方法行不通，往往需要考虑按利益关系排序。

11.2.3.4 荣誉特例原则

荣誉特例原则的排序一般只在两种情况下适用：一是在政治家、艺术家等社会名流出席的情况下，为了表示对其社会威望的尊重而特例将其位次超前排列，甚至于排在尊位席。二是职位、资历远远超出其他人员的人士出席活动的情况下，将其位次安排提前的做法。

荣誉特例的排序有两种：第一种是将荣誉特例的位次在本方位次排序中往前安排。如将第七位排在第二位，第五位排在第一位等；第二种是将主方尊位让给荣誉特例人。后者在商务宴请及会议中用得比较多。

11.2.3.5 关系亲疏原则

这是体现关系亲疏而使用的一种排序方法。这种排序以事实上的亲疏关系为依据，用得比较少。

11.2.4 实践中的位次排序和尊位体现

商务交往的座次礼仪要注意三点：①内外有别。主人要让客人；②中外有别。我国政务左尊，国际（商务）交往中右尊。③遵守成规。

11.2.4.1 会见尊位确定和位次排序

1. 尊位确定

商务会见中的尊位确定比较容易，一般以人员进出的“门”作为确定尊位的参照物，按

“以右为贵”的原则，主方将客方置于主方右侧。

2. 位次排序

主要运用“按职排位”原则，从各方尊位开始按职位由高职到低职，从近端向远端排列。

3. 会见客人的座次

（1）自由式。就是随便坐，不排座。适合非正式交往，难以排列座次。很多情况下没必要排座。一般是熟人或者没必要排座位时用。

（2）相对式。客人和主人面对面就座，公事公办，拉开距离。座位以进门者视角的右为上（动态的右），多人时内侧高于外侧。一般商务谈判中，相对式用得最多。桌子横放，面门为上。面对房间正门的位置是上，坐客人，背对房间正门的位置是下，坐主人。桌子竖放，右侧为上。以进门方向为准。

（3）并列式。宾主并排坐，平起平坐，关系密切表示友善。并排就座居中为上，中央高于两侧。以右为上，面门为上，以在座者的右为上（静态的右），离门越近地位越低。

11.2.4.2 会谈尊位确定和位次排序

为了方便交流沟通，商务会谈中，主方和客方一般分坐在会议桌两旁，此时双方的尊位都安排在各方的中央。各自一方按“以右为贵”的原则，以中心尊位为基准，“先右后左”依次按职务高低排列位置。按我国外事系统惯例，译员一般安排在主人和主宾右侧的第一个位子。会谈的座次安排分为两种：横桌式；竖桌式。主方和客方的位置安排，根据会议桌与门的对应关系而定。

11.2.4.3 会议尊位确定和位次排序

为了突显荣誉地位，一般尊位都安排在台面上，面对观众，形成平常所说的主席台。主席台上最前的一排是尊位席。客方和主方都只将主要人员排在尊位席。

迎送贵宾有迎宾线与送宾线。迎宾线即迎接贵宾时，为表隆重之意，亦便于主客双方相互致意而由主方人员列队组成的一条欢迎线。送宾线为欢送贵宾时，主方人员排成的一道送别线。迎宾线主要安排在面向来宾方向的门内或门外。

根据主人在迎送宾线所占的位置不同，迎宾线、送宾线主要有“南飞雁”型和“领头羊”型两种。在迎送宾线中，主人居于中央，给人一种似乎要引领群雁飞翔，故命名为南飞雁型。这种迎送宾线一般安排重要贵宾团队参观访问时的抵离场合。这时，主方其他人员的安排主要依据“以右为贵”的原则，按照职务高低依次站位。选择这种安排时，主方人员一般较少。迎宾时，主人上前与主宾握手，其余主方人员按照职务高低鱼贯上前与主宾相见。送宾时，一般须主宾上车之前，由主方人员自动排成此列，举手送别。商务迎送活动中用得最广泛的是“领头羊”型迎送宾线。“领头羊”型中，主方职位最高的人员站在迎送宾线最前端，给人以头羊领着羊群之感。这种迎送宾的方式，大部分在室内进行。具体位置根据天气、场所等情况不同而有所不同。迎宾线一般面朝迎客方向；而送宾线的队尾一般指向出口。

11.3 接待礼仪

11.3.1 做好接待准备

接待工作首先要综合了解客人情况，明确接待方案，熟悉全过程，注意各个环节的衔接。接待前的准备，要做充分、仔细。

11.3.1.1 饮品准备

饮品要多准备几种。饮品可以是茶、咖啡、矿泉水，有冷有热。最好根据客人的喜好准备，中国人喜欢茶，西方人喜欢咖啡。训练有素的商务人员、接待人员知道，招待客人上饮料，要封闭式问，不开放式问。开放式问，给客人无限选择，客人选择没有或价格昂贵的，拿不出来就尴尬了。封闭式问题，给出选择，让客人从中挑选，东道主掌握着主动权，对主人对客人都好。

11.3.1.2 茶

茶是中国人待客首选。茶有多种类型，不同地区的人，喝茶有不同的讲究。北京人、四川人爱喝花茶；江浙人爱喝绿茶；广东人、福建人喜欢乌龙茶。英国人也喝茶，早晨起来喝被窝茶、红茶。欧美客人喜欢喝冰水，而中国人喝开水。

11.3.1.3 茶具选择

茶具要干净、整洁、完整无损。泡茶有讲究，瓷器泡茶，瓷杯泡茶，紫砂陶具泡茶，效果比较好。杯子最好配干净、方便的一次性纸杯，不用公用瓷杯。茶叶使用袋泡茶比较好。袋泡茶的好处，一是费用比较节省；二是取放比较文明。

11.3.1.4 上茶与品茶礼仪

上茶从右后侧上，杯的把手朝外，客人伸手好拿。礼仪是讲顺序的，先宾后主是基本顺序。上茶顺序是先宾后主，先女后男，先尊后卑。

品茶要得法，神态要谦恭，姿态要优雅。上茶之后，客人要先把茶捧到鼻边，先嗅，然后小口喝，茶水要在嘴里含一下，舌尖先浸一浸，然后慢慢地咽下去，不管能不能真正喝出其味，意思得表达到。

11.3.1.5 喝咖啡礼仪

在欧洲人眼里，喝黑咖啡是有身份的标志。咖啡有蓝山、巴西、哥伦比亚等不同的产地，强调现磨现煮。喝咖啡是商务交往场合的一个点缀，不以解渴为主。喝咖啡时注意不能连续喝。咖啡里面加不加东西、加什么东西有讲究。喝咖啡的全套用具包括托、碟子、杯、调羹、勺子。勺子一般不用，其用处是加了牛奶糖块之后略加搅拌或咖啡比较烫，可以搅一搅。杯子标准化拿法：左手端着托，杯子站在托上面。喝的标准化做法：如果坐在桌边，碟子在桌上不动，拿起咖啡杯直接喝；走动或者站着跟人说话，标准化做法是杯子首先在碟子上站着，连杯带碟一起拿，碟子放到齐胸高度，然后另一只手拿起杯喝。

11.3.2 基本接待流程

有人敲门，要热情地回应“请进”，或到门口迎接。客人进来，应起立热情迎接。如果办公室不够干净整齐，要做些必要的整理，并向客人致歉。敬茶须用双手端送，放在客人右边。如果夏天酷热，要开空调，递扇子，或开电扇。吃饭时来客，要热情地邀请客人一同进餐。客人吃过饭后应送上热毛巾，并另换热茶。接受客人礼品，应该道谢。有必要时，应自我介绍或介绍对方（要求见介绍礼仪）。客人来时，如恰巧有事不能相陪，要先打招呼，致以歉意，并安排其他人陪同。客人坚持要走，不要勉强挽留。分手告别，应说“再见”或“慢走”。送客要到大门外，走在长者后面。

上级来访，接待要周到。对领导交代的工作要认真听、记；领导了解情况，要如实回答；领导来慰问，要表示诚挚的谢意。领导告辞，要起身相送，互道“再见”。下级来访，接待要亲切热情。除遵照一般来客礼节接待外，对反映的问题要认真听取，一时解答不了的要客气地回复。来访结束时，要起身相送。

11.3.3 陪同礼仪

出色完成陪同工作并不容易，要求陪同人员掌握常识、讲究礼仪，素质高能力强，既能按规矩办事，又能灵活机动相机行事，保证陪同活动的最佳效果。

商务活动中接待人员陪同客人，应步行在客人左侧，以示尊重。主人陪同客人，要与客人并排同行。随行人员应走在客人和主陪人员后边。

行进中两人同行，右为尊；两人并行，内侧高于外侧（客人靠墙，回避他人打扰）；三人同行，中为尊；三人前后行，前为尊；多人行走，中央高于两侧。单排行进，前高于后（把选择前进方向的权利交给客人）。与客人单行行进，前后在一条直线上，应让客人在前。与客人并排行进，职务高者走在中央，其次是内侧，再次是外侧。一般情况下，应让客人走在中央或是内侧。接待方的人员若与主宾为同性，应走在主宾一方的稍靠前处，而不应走在异性一方。

陪同人员负责引导、乘电梯、进出房间时，应遵守引导礼仪、乘电梯礼仪和进出房间礼仪。陪同客人、外宾参观访问，应提前 10 分钟到达。参观时陪同人员应走在宾客的右前方，超前两三步，时时注意引导，进出门、拐弯或上下楼梯时，应伸手示意。参观结束，应将客人送至宾馆，然后再告别。点菜或点饮料，陪同人员应遵守餐饮礼仪、饮品礼仪。

不论是集体活动还是单独与宾客相处，陪同人员都要遵守有关纪律，严格执行请示报告制度，服从领导安排。要谨言慎行，宁肯不说、少说、慢说，也绝不胡说乱说，防止喧宾夺主、言多语失。要口头保密与书面保密并重，勿在宾客面前议论内部问题；有关内部情况的文件、资料、笔记、日记乃至笔记本电脑，非因公尽量不要随身携带，更不要交与他人看管或直接借给他人。不能对客人的要求不加区分地有求必应，不能随意越权许诺，但要对客人有问必答。必须不卑不亢，与客人保持适当距离。既要在生活上主动关心、照顾，又要维护自己的国格人格，切不可随意求助，更不许向对方索取财物。

参观访问中，指定的陪同人员不能过多，中途不得换人或不辞而别。

11.3.4 引导礼仪

引导也叫引领。客人初次到来，接待人员应主动上前引领。不论是商务交往还是重要的礼仪场合，前后左右等方位都有着上下主次之分。方位的安排，体现了对客人的礼遇。引导客人，有个前后位置。领路应在客人侧前方两三步。接待人员应该有正确的引导方法和引导姿势，带领客人到达目的地。引导往往伴随手势：五指并拢，手心向上与胸齐，以肘为轴向外转。引导时的方位、速度、关照及体位等都需要注意。主要有以下几个常见场所的引导礼仪。

11.3.4.1 行进中的引导

行进过程中，陪同引导的基本规则，从礼仪的角度来说，内侧高于外侧，前方高于后方。请客人开始行走时，要面向对方，稍微欠身。行进过程中，可以与对方交谈或介绍，并把头部、上身转向对方。前进时让尊者在前，以示敬意。国内的交通规则是右行，让客人走在内侧（右边），陪同人员走在外侧（左边）。需要引路时，可厕身于尊者的左前方 1 米处引导，不要直接挡在尊者前面，不把背影留给对方。引导时行走的速度应以客人的速度为准，保持与对方协调一致，不可走得过快或过慢。每当经过拐角、道路不平、照明欠佳的地方时，需要用手势或语言提醒客人注意。并排前进时，主人居左，客人居右；男士居左，女士居右；下级居左，上级居右。若三人同行，以中间为尊，尊者右边其次，左边最次。

11.3.4.2 楼梯的引导

上下楼梯，一般规则是前方高于后方。走在前面的人有优先选择权，地位高，这叫“前方高于后方”。一般应右侧单行行进，以前方为上。并排走会影响他人，引导客人上楼时，先说：“在某层。”应让客人走在前面；若是下楼，客人在后面。但也有例外，男女同行上下楼梯，宜女士居后；客人不认识路，陪同引导人员要在前面带路。上下楼梯时，应注意客人的安全。

11.3.4.3 电梯的引导

引导客人出入有人控制的电梯，标准做法是陪同者应后进后出。让客人先进先出。乘坐无人控制的电梯时，接待人员先进后出。楼宇电梯程序设定 30 秒或者 45 秒关门，有时客人较多，后面的客人来不及进电梯，所以陪同人员应先进电梯，控制好开关钮，让电梯门保持较长的开启时间，等客人进入后关闭电梯门。如果个别客人动作缓慢，影响了其他客人，可以利用电梯的唤铃功能提醒。到达时，接待人员按“开”按钮，让客人先走出电梯。

11.3.4.4 接待室的引导礼仪

客人走进接待室，接待人员用手指示，请客人坐下。客人坐下后，行点头礼后离开。如客人错坐下座，应请客人改坐上座（一般靠近门的一方为下座）。

11.3.4.5 走廊的引导

接待人员在客人两三步之前，客人走在内侧。有墙时，墙就是内侧。单行行进，如客人以前来过或认识路，应让客人先进先出，先坐先起。来访客人不认识路或以前没来过，前进方向不明确，陪同者应在前进方向的左前方引导。

11.3.4.6 引见的礼仪

到单位的客人与领导见面，通常由办公室工作人员引见、介绍。引导客人去领导办公室的途中，工作人员要走在客人左前方数步的位置，忌把背影留给客人。引导的这段时间内，可以讲一些得体的话或介绍一下本单位的大概情况，不要只顾埋头走路。

进领导办公室之前，要先轻轻叩门，得到允许后方可进入，切不可贸然闯入。叩门时应用手指关节由弱到强轻叩，不可用力拍打。进入房间后，应先向领导点头致意，再把客人介绍给领导，介绍时要注意措辞，应用手示意，但不可用手指指。介绍的顺序见介绍礼仪。介绍完毕走出房间时应自然、大方，保持较好的行姿，出门后应回身轻轻把门带上。

11.3.4.7 递物与接物

递物与接物是工作与生活中常用的一种举止。基本要求就是尊重对方，双目互视，双手递物，双手接物。递物接物须用双手，表示对对方的尊重。

1. 递物

（1）递交文件或书刊杂志。在工作和生活中，若向对方递送文件或其他书刊杂志，应使文字正面朝着对方，不可倒置。

（2）递交其他物品。递笔、刀剪之类的尖利物品时，需将尖头朝向自己，而不要指向对方。

（3）递送茶杯应左手托底，右手握住杯把，将茶杯把向客人的右手边，双手递上。

（4）递送饮料、酒水时，应将商标朝向客人，左手托底，右手握在距瓶口 1/3 处。

总之，递物时，文字正面向对方，有尖部分朝自己，双手恭敬地送上。

2. 接物

接受物品时，应将对方恭敬递过来的物品，同样恭敬的用双手接，同时点头示意或道谢。

11.3.4.8 跟随

客人离开单位时，应跟随在客人身后帮提送行李或礼品。跟随客人行走时应在左后方或后方两三步。

11.3.5 乘车礼仪

正式活动中，五座小汽车最常用，车中尊位确定主要依据司机的身份而定。有时司机是专职司机，不具备主人身份。有时主人就是司机。

一般来说，商务接待有专职司机，轿车内的座位是后排为上，前排为下，后排的三个座位（通常只坐两人）又以右为上，左为下。与司机成对角线的位置是车内最尊贵的位置，其次是后排左座，最后是前排右座。前排右座叫副驾驶座，也叫随员座，此处坐翻译、保镖、秘书或办公室主任。

主人驾车的情况下，主人（或领导，长者等）亲自驾车时，副驾驶位是尊位，后面依次是后排右位，后排左位。

另外，还有特殊情况，即客人坐在哪里，哪里就是上座。最尊贵的客人坐在哪里，那里就是上座。

乘车时，陪同人员要先打开车门，请客人上车，并以手背贴近车门上框，提醒客人避免磕碰，待客人坐稳后，再关车门。按照习惯，乘车时客人和主陪应坐在司机后第一排位置，客人在右，主陪在左，陪同人员坐在司机身旁。车停后陪同人员要先下车打开车门，再请客人下车。如果接待两位贵宾，主人或接待人员应先拉开后排右边的车门，让尊者先上，再迅速地从车的尾部绕到车的另一侧打开左边的车门，让另一位客人从左边上车；只开一侧车门让一人先进去的做法是失礼的。当然，如为了让宾客顺路看本地的一些名胜风景，也可以在说明原因后，请客人坐在左侧，但同时应向客人表示歉意。即使是为了让客人欣赏风景，也不要让客人坐司机旁的位置，尤其是接待港、澳、台地区和外国客人时更应注意，否则会弄巧成拙、事与愿违。

陪同领导及客人乘车时要注意：①让客人和领导先上，自己后上。②要主动打开车门，并以手示意，待领导和客人坐稳后再关门，关门时切忌用力过猛。

女士坐轿车，门开后首先是背对车门，先坐下去，坐下去之后再把并拢的两条腿收进去。下车的标准姿势，是车门打开之后，两脚首先着地，双腿并拢，然后人再慢慢移出去。

11.4　拜访礼仪

拜访又叫拜会，是前往他人工作地点会晤、探访，或是与其进行其他方面的接触。商务交往中，相互拜访很常见，是常用的商务交往方式。商务拜访主要有三种类型：事务性拜访、礼节性拜访和私人拜访。拜访是双向活动，访问、做客的一方为客，称为来宾；做东、待客的一方为主，又叫主人。宾主双方在拜访中都必须遵守相应的礼仪规范。

11.4.1　拜访前的相邀礼仪

拜访前应预约时间。拜访别人要预约，这是现代商务礼仪的基本要求。不论因公还是因私拜访，都要事前与被访者电话联系。联系的内容主要有四点：①自报家门（姓名、单位、职务）。②询问被访者是否在单位（家），是否有时间或何时有时间。③提出访问的内容（有事相访或礼节性拜访）使对方有所准备。④与对方协商具体拜访的时间、地点。要避开吃饭、休息特别是午休的时间。

确需临时造访或推迟拜访，应征得主人同意并表示歉意。

11.4.2　拜访前的准备

（1）形象准备，包括外部形象、控制情绪、理顺关系、诚恳态度等。

（2）计划准备，包括计划目的、任务、路线、开场白等。

（3）外部准备，包括准备资料、工具、时间等。

（4）内部准备，包括准备信心、知识、拒绝、微笑等。

11.4.3 拜访中的举止礼仪

11.4.3.1 要守时守约

提前到可能会影响别人的安排或正在进行的事宜，迟到应不被允许的，准时到是基本礼节。

11.4.3.2 讲究敲门的艺术

到客户办公室，进门之前先按门铃或轻轻敲门，用食指敲门，力度适中，间隔有序敲三下，站在门口等待回音。如无应声，可再稍加力度，再敲三下，如有应声，再侧身站立于门框右侧，待门开时再向前迈半步，与主人相对。按门铃或敲门的时间不宜过长，无人或未经主人允许，不得擅自进入室内。

11.4.3.3 主人不让座不能随便坐

主人是年长者或上级，主人不坐，不能先坐。主人让座后，要说“谢谢”，然后采用规矩的礼仪坐姿坐下。主人递上烟茶要双手接过并表示谢意。如果主人没有吸烟的习惯，要克制烟瘾，尽量不吸，以示尊重。果品要等年长者或其他客人动手后再取用。即使在最熟悉的客人那里，也不要过于随便。

11.4.3.4 谈话语言要客气

与主人相见，应主动先问好。初次谋面，还须作自我介绍。遇到主人的同事、亲属，应主动打招呼问好，不宜旁若无人，不搭不理。

11.4.3.5 谈话时间要控制

初次拜访一般控制在30分钟左右。起身告辞时，要表示“打扰”歉意。出门后，回身主动伸手与主人握别，说“请留步”。待主人留步后，走几步，再回首挥手致意“再见”。

有同事同行，相互间应配合，使拜访活动顺利圆满地进行。与领导一起拜访客户，应以领导为主，配合领导，保证拜访的成功。

11.4.4 拜访注意事项

做客期间，要注意围绕主题、限定范围、适时告退等三件要事进行。

11.4.4.1 围绕主题

任何一次登门拜访都必然有目的性。拜访做客的所作所为应紧密围绕拜会的主旨而行，不允许“跑题”。拜会时，宾主双方都要尽快地直奔主题，接触实质性问题，并力争解决问题。不要临阵怯场，言不及义；或随意变更主题，令双方无所适从。

11.4.4.2 限定范围

要使拜会围绕主题进行，客人应当自觉地限定个人的交际范围与活动范围。

11.4.4.3 适时告退

拜访时务必要适可而止、“见好就收”。双方对会见的时间长度早已有约在先，客人务必谨记在心，认真遵守。双方无约定，通常一般性拜访应以 1 小时为限。初次拜会，不宜长于半小时。

拜会中遇有他人来访，应适当缩短时间，不必非要“达标”不可，更不要硬找人家攀谈一番。一旦提出告辞，便要“言必信，行必果。”任凭主人百般挽留，都要离开。出门以后，应与主人握手作别，并对其表示感谢。

11.4.5 拜访客户的黄金定律

11.4.5.1 开门见山，直述来意

初次和客户见面时，可用简短的话语直接将此次拜访的目的向对方说明。

11.4.5.2 突出自我，赢得注目

不要吝啬名片。有必要在资料显见的上方标明姓名、联系电话等主要联络信息。适时地表现出与对方上司及领导等关键人物的“关系”。

11.4.5.3 察言观色，投其所好

从客户的家乡、行业、产品、爱好等处，找到客户感兴趣的话题，使拜访有个良好的开始。

11.4.5.4 明辨身份，找准对象

拜访时必须处理好“握手”与“拥抱”的关系：与一般人员“握握手”不让对方感觉对其视而不见就行；与关键、核心人物紧紧地“拥抱”在一起，建立起亲密关系。

11.4.5.5 宣传优势，诱之以利

商人重利。这个“利”字，包括两个层面的含义：“公益”和“私利”。只要能给客户带来某种好处，就能为客户所接受。

11.4.5.6 以点带面，各个击破

无法调查了解到真实信息，必须找重点突破对象。如找到老乡，找到校友，找到共同的熟人，建立“私交”开始，逐步拓展，慢慢达到目的。

11.4.5.7 端正心态，永不言败

发扬“四千精神”，走千山万水、吃千辛万苦、说千言万语、想千方百计为拜访成功而努力付出。

11.5 馈赠礼仪

商务交往，礼尚往来几乎是天经地义的事。馈赠是商务交往中常见的礼节，也是商务活动中常有的内容。是为了表达敬意、友好、祝贺、慰问等赠送给交往对象物品的行为。重视馈赠的作用，充分发挥馈赠的作用，就要自觉地遵守馈赠礼仪。

11.5.1 馈赠礼品的特征

商务交往中的礼品，一般应具有以下一些特征。

11.5.1.1 纪念性

所使用的礼品要能达到使对方记住自己、记住自己的单位、产品和服务的作用。让对方记住自己是商务交往中礼品的主要功效之一。

11.5.1.2 宣传性

所使用的礼品，意在推广宣传企业形象，并非贿赂、拉拢他人。

11.5.1.3 便携性

不易碎，不笨重，便于对方携带，否则会为对方平添烦恼。

11.5.1.4 独特性

人无我有，人有我优，力戒千人一面，否则就有敷衍了事之感。

11.5.1.5 时尚性

礼品不只要与众不同，还不能太落伍，否则会适得其反。

11.5.1.6 习俗性

中国人逢年过节带礼品，根据节日的不同礼品有讲究。走亲访友带礼品，注意忌讳，喜事忌单，老年人不送表，夫妻不送梨等。不同的国家、不同的节日送礼都要注意习俗。

11.5.2 馈赠考虑的要素

11.5.2.1 馈赠目的

为什么送（Why）。送礼品应该有明确的目的性。馈赠的目的不同，送礼的方式、选择的礼品、遵循的礼节都有所不同。赠送主体无论单位还是个人，其出发点或所要达到的目的都是要建立或加强与他人（企业）的友谊，联络感情，巩固和维系良好关系。

11.5.2.2 馈赠对象

送给谁（who）。男女有别，中外有别，长幼有别，商务交往中赠送的礼品优先考虑纪念性、宣传性以及接收对象是否喜欢，要充分考虑到受赠者的国别、性别、年龄、职位、性格、喜好和禁忌等。先要知道对方喜欢与不喜欢。了解对方所好，投其所好才能达到预想的效果。喜欢什么要把握，不喜欢什么更要把握，根据对方身份、地位以及文化修养综合考虑。

11.5.2.3 馈赠内容

送什么（what）。鲜花赠美人，宝刀赠烈士。商务交往中有所谓礼品六不送：违法物品不送；价格过于昂贵的不送；涉及国家秘密和安全的不送；药品营养品不送；犯对方忌讳的不送（个人禁忌、行业禁忌、民族禁忌、宗教禁忌）；明显广告宣传的物品不送。

11.5.2.4 馈赠时机

何时送（when）。登门拜访，应在进门时、见面之初把礼品送上去。接待客人，应在临别之时、客人离开前（告别宴会上）送。商务馈赠要把握好时机，选择双方感情比较融洽时送，既能够表达情意，又能够实现商务活动的目的。

11.5.2.5 馈赠场合

何地送（Where）。公私有别，因公交往的礼品在办公地点送，私人交往的礼品在私人居所私下送。馈赠地点要合适，在公共场合馈赠有伤大雅，在私密场所馈赠有收买之嫌。馈赠的客人较多，可以让服务人员分送到住处。

11.5.2.6 馈赠方式

如何送（How）。贵宾或被重视的客人应由馈赠方最高领导或其代表亲赠。为了表示对客人的重视，如果可能公务礼品应该尽量由地位高的人送，由领导、负责人赠送礼品表示隆重和规格。赠送礼品要郑重其事，赠送者要对礼品适当加以说明，如寓意、用途、特殊价值。采取客人能够接受的灵活的方式实施馈赠。可以采用当面赠送、送物到家、邮寄赠送、托人转送等多种方式，只要能够达到融通感情、加深印象的方法都可以操作。

11.5.3 礼品的选择

最好的送礼礼品，是健康养生类礼品。健康养生礼品是最佳选择。要想送得放心，收得舒心，就要注意礼品的选择。

11.5.3.1 形式恰当

注意形式恰当，针对不同情况选择不同性质的礼品。礼品的选择要价格适宜、体现特色、便于携带，不能过于流俗。

11.5.3.2 尊重需求

礼品选择尊重客人的需求，了解客人的文化修养、教育程度、志趣爱好，不能千人一面，不能都送现金、有价证券、香烟、名酒等。

11.5.3.3 不犯禁忌

客人常常有国家、民族、宗教、信仰、职业和私人禁忌，这些禁忌对商务活动的效果有直接影响，不犯禁忌的馈赠可以起到感情“润滑剂”的作用，触犯禁忌的馈赠起到的刚好是相反的效果。

11.5.3.4 注意包装

商务馈赠要注重包装，讲究品位，对礼品加以包装代表郑重其事，是对被送礼者重视的象征，是尊重对方的表现。对外商务交往中，包装所用成本占整个礼品总价值的1/3。一件价值200元的礼品，在包装上的花费不应少于100元，即总价值300元，礼品200元，包装100元。粗糙的包装或不包装会降低礼品的档次，且失敬于对方。国际交流赠送礼品要注意包装。外国人认为包装是郑重其事的做法，如果不包装就有愚弄对方之嫌。

11.5.4 受赠的礼仪

如同馈赠时的精心和慎重，受赠礼物时，也有礼仪要求，不能失礼于人。

11.5.4.1 从容接受礼物

接受赠送的礼物时，要落落大方，注意礼貌，但不要过于推辞，国人喜欢说“受之有愧”之类的自谦话，若在涉外场合，会被认为是无礼的行为，会使送礼者不愉快甚至难堪。正确的做法是用双手接过礼品，并向对方致谢。

11.5.4.2 当面打开礼物

接受外国友人他人赠送的礼品，应当着对方的面，将礼品包装拆开，以示对对方的尊重和对礼品的重视。接受外国朋友赠送的有包装的礼品，一定要当面打开，略加端详并称赞。当场打开看意味着欣赏对方，是对对方的尊重的表达，不看则是对对方失敬。启封时，动作要自然、舒缓、文明，撕破包装纸被认为是粗鲁的举止。

打开包装后，要以适当的动作和语言，表示对礼品的欣赏。别忘了表达对对方的感谢。

国人之间接受馈赠，则无需当面打开。

11.5.4.3 及时写感谢信

收到礼物后，除了口头致谢外，还可以打电话感谢对方。有时为了表达对对方的高度重视和感谢之情，尤其是涉外场合，也可以给对方写感谢信表示感谢。

11.5.5 回赠礼品的礼仪

收到馈赠后，受礼人一般要回赠，从而加强联系，增进友谊。回赠礼品时，应注意的事项有：

11.5.5.1 回礼时机

选择回礼的时机与赠送礼品的时机要求大致一样，时间要适宜，还礼过早容易被别人认为是“等价交换”；拖延太久，等事情完全冷淡了再还礼效果也不好。但一些特殊情况，则不受此约束。如在节日庆典时期，可以在客人走时立即回赠；而在生日聚会、婚庆宴会等场合接受礼品，应在对方有类似情形或适当时候再回赠。

11.5.5.2 回赠礼品

还礼要选择得体的形式，形式不当，还不如“不还”。需要注意：①回赠的礼品切忌重复，一般要价值相当，也可视情况而定，也不必每礼必回。②一般人在选择礼物时，无意之间会选择自己喜欢的物品。回赠对方时，不妨参考对方馈赠的礼物，较易博得对方的欢心。

11.5.6 回绝礼品

拒绝收礼，一般是不允许的，最好是表示谢意并接受。当然，有时有必要拒收礼品。若因故拒绝，态度要委婉而坚决。通常可采用以下几种方法：

11.5.6.1　先收后退

当着很多人拒绝别人的礼物，无疑会让对方很难堪。建议这时先将礼物收下，然后单独将礼物原封不动地退还给送礼人。收下的礼物不能拆封，更不能使用，要争取在 24 小时内送还，否则容易让人误解为已经收下。

11.5.6.2　委婉拒绝

可以在对方准备送礼物时，委婉暗示可能无法接受礼物。

11.5.6.3　直接说明回绝原因

公务往来中，遇到别人赠送贵重礼物时，可以采取直接告知不能收受礼品的原因来拒绝对方。

课堂训练

任务驱动

1. 全班动员，通力合作，准备召开某公司销售额过亿元的庆功联谊会。
2. 在下一次上课前预习下一章内容，做好必要的实训准备。

训练项目

☆训练项目 11-1　仪容互查

上课前利用 5 ～ 10 分钟的时间，让学生以两人为一组，组合性别不限，但不可重复组合，即学生甲和学生乙只能互查一次。操作时两人相隔一臂距离，面对面进行仪容互查。根据表 11-1 查找项目打出相应的分数并签名。

检查项目及要点（每项 10 分）：

（1）整体清新整洁；　　（2）发型合格，头发干净；
（3）脸部干净；　　（4）耳朵清洁；
（5）鼻毛不外露；　　（6）口气清新；
（7）手指干净，指甲合格；　　（8）衣领干净挺括；
（9）鞋袜符合要求；　　（10）身体气味清新。

表 11-1　仪容互查检查表

被检查人姓名		检 查 日 期	年　月　日		检查人姓名	
检 查 项 目	第 1 次检查得分	第 2 次检查得分	3 次	4 次	5 次	总评
整体印象（10 分）						
头（10 分）						
脸（10 分）						
耳朵（10 分）						
鼻子（10 分）						
口腔（10 分）						

（续）

被检查人姓名		检查日期	年　月　日		检查人姓名	
检查项目	第1次检查得分	第2次检查得分	3次	4次	5次	总评
手（10分）						
鞋袜（10分）						
衣领（10分）						
气味（10分）						
每次总分						

☆训练项目 11-2　迎接礼仪训练

熊总经理在公司门口迎接章总经理一行三人。

有条件的可现场录像。实际操作完成后，可回放录像，由学生评判组提问，打分。教师点评，重点让学生掌握接待礼仪的要领和重要细节。

☆训练项目 11-3　引导礼仪训练

1. 礼仪小姐引导公司来宾乘电梯至公司接待室。

2. 廖总经理引导汪总经理等一行五人乘电梯至公司接待室。

有条件的可现场录像。实际操作完成后，可回放录像，由学生评判组提问，打分。教师点评，重点让学生掌握接待礼仪的要领和重要细节。

☆训练项目 11-4　眼神训练和微笑训练。

典型案例

案例11-1　参　观

南方某市五年前与国外的一座城市结为“友好城市”。在结成友好城市五周年之际，该市被邀请组团前去国外这座城市参观。为了此次出国参观能顺利进行，该市指派一位副市长专门负责组织这项参观活动。

这位副市长很有经验。他首先审阅了观光团人员名单，然后要求对全团人员进行有针对性的培训，学习参观城市政治、经济、文化、习俗等方面的知识。此外，他还对全团成员进行了分工，把领队、接洽、翻译、食宿、安全等工作落实到人，同时也把提问、记录、录音、拍照等任务分配到人。他还请礼仪专家给参观团成员讲授礼仪规范，对团员的着装、交际应酬等方面做了具体的规定。

该团出国参观结束后，外国朋友对团员在参观时的表现十分赞赏。

【讨　论】

结合本案例，谈谈礼仪学习的重要性。

案例11-2 拜 访

张林是市外办的一名干事。有一次，领导让他负责与来本市参观访问的某国代表团进行联络。为了表示敬意，张林决定专程前去对方下榻的饭店拜访对方。

张林先用电话与对方约好了见面时间，并且告知对方自己的停留时间。随后，他对自己的仪容、仪表进行了修饰，并准备了一些本市的风光明信片作为礼物。

张林如约而至，进门后，他主动向对方问好并与对方握手为礼，随后做了简要的自我介绍，并双手递上名片与礼品。简单寒暄后，他便直奔主题，表明来意，详谈完后便握手告辞。

【讨 论】

张林的拜访做得怎么样？为什么？

【知识强化】 认真独立完成知识巩固提高同步练习题。

Chapter 12

第 12 章

会议礼仪

【学习内容】

商务会议筹备的基本要求。商务会议环境布置的基本要求。商务会议服务礼仪。商务会议主持、发言和参会礼仪。几种常见的商务会议礼仪。

【学习目标】

在商务活动中，完美地表现现代职场人的职业素质，充分地展示所在单位的良好形象。

【情景导入】

孔令宛是某大学汽车学院汽车营销专业的毕业生。毕业后应聘到一家汽车销售公司任办公室主管。不久，公司领导决定召开庆祝公司成立 15 周年暨表彰大会，具体工作办公室主任交由孔令宛全权负责。接到任务后，孔令宛既兴奋又紧张，兴奋的是领导将这么重要的工作交给他来做，说明领导对他的肯定和器重；紧张的是从来没有做过筹办正式大型会议方面的工作，怎么样做好还真没有把握。如果你是孔令宛的好朋友，你对孔令宛有什么好的建议呢？

会议是指 3 人以上参加，聚集一起讨论和解决问题的社会活动形式。人们通过会议交流信息、集思广益、研究问题、决定对策、协调关系、传达精神、布置工作、表彰先进、鼓舞士气。社会的发展越来越需要会议，而会议礼仪正是适应会议工作的需要而产生的。

商务会议是讨论和解决商务问题的会议，是商务活动最重要、最频繁的内容之一。有调查表明，大多数商务人士 1/3 的工作时间用于开会，1/3 的时间用于商务旅行。正如深圳万科老总王石曾经说过的一句非常形象的话："我如果不是在开会，就是在去往下一个会议的路上。"虽然会议可能带来资源、人力、物力的耗费，但是不得不承认，会议是一种非常有效的商务沟通的方式和手段。面对面的交流可以传递更多及时的信息，需要协作的工作更需要会议进行协调、安排与推进。

筹办、主持或者参加有效的商务会议，遵守商务会议的礼仪规范，对于商务人员来说十分重要。筹办会议时，筹办人员各方面都要考虑周全。会议主持人主持会议，对整个会议要有良好的控制能力。出席人员的仪态、精神要与会议的内容、主题相吻合。重要会议往往是商务人员表现才华的机会，又是其礼仪修养和业务水平的表演舞台，应特别留心。

12.1 商务会议筹备、准备与服务

12.1.1 商务会议筹备

商务会议多种多样。有些常规例会（如经理办公会议等）在礼仪工作方面没有特别要求，只要做好会议筹备工作，确保会议顺利召开就行。有些会议本身就是礼仪性的，如洽谈会、迎送会、慰问会、表彰会等要讲究礼仪，会议的规格越高礼仪就越讲究。还有一些会议，其中有相当大的成分是特定的仪式，如开幕式、闭幕式、追悼会等，若不能在会议中体现礼仪，这项会议活动就无法正常进行或无法达到目的。

筹备商务会议，必须对会议的礼节要求、仪式过程了如指掌，会议通知如何措辞，会议标题、口号、徽记怎样设计，邀请与会人员，仪式顺序安排，会场布置，礼品奖品颁发，照相安排，会议节奏，会议对外宣传，会后工作等，这些会议工作的基本内容都要熟悉，才能有条不紊地做好会议召开的充分准备。

12.1.2 商务会议基本要求

12.1.2.1 精心而周全的策划

商务会务工作策划，是指在酝酿会议时，对会议活动的各个环节、细节都要作全面的考虑，以免出现差错和闪失。没有事先的周全策划，就无法消除各种可能发生的问题。大型会议通知发出后，所有准备工作都要进入倒计时状态。

精心而周全的策划，不仅指考虑会议的各项议程，还包括对一切可能影响会议顺利举行的因素做充分的估计，如天气状况就是一个重要因素，阴晴雨雪、气温高低，对在室外举行的会议影响很大。即使是室内会议，天气也是重要因素。天气还可能影响交通。只有充分考虑各种可能发生的情况，才能对会议期间出现的问题应付自如。

会议场所，也应重点考虑。场所选择要恰当，要求交通便利、大小适中、设备齐全、符合主题、费用合理。场所不错，但若交通不便，也是考虑不周的表现。

会议出席者的安排更要考虑周全。有些会议是对与会者资格、权利和待遇的体现，如股东大会、理事会等，倘若邀请了非与会人员，或者遗漏重要人员，虽然只是偶然的疏忽，但会引起很大误会，甚至导致会议进程受阻或者达不到会议目的。要根据会议主题、目的邀请与会人员。要从主客观因素全面周到地考虑会议工作，以确保会议取得圆满成功。

12.1.2.2 合理而周密的安排

在周全策划的前提下做出细致安排，努力使会议顺利召开。在会期和会议内容安排上，既要张弛结合，又要高效务实。会议的时间、地点、人员确定后，应当适时发出会议通知，一般提前1～2周发出。与会者放下手头的日常工作参加会议，如果安排过多其他活动（如

游览、宴请等)，违背会议宗旨不说，也影响参会者的积极性。会议报告过多过长，会使与会者感到乏味和疲劳，有的与会者会因此退场，影响会议效果。会议也不是越短越好，太短的会议，信息得不到充分交流与反馈。只有合理而周密地安排会议，才能确保会议目标的实现。

要充分做好会议准备工作。如果发生以下情况：与会者到了才发现文件袋不够；会议临开场了才发现代表证未配备好别针没法佩带；表决投票后，计票结果迟迟不出；会议开始了才发现文件袋中少了一份重要文件……如此等等，必定让与会者心生埋怨，影响与会者的情绪和会议的气氛。

此外，安排与会者接送、出场与退场、就座和休息等，也是会务礼仪的范围。会场中的通道位置、工作人员工作区、记者位置安排等，都要便于工作的开展。一些庄重的会议要使用的用品、设备，事先要全面检查，防止发生故障。会议使用的多媒体、录音、录像等设备，都应在正式使用前先行调试。对于特别重大的活动，事先还应做一下演示。

12.1.2.3 礼貌而周到的服务

商务会议礼仪与会议服务有着密切的关系，保证会议圆满完成各项议程，保证每个与会者都能精神振奋、情绪饱满地参加会议，保证与会者的安全，是会议服务工作的基本要求。

会议服务对象主要有与会领导、嘉宾、普通与会者、采访会议的新闻工作者等。会议服务时，不同的服务对象有不同的服务内容。

领导是会议的灵魂，要为领导提供礼貌而周到的服务。应根据会议的主题和目的，为领导准备好相关材料，提供客观可靠的数据，引证真实充分的事实。会议进行期间，秘书人员要妥善安排领导的其他工作，或由别人代理，或延期改期，或取消。当然，这样的安排都必须经领导批准。打搅或干扰领导出席会议的事要尽量少。会议中发生的各种情况应及时报告，使领导始终能够统领全局，而不是和普通与会者一样，被会议既定议程牵着走。

与会贵宾，其到来是对主办单位的大力支持。他们可能是上级、前辈、功臣、协作方，一般没有正式与会者的全部权利，却享有比正式与会者更高的礼遇。贵宾光临时，应受到热情而且合乎礼仪的接待。为贵宾服务，要本着敬重、照顾的原则，使之被会议的气氛所感染，在精神上融入会议，真正为会议锦上添花。

对普通与会者应提供实实在在的服务，从发通知，到接待、签到、登记、发放会议资料、安排食宿，直到送行，会议期间所有工作和生活问题都要解决好，使与会者安心开会。

商务会议有时要邀请新闻媒体的相关人员参加，以扩大会议影响。会前组织人员就要与领导商量对会议的报道工作，以便统一对外发稿，最大限度地达到宣传效果。

12.1.3 商务会议环境布置

会议环境是指会场的内外布置情况。会议环境布置，是将会议现场作适合会议主题精神的布置。即使一般的常规小型会议，如每周一次的经理办公会议、部门负责人碰头会议、中层干部例会等，会场也应布置得恰到好处。根据不同会议的议题、议程和出席对象，布置不同的会场环境。

12.1.3.1　商务会议环境布置基本要求

1. 突出主题

会议环境是衬托渲染主题的重要手段。从会场选址到会场布置，从会议标语、旗帜到鲜花、座位安排，都必须根据会议的主题统一筹划。按不同主题分别布置成或庄严隆重，或喜庆热烈，或轻松和睦，或肃穆深沉，使与会者进入会区，踏进会场，就被会议的精神、气氛引导和感染。

2. 经济高效

筹办会议肯定要花钱，应该本着经济高效的原则，花最少的钱办最大的事。尽可能利用现有条件安排会场，不要动辄去风景名胜区，借开会之名行游玩之实。很多会议用具可以重复使用，每次会议结束后，相关会议用品收好以便今后再用。注重会议效益，不滥发会议用品，文件、文具、奖品、礼品严格控制。即使是展览性、展示性的会议，也应多发宣传资料而少发实物。滥发礼品有违会议主旨，也非得体的会议礼仪。

12.1.3.2　商务会议环境布置规范

1. 会场选择

举办会议先要选好会场。大型会议的会场选择对会议主题的深化有密切关系，对与会者参会的情绪也有很大影响。综合考虑交通便利、设施齐全、环境安静、停车方便、大小适中、费用合理等因素，找到理想的会场，使与会者能方便地到会，安心地开会。

2. 会场布置

一般的小型会议，会议室只要清洁、明亮，有足够的桌椅等会议设备即可。大型会议会场准备则比较复杂，需要体现会议主题，注意会场内座位布局、主席台的布置以及其他可以渲染和烘托气氛的装饰等，要讲究科学性、合理性和艺术性。

（1）会标。这就是会议全称的标题化。会议全称用大字书写后挂在主席台正上方，一般红底白字，也可用红底金字。这是会议礼仪十分重要的关键点，它能增强会议的庄重性，揭示会议的主题与性质，与会者一进会场就看到会标，立即进入会议状态。

（2）会徽。它体现或象征会议精神的图案性标志。选择具有强烈感染和激励作用的图案作会徽。重大会议的会徽可向社会征集，也可在单位组织内征集。会徽图案要简练、易懂、寓意丰富。有些会议可用本组织的徽志作会徽，如党徽、国徽、团徽、警徽、行业协会徽等，都能起到渲染突出会议精神的作用。

（3）标语。它是会议主题的体现，会场气氛可被恰到好处的标语、旗帜等渲染起来。标语在准备会议文件时就应拟就，并报请领导批准。会议标语要集中体现会议精神，简洁、上口、易记，具有宣传性和号召力。

（4）旗帜。它包括主席台上悬挂的旗帜和会场内外悬挂的旗帜。主席台上的旗帜应放在会徽两边，显得庄严隆重；主席台两侧插上对应的红旗或彩旗，可增添喜庆气氛。会场门口和入场路边插上红旗或彩旗，使会议的热烈气氛洋溢在会场内外，以衬托会议的隆重。

（5）花卉。这是会议不可缺少的重要道具。会场上花卉还能起到解除疲劳的作用。国内的商务会议选用花卉应遵循中华民族的文化特色，以梅花、牡丹、菊花、兰花、月季、杜鹃、山茶、荷花、桂花、水仙十大名花为代表的中国原产花卉，早已被赋予了浓厚的文化色彩，以这些花为主构成的插花、盆景等花卉艺术品，以无声的语言传播中华民族文化，表现民族精神。越是重大会议，越应选取有代表性的中国原产花卉作为摆放的主体花卉，并将中国传统花卉艺术的插放造型作为会议花卉的礼仪形式。

（6）灯光。会场灯光应明亮且柔和，既给予舒适的照明，也减缓因会议时间长而带来的身体或精神上的疲劳。大型会议会场灯光应设计几套，便于会议颁奖、照相、演出等多种需要。

（7）座位。会场座位布局要根据会议的规模、主题，选择合适的摆放形式。“而”字形的布局格式比较正规，有一个绝对的中心，因此容易形成严肃的会议气氛。小型的、日常的办公会议以及座谈会等通常在会议室、会议厅进行，可以根据需要将座位摆放成椭圆形、圆形、同字形、T 字形、马蹄形和长方形等，这些形式坐得比较紧凑，彼此面对面，容易消除拘束感。座谈会、小型茶话会、联谊会等多选择六角形、八角形或半圆形等布局形式。

3. 主席台布置

主席台是会议的中心，也是会场礼仪的主要表现位置。主席台布置应与整个会场布置协调，并作强调突出。

（1）座位。主席台座位要满座安排，不可空缺。原定出席者因故不来，要撤掉座位，不能在台上留空。主席台座位有多排，以第一排为贵，第一排座位以中间为贵。我国传统一般由中间按“左尊”原则依顺序往两边排，即第二领导坐在最高领导左侧，第三领导坐在最高领导右侧，以此类推。如果人数正好成双，则最高领导在中间左侧，第二领导在中间右侧，也以此类推。国际上流行以右为尊的原则，安排涉外会议时，要依据有关规矩。一般处理方式，开会时以左为尊，宴请以右为尊。每个座位的桌前左侧安放姓名牌，既方便入座，也便于辨认和熟悉有关人士。主席台座位不排太挤，桌上也不摆放鲜花之类，以免阻碍视线，要便于打开文件、做记录、翻阅讲话稿，放置笔、茶水、眼镜等物。

（2）演讲台。应设于主席台前排右侧台口，不能放在台中央，阻碍主席台成员视线。演讲台上主要放话筒，也可适当放一盆平铺的花卉。桌面要便于发言者打开讲话稿或摆放相关材料。主席台的台口可围放一圈花卉，要选低矮些的绿色为主的品种。

（3）话筒。发言席和主席台前排座位都应设话筒，以便于发言者和会议主持人或领导讲话。主持人、发言席话筒一般专用，其他人合用两三个话筒，并且一般置于主要领导面前。

（4）后台。主席台的台侧与后台，一般应设为在主席台就座者的休息室，以便其候会，要在后台排好上台入座次序，以免造成混乱。有时会议也会发生一些小意外、小插曲，这时后台就可作商量对策、紧急处置之用。主席台成员开会也可利用后台休息室。切不可忽视后台的作用。

（4）会议其他用品

为方便会议进行，应为会议准备相应设备与用品，如黑白板、投影仪、复印机、电脑数据库、投票箱以及纸、笔、指示棒等。不同会议有不同需求，组织人员在安排会议、布置会场时必须考虑满足需要。

12.1.4 商务会议服务礼仪

会议环境是会议礼仪的硬件，为与会者提供的服务是会议礼仪的软件。软件的优劣直接关系到硬件作用的发挥。常规的小型商务会议的服务相应简单，而大型的会议、会期长的商务会议的服务就会涉及各个方面，从会议通知到与会者生活安排，都要妥善安排到位。服务到位了，会议的成功才有保证。

12.1.4.1 会议准备阶段

1. 时间选择

会议时间要合适。大型会议应尽可能避开公众节假日。会期不能太长，否则影响日常工作。当某些紧急事件发生时，应取消或延期举行会议。

2. 对象邀请

出席者是会议的重要因素，既要有与会资格，又要有参与能力和水平。被邀与会者不能完成会议的有关任务，会感到痛苦或尴尬，是不愉快的经历。这也是会议组织者不愿意看到的。与会者能随意扩大，也不宜随便缩小，应慎重确定，并请领导审定。

3. 通知详尽

会议通知要按要求提前发出，既便于与会者安排手头工作，准备开会工作。会议名称、届次、主要议题议程、出席人员、应递交材料或做哪些准备、会期、会址等内容都应明白告知，使与会者有备而来。住宿、费用、交通线路都要详细说明，以免造成麻烦。特邀贵宾通知，应派专人登门呈送，以示尊重。

12.1.4.2 会议召开阶段

1. 接待站

一般会议都规定了报到日期。报到日应安排好接待站。在车站、码头、机场等主要交通站点，用醒目的牌子标明“会议接待站”，顺利接待与会者。

2. 登记

对报到的与会者，先做好签到、登记、收费、预订返程票、发放会议资料、发放会议证件等工作。登记处应尽量迅速办理，一揽子解决。登记时，与会者提出合理要求，应尽量予以满足。大型会议东道主应在会议召开的前一天晚上到会议住地看望与会者，尤其是看望特邀贵宾和与会领导。

3. 联络

会议期间要注意联络，不使任何一位与会者被冷落。会议简报要相对均衡地报道，不要只将视点聚焦于大人物、热点，使其他人产生不愉快感。

4. 安全

要确保每一位与会者的人身安全、财物安全以及食品卫生。涉密会议还必须强调文件安全。会务人员要尊重每一位与会者，但涉及机密时，必须按章办事，毫不含糊。

5. 娱乐

会期较长，会议期间可安排影视和文艺演出等活动。应鼓励与会者主动参加文体活动。也可组织一些自娱自乐的卡拉OK或球类、棋牌活动等，调剂会议气氛，调节与会者情绪。还可适当组织与会者参观游览，使会议节奏张弛得当。

12.1.4.3 会议结束阶段

1. 照相

照相项目，应早作安排，免得个别与会者提前离会不能参与。提早安排也可使与会者在离会前拿到照片。

2. 材料

发给与会者的材料要用文件袋装好，以便于集中携带。需收回的材料要早打招呼，发现有人未交，应尽早查问。不一致的意见不要写到会议的决议或纪要中。要乐于为与会者提供复印、邮寄材料等有关服务。

3. 送客

仔细核对车次、航班或船期，适时将票交给本人，并交代有关事项。有不对或不周之处，应主动承担责任。如有需要照顾者而影响到其他人，应向其他人解释，争取谅解。每个与会者离开，都要热情相送，集中离开的要尽可能送去车站、机场或码头，对贵宾则必须送至机场登机处。

12.2 商务会议主持、发言和参会礼仪

12.2.1 商务会议主持礼仪

主持会议者即主持人，是会议的组织和领导者。开会前主持人要对会议的主题、内容、程序、时间、人员等做到心中有数。主持会议要认真严谨。不同性质的会议有不同的主持风格，有的应庄重严肃，有的可以轻松活泼，还有的可以欢快喜庆。无论何种会议，主持人要做到准时开会、向每位与会者表示欢迎、制定或强调会议的基本原则等。要合理安排，讲究技巧，根据会议主题和性质确定发言风格，准确把握会议节奏，调节会议气氛，有效控制会议进程。会议结束时，主持人要总结会议召开的情况和取得的主要成果，对会议做出评价，致谢与会者，在积极的氛围中结束会议。

12.2.2 商务会议发言礼仪

发言人是会场的中心人物，对会议的质量有着举足轻重的影响。发言要言之有物、言之

有理、言之有味。使得听众了解发言的内涵，有所收获。发言人要做到尊重听众、尊重主持人、遵守会议纪律（如时间限制）。

发言人要有良好的仪表和举止姿态。发言前应先环顾会场，向听众致意，如有掌声也应鼓掌还礼。发言时语速要适中；音量要适中；讲究节奏、语气、声调；始终保持感情充沛，用高昂的情绪感染听众；重要的地方要加重语气，提高音调，形成高潮，调动听众情绪；听众出现精神分散、纪律松弛的现象，应稳定自己的情绪，调整语气语调，必要时调整内容，适时结束。

12.2.3 商务会议参会礼仪

商务会议的参会者应懂得并遵守相关的会议礼仪。这体现了个人的综合素质和职业素养。参会者主要应做到以下几点。

12.2.3.1 准时到会

不迟到、不早退是参加商务会议最基本的礼仪，遵守会议提出的各项准则和要求，尽力参与并通过努力使会议取得圆满成功，是对参会者的最基本要求。

12.2.3.2 得体服饰

注意仪容、仪表、仪态，特别是服饰应得体，不可随意。

12.2.3.3 认真倾听

应虚心听取发言，不随便打断别人的谈话，除非万不得已，不要插话。

12.2.3.4 端正态度

与会者应努力营造文明、平等、公正的会风，用协调、讨论、沟通的方式接受别人的观点，发表自己的观点，以得到认可与理解。会议讨论时切忌闷声不语、以势压人或者离开会议主题开小会。

12.2.3.5 积极反馈

要认真听讲，必要时做好记录，不交头接耳、左顾右盼。一般不应中途离席，确有必要离开，应向有关人员说明情况。离席时应侧身、弯腰，尽量减少对他人的影响。发言人开始和结束时要鼓掌致意。

12.3 几种常见的商务会议礼仪

12.3.1 代表大会礼仪

代表大会是常见的一种会议，商务领域主要有职工代表大会、股东大会等。代表大会出席人数众多，气氛热烈，礼仪方面要与会议气氛相配合。此类会议除正式代表外还有其他人员，代表证的颜色应作区别，将正式代表、列席代表、特邀代表、嘉宾的会议证件加以区分，便于各自按权利行事，也便于会务管理。会前要先试听会议所奏乐曲，以免出现差错。

代表提案应有专门的处理部门，并要负责向提案人做出处理情况的交代和说明。

12.3.2 例会礼仪

例会是指有固定时间、固定地点、固定人员参加的制度性会议。例会的内容主要是传递信息和研究工作。例会的礼仪主要有以下要点。

12.3.2.1 遵守规定

与会者应按照规定准时到会。例会是制度化的会议，一般不发通知告示，参加者应准时到会。如遇特殊情况不能到会，应请有关合适人员代为参加，或者事先请假，以免其他参加者无端等候。主持人如有特殊情况需要取消或者推迟会议，要事先通知，以免有关人员徒劳往返，浪费时间。

12.3.2.2 座位安排

商务例会的座位安排应紧凑。通常会议室正中设圆桌或长桌，会议参加者围桌而坐。座位应集中，便于会议参加者发言，也便于倾听别人的发言。

12.3.2.3 时间控制

例会时间不宜过长，基本风格应该是“短小精练”。会议主持者要尽量有效地利用时间，在互通信息时，发言要紧凑，尽可能不出现冷场。讨论研究工作时，应抓住实质性问题。若对某一问题争论不休，主持者应考虑另择时间专门开会解决。不把例会开成“马拉松”式的长会。

12.3.3 报告会礼仪

报告会是邀请领导干部、专家学者或者其他有关人员作专题报告的会议。较常见的有形势报告会、学术报告会、劳模报告会、英模报告会等。做专题发言的通常是一人，有时也多人。报告会的礼仪主要有以下几点：

12.3.3.1 选好报告人

在条件允许的情况下，应选择与会议主题相关的造诣较高、体会较深、影响较大的人做报告人。既不使报告人勉为其难，又能使听众颇有收获。

12.3.3.2 向报告人介绍情况

选定报告人后，举办者应将参加报告会的听众情况向报告人作简单介绍，并针对具体情况提出要求，便于报告人事先有针对性地做好准备工作，对讲话的内容、范围、深浅程度有所把握和安排。

12.3.3.3 礼遇报告人

对报告人的邀请、迎送以及招待应周到、热情。报告人做报告时，会议主持者应在场作陪，并仔细倾听报告，如需要录音录像，须事先征得报告人同意。

12.3.3.4 注意提问方式

有的报告会，听众可以向报告人提问，双方可以进行对话。听众主动提出问题的，应将问题写在纸条上，由主持人转交给报告人，以利于报告人择机回答。报告人主动要求听众提问题，主持人应注意维护会场秩序，切勿一哄而起。

12.3.4 座谈会礼仪

座谈会是邀请有关人员参加交谈，探讨某个或某些问题，以达到沟通信息、联络感情目的的会议。座谈会礼仪主要应注意以下几点。

12.3.4.1 及时通知并说明内容

通知应及时，注明会议时间、地点、座谈内容、举办座单位或部门名称。当面通知，最好找到参加者本人，并告诉其详细内容。托人转告，应把要点告诉转告者，以便会议参加者有备而来。

12.3.4.2 创造融洽、热烈的气氛

座位安排上，会议主持者最好和参加者围圈而坐。开会时，主持者应先说明会议宗旨，以便参加者有目的地积极思考如何发言。如果参加者与主持者互相不熟悉，主持者应先作自我介绍，必要时也可请参加者互相介绍，以使会议气氛融洽。如果开始有些冷场，主持者可引导与会者广开言路，逐步接近座谈主题。

12.3.4.3 鼓励插话与争论

为使会议气氛活跃、热烈，可以鼓励与会者采取你一言我一语的插话和争论方式进行，与会者知无不言、言无不尽，会议才能获得大量真实有用的信息。

12.3.5 讨论会礼仪

讨论会是就某一专门问题召开的探讨性会议，其目的在于沟通信息，互通情况，求同存异，从而加深对某一专门问题的认识。讨论会的礼仪主要应注意以下几点。

12.3.5.1 无关人员不参会

讨论会规模可大可小，视会议内容而定，与会人员应该与讨论的问题有关。

12.3.5.2 创造良好的会议环境

不论是学术性的还是非学术性的讨论会，畅所欲言才能发现真知灼见。

12.3.5.3 会议纪要应全面客观

有的讨论会会后要写会议纪要，纪要内容要做到客观、准确、全面。厚此薄彼，挂一漏万，不能反映讨论会的实际情况，也是对其他人的不尊重。

12.3.6 学术研讨会礼仪

学术研讨会是交流学术思想、提高学术水平的重要手段，也是近年来随着社会发展而

日益增多的会议类型之一。学术研讨会参加人员往往范围广、人数多，出席者素质与水平较高。因此，应特别重视相关的会议礼仪。

12.3.6.1 主题与报告人的选择

学术研讨会成功的关键在于选择好主题和报告人。选择一定要慎重。要提前一段时间发出通知。在大多数情况下，请与会者提前将论文提交会务组，以便选择作为大会宣读、会议交流或收入论文集。

12.3.6.2 主席团与执行主席的选择

学术研讨会成功的另一个重要因素，是大会主席的人选及会议执行主席（对于小型会议，亦可称之为会议领导小组及会议主持人）的水平。大会主席的人选不仅要求业务水平高，而且要有一定的声望，执行主席还必须有相当的组织能力和演讲水平。

12.3.6.3 参会者礼仪规范

学术讨论会是比较严肃的会议，参加会议的人员必须衣着整洁、态度谦逊。在大会报告期间，要注意聆听发言，观点不同时，要心平气和地阐述并举出实验数据和引证资料。不要有唯我正确或唯我独尊的思想和表现，更不可以带着藐视的态度，用尖刻的语言向对方发问。

12.3.6.4 重视与会者座位安排

在开幕式和闭幕式上，学术报告主席台上除大会主持人、报告人外，要安排请来的主要来宾等人员就座。其他时间，则没有必要都坐在主席台上。大型研讨会的重要来宾，一般安排在听众席的前两排，桌上摆姓名标志牌，进入会场时由服务人员引导至座位上。

12.3.7 表彰会礼仪

表彰会是以组织的名义表彰某些先进集体或个人并宣布给予奖励的会议，总体特点是要求开得隆重热烈。表彰会的礼仪主要有以下几点。

12.3.7.1 讲究会场布置

一般在会场门口悬挂红横幅，两边可以设置彩旗。规格较高的表彰会还可以敲锣打鼓、安排欢迎人员等。

12.3.7.2 营造会场气氛

当被表彰人员或集体的代表走上主席台时，会场内要播放欢快的音乐，条件许可的还可以燃放鞭炮，全体与会人员应表示热烈祝贺并鼓掌，会议结束为表彰者鼓掌送行。

12.3.7.3 严格执行仪式程序

首先由主持人宣布大会开始。然后由有关领导宣布表彰决定，接着欢迎被表彰者上主席台，再颁奖，宣读祝词，被表彰者代表致辞，自由讲话。最后欢送被表彰者，散会。

12.3.8 新闻发布会礼仪

新闻发布会又称记者招待会，是为宣布某项重要消息，把有关新闻机构的记者召集在一起，主动进行信息发布的一种特殊形式的会议。商务活动中，常用来传播新产品、新技术、新成果或某协议达成的信息，扩大影响；也可用来解析或反驳对本单位不利的社会舆论，树立良好的组织形象。要使新闻发布会收到较好的效果，必须注意以下几个方面的礼仪。

12.3.8.1 做好会前准备

做好会前准备可保障会议顺利进行，最大限度地减少意外发生。新闻发布会的准备工作主要包括以下几项。

1. 确定主题

新闻发布会的主题确定是否得当，直接关系到预期目标能否实现。新闻发布会的主题有说明性主题和解析性主题两种类型。说明性主题的发布会一般起宣传作用，如企业推出新产品、企业的经营状况得到改善等，用于树立企业形象；解析性主题的发布会一般是针对单位出现了具有一定社会影响的问题后，对发生的事件进行解析。主动召开解析性主题的发布会是向社会表明责任态度的一种有效方式，有利于解决组织危机。发布会的主题要有新闻价值，能引起媒体的兴趣。

2. 确定举行时间

新闻发布会要选择恰当的时机并严格控制时间。确定发布会举行时间要注意以下三个问题。

（1）及时。重大信息时效性极强，拖延时间对于商务组织来说可能就意味着失去意义或商机，如新产品上市、新技术发明；产品获得重大荣誉；某项重大的合资合作投资决策等。解析性的发布会也要及时，以显示诚意和办事的果断。

（2）避开重大节日和重大活动，避免与新闻界宣传报道重点撞车或重叠。

（3）内容突出。发布的或者解析的信息内容要作精心的选择与有效的组织，时间控制在两小时之内。

3. 确定举行地点

新闻发布会的举行地点，可以考虑本单位所在地或事件发生地的较有名气的宾馆或会议厅等。如果希望造成全国性的影响，则可在首都或者大城市的酒店、会议厅举行。

4. 确定邀请范围

新闻发布会主要面向新闻记者发布消息，记者是主宾。邀请哪些记者，应根据发布会的性质而定。为了扩大影响和知名度，可以广邀记者。解析性的发布会邀请面可小些，如事件或消息只涉及某一城市，一般就请当地的新闻记者参加。

5. 确定主持人和发言人

新闻发布会的来宾是记者及其他新闻界人士，由于职业的要求和习惯，他们会提出尖锐深刻甚至很棘手的问题，这就对发布会的主持人和发言人提出了很高的要求。他们必须思维敏捷、口齿伶俐、沉着冷静，有较强的口头表达能力，对发布主题涉及的情况能全面掌握。发言人一般由企业高层领导担任，因为企业领导清楚地掌握企业的整体方针及政策计划等，回答问题有权威性。主持人一般由公关部长、办公室主任或秘书长担任，主持人的言谈要流畅，风趣不失庄重，有时还要有幽默感，能根据会场内的情况控制会议局面。

6. 准备资料

新闻发布会是发言人与记者的交流。发言人以演讲的形式发布消息，记者提问事先无法掌握，会议发言人必须熟悉与会议主题相关的许多资料，这样才能在会议上对答如流。一般新闻发布会的资料包括发言人的发言稿；供记者参考的报告提纲；相关数据的统计资料以及能说明问题的其他图片、实物、模型、录像、光碟等。

7. 布置会场

新闻发布会的场地要考虑记者工作方便，有较好的灯光或音响设备，能保障录像，桌椅能满足需要。主席台上方悬挂会标，发言席摆放鲜花，场地要保证新闻记者的拍摄效果。

8. 其他准备

除了做好以上准备外，新闻发布会开始前还应做好其他相关工作，如服务人员的安排和训练，设备的调试，饮料和礼品的准备，工作人员标志的制作，还要准备一些笔、纸、电池等用品供记者应急之用。

12.3.8.2 新闻发布会的程序

新闻发布会的程序比较紧凑，主要程序有以下几点。

1. 签到

入口处设签到处，安排专人负责签到、材料分发、会场引入等服务。

2. 会议开始

主持人宣布会议开始，并将召开新闻发布会的目的，将要发布的信息或说明的事项作简要介绍。

3. 新闻发言

发言人作主要发言。发言时要突出重点，具体而恰到好处，语言要生动、自然，吐字要清晰，切忌啰唆冗长。

4. 回答记者提问

发言人在回答记者提问时要有条理，用词准确，对于不愿回答的问题要婉转幽默地解释。遇到不友好的提问时应保持冷静，礼貌地阐明看法，不能激动发怒，以免产生负面影响。

5. 会议结束

宣布新闻发布会结束后，主办人员要向参加者表示感谢。可以根据需要组织记者参观，创造实地采访的机会，增强会议主题的宣传效果。会议结束后，有条件的可邀请记者参加午餐或晚餐。就餐中可就招待会上的一些没有解决的问题进行沟通，使企业和新闻界的关系更加融洽。

12.3.8.3 新闻发布会中与会者的礼仪

1. 主持人及发言人的礼仪

主持人和发言人的仪容仪表将会是电台、报纸上的特写镜头，其仪容仪表、言谈举止、礼貌修养直接关系到公众对消息的可信度和对企业立场态度的认同度。必须按正式场合的要求着装（详见仪表礼仪、服饰礼仪和仪态礼仪）。在尊重记者的同时，也要维护自身形象和企业尊严。

2. 来宾礼仪

新闻发布会上的来宾均是记者。记者在着装上可体现职业的随意性，除正式服装外，还可穿夹克衫、T 恤，女性也可着裤装，但不能穿汗衫、短裤、拖鞋，给人不文明、不尊重举办者的感觉。

提问应有礼貌，提出的问题要与会议主题相关，不打听个人隐私，不进行人身攻击，不打断主持人或发言人的讲话。

3. 工作人员礼仪

新闻发布会上，其他工作人员的着装一般是制服，迎宾小姐可按礼仪小姐的要求着装。工作人员在会议中要举止得体、语言文明、热情周到，要恪尽职守，不得闲谈。有来宾打听消息应礼貌回避，不可乱讲。

12.3.8.4　新闻发布会善后事宜

新闻发布会之后，主办单位需在一定时间内进行认真的评估。

1. 了解新闻界的反应

发布会结束后，应对照现场使用的来宾签到簿与来宾邀请名单，核查新闻人士的到会情况，据此可大致推断出新闻界对本单位的重视程度。

2. 整理保存会议资料

新闻发布会的有关资料，大致可分为两类：一类是会议本身的图文资料及声像资料，包括会议所使用的一切文件、图表、录音、录像等；另一类是新闻媒介有关会议报道的资料，主要包括在电视、报纸、广播、杂志上公开发表的消息、通信、评论、图片等，一律整理存档。

3. 酌情采取补救措施

在听取与会者的意见、建议，总结会议经验，收集、研究新闻界对于会议的相关报道之后，对失误、过错或误导要主动采取必要的对策措施。

可以将新闻报道分为有利报道、不利报道和中性报道三类。发布会后出现的不利报道又可分为三类：一是事实准确的批评性报道；二是因误解而出现的失实性报道；三是有意歪曲事实的敌视性报道。在新闻发布会后所出现的不利报道，特别要注意具体问题具体分析、具体对待。批评性报道，应当闻过则喜、闻过即改，虚心接受；失实性报道，应通过适当途径加以解释，消除误解；对敌视性报道，应在讲究策略、方式的前提下据理力争、立场坚定，尽量挽回声誉。

12.3.9　产品展览会礼仪

指在组织、参加产品展览会时所应当遵循的礼仪规范。产品展览会或产品展销会作为物、声、像综合形式的广告越来越受到商界青睐，已经成为树立和宣传产品形象和企业形象的重要途径。

产品展销会的规模可分为大、中、小三种，大中型展销会，在展销会场租用场地参展；小型展销会，由本单位自行组织。无论参展还是自办展销会，其目的都是宣传产品，打开或扩大产品销路。一切工作都应围绕这一目标。

12.3.9.1 准备阶段

根据企业经营战略确定展览会主题、目的和类型；根据交通、服务设施和天气等情况确定展览会时间和地点；根据组织情况确定展览会经费预算；准备展览厅的有关文字资料、图片资料、音像资料、实物、模型、宣传材料等，并做好布置；培训包括接待、讲解、操作演示及其他有关人员；重视新闻发布，安排好新闻报道；准备展览厅的辅助设备，做好相关服务，如邮电通信、交通运输、安全保卫、停车场、餐饮场所、业务洽谈室等。

12.3.9.2 展览阶段

做好接待和解说，热情耐心地解答参观者提出的问题，并向参观者发放宣传材料或纪念品；利用新闻媒体扩大企业及其产品的影响。

12.3.9.3 结束阶段

收集新闻媒体等各方面对本企业的报道与评价；分析反馈信息，总结经验；写出书面报告，以备查考。

12.3.9.4 参加展览会礼仪

1. 努力维护整体形象

参展单位的整体形象主要由展示物形象与工作人员形象两个部分构成。对两者都要重视，不可偏废。

（1）展示物形象。主要由展品的外观、质量、陈列、展位的布置、发放的资料等构成。展台上应放置宣传材料与单位名片。

（2）工作人员形象。主要指展位上工作人员的穿着打扮、行为举止。工作人员应统一着装，最好身穿本单位制服，或者穿深色西装、套装。在大型展览会上，参展单位可安排女性服务人员迎送宾客，最好身穿色彩鲜艳的单色旗袍，并胸披写有参展单位或其主打展品名称的大红绶带。为了说明各自的身份，全体工作人员皆应在左胸佩戴标明本人单位、职务、姓名和彩照的胸卡，礼仪小姐可以例外。工作人员不应佩戴首饰，男士应当剃须，女士最好化淡妆。

2. 注意礼貌待人

展览一旦正式开始，全体工作人员即应各就各位，站立迎宾。不得迟到、早退、无故脱岗、东游西逛，更不允许怠慢参观者。

3. 善于运用解说技巧

解说人员要熟悉单位和产品的基本情况，熟悉有关资料，在解说时应对自如。解说要具有针对性，因人而异，突出特色。必要时可邀请观众亲自动手操作，或由工作人员为其现场演示、示范。还可安排观众观看相关的影视片，并提供说明材料与单位名片。通常，说明材料与单位名片应常备于展台之上，由观众自取。

观众在展位参观时，工作人员应随行其后，随时接受对方咨询；也可自请其便，不加打扰。观众较多或是接待组团观众时，亦可引导参观。观众提出问题，要认真且耐心地回答。观众离去时，应当真诚地向对方欠身施礼，并道以“谢谢光临”“再见”等。

课堂训练

任务驱动

1. 以第 4 章成立的虚拟公司和担任的虚拟职务为基础，请各虚拟公司制定一份商务活动计划书，并制定商务谈判工作计划。

2. 在下一次上课前预习下一章内容，做好必要的实训准备。

训练项目

☆训练项目 12-1　某公司举行销售额过亿元庆功联谊会

邀请有关单位参加，发请柬，开会，送精美礼品。

☆训练项目 12-2　组织和安排会议

蒋林林是某公司总经理秘书，公司要召开年终总结表彰大会，负责人把会议准备组织工作交给他。假如你是蒋林林，请安排组织本次会议，书面列出要点。

典型案例

案例12-1　一个多变的通知

有一次，某公司准备以总部名义召开一次全地区性会议。为了使有关单位有充分时间准备会议材料和安排工作，决定由公司行政部办公室先用电话通知各有关部门，然后再发书面通知。电话通知后不久，某领导即指示：这次会议很重要，应该让参会单位负责此项工作的领导人也来参加，以便更好地完成这次会议贯彻落实的任务。于是，发出补充通知。过后不久，另一领导又指示：要增加另一项工作的负责人参加会议。在三天内这个会议的电话通知，通知了补充，补充了再补充，前后共发了三次，搞得下边怨声一片。

【问　题】

为什么会有一个多变的通知?

案例12-2　请柬发出之后

某机关定于某月某日在单位礼堂召开总结表彰大会，发了请柬邀请有关部门的领导光临，在请柬上把开会的时间、地点写得一清二楚。

接到请柬的几位部门领导很积极，提前来到礼堂。一看会场布置不像开表彰会，经询问才知道，今天上午礼堂开报告会，某机关的总结表彰会改换地点了。几位领导感到莫名其妙，个个都很生气，改地点了为什么不重新通知？一气之下，都回家去了。

【讨　论】

这个案例告诉商务人员会议准备时应注意什么问题呢？

【知识强化】认真独立完成知识巩固提高同步练习题。

Chapter 13

第 13 章 谈判礼仪

【学习内容】

谈判的态度要求及商务谈判的正确态度。商务谈判良好形象的重要性及基本要求。商务谈判中的语言要求、语言技巧与语言禁忌。商务谈判中的礼仪。

【学习目标】

在商务活动中，完美地表现现代职场人的职业素质，充分地展示所在单位的良好形象。

【情景导入】

刘磐石是某贸易公司资深业务骨干，参与过公司很多重要的商务谈判。前不久，他被提升为公司业务部主管，负责商务谈判工作。刘磐石上任后的第一件事，是想对本部门新员工进行一次商务谈判礼仪培训。如果你是刘磐石，你将对这次培训安排些什么内容呢？

谈判又叫会谈，指商务活动者有组织有准备的协商活动，是就某些问题达成一致，实现各自利益的过程。美国谈判学会会长、著名律师杰勒德 I. 尼伦伯格在《谈判艺术》一书中说："谈判的定义最为简单，而涉及的范围却最为广泛，每一个要求满足的愿望和每一项寻求满足的需要，至少都是诱发人们展开谈判过程的潜因。只要人们为了改变相互关系而交换观点，只要人们为了取得一致而磋商协议，他们就是在进行谈判。谈判通常是在个人之间进行的，他们或者是自己，或者代表有组织的团体。可以把谈判看作人类行为的一个组成部分，人类的谈判史同人类的文明史一样长久。"也有专家认为："谈判是一个双方求取共识、集结共同利益、心和心互动的过程。"自有商业活动以来，谈判贯穿其中，小到摊贩的"砍价"，大到跨国贸易，谈判无处不在。当今社会更是离不开商务谈判，谈判已成为商品经济时代最常见的商务活动。

任何谈判中，礼仪都必不可少。礼仪不仅体现个人素质、涵养，还有利于增进与谈判对手之间的感情，促使谈判顺利进行。优秀的谈判者，不仅要求精通专业知识，掌握社会学、心理学、语言学等多方面的知识，还要求通晓礼仪。无论谈判成功与否，注重礼仪十分重要。

13.1 商务谈判的态度

13.1.1 谈判的态度要求

谈判者在谈判中保持正确的态度，须做到以下几点。

13.1.1.1 具有势在必得的气势

谈判就像一场没有硝烟的战争，“狭路相逢勇者胜”是战场上制胜的法宝。必胜的信念和坚定的信心是谈判高手成功的精神支柱。在强大的对手面前，谈判者在气势上要不卑不亢，居高临下，让对手心乱神迷，暴露弱点，在较量中不自觉地处于被动地位。“必胜信念”并非狂妄自大，而是高度理性的信心与自信。满怀取胜信心，是每个谈判人员取得成功的心理基础。只有这样，才能有勇有谋，百折不挠，达到既定目标。

13.1.1.2 具有坚忍不拔的意志

任何谈判都不可能一帆风顺，再具实力的谈判高手也会遇到困难，坚忍不拔正是扭转局势所必备的心智状态。遇到挫折不减锋芒，遇到阻碍不垂头丧气，困难往往是取得成功的突破口。优秀的谈判人员有战胜困难的决心，能在现有条件下，努力争取最满意的结果。困难在谈判中随时会出现，成为阻碍成功的绊脚石，坚忍不拔的意志则是拨开荆棘，扫清道路的有效武器。

13.1.1.3 具有沉着冷静的处事态度

谈判中被对方直击劣势时，要保持冷静，沉稳不露，适时缓解由此造成的心理压力。同时密切注意对手的举动，掌握时机，反击其要害，令对手方寸大乱，变被动为主动。

13.1.1.4 做到知己知彼

谈判是双方心理素质的较量，也是谈判技巧、专业知识与信息收集的较量，谈判过程充满陷阱和变数，唯有准备充分，方能胸有成竹，胜券在握。正如孙子兵法所言：“知己知彼，百战不殆。”成功的谈判，充分的前期准备显得尤为重要。其中信息的收集是谈判前一项重要工作，准确把握对手及其组织的情况，最大限度地掌握有效资讯，仔细分析对方的优势与劣势，真正做到知彼是成功谈判的有力保障。“知彼”的真正意义在于深入了解对方的劣势，在谈判中将其放大，用以打击对手的信心或抵消其优势。“知己”同样不可忽视，准确了解自身优劣势，合理把握自身优势，在谈判中予以充分展现，为赢得主动权服务。

13.1.2 商务谈判中的正确态度

13.1.2.1 平等

无论是双方还是多方商务谈判，都应在权益、责任上平等。平等可以认为是一种礼遇，除级别要对等外，还要平等地决定谈判地点、次数等要素。谈判各方发表意见的机会、所处的地位、受重视的程度都是平等的，不得将一方意见强加于另一方。另外，双方都具有同等的否决能力，任何一方行使否决权，议案都不能成立。

13.1.2.2 互利

商务谈判的目的不是单纯的一方获利，而是为了双方的共同利益，即“互利”。这里的利益不是私人利益，也不是以损害他方利益为前提的利益，而是企业利益。

商务谈判是为了利益，或者重新认识、划分利益。谈判双方最后的底线利益是根本利益，这个利益要是触动的话，谈判就无法进行下去。谈判不成，双方的矛盾与冲突得不到解决，对双方都不利，谈判成功是双方共同的意愿。

13.1.2.3 双赢

“双赢”是谈判成功所应遵循的不二法门。面对谈判，决不能过于急功近利，许多谈判的结果不甚理想，正是因为谈判者过于固守自身利益而忽略或牺牲了对方利益，未能理解“双赢”的含义，结果导致谈判失败。谈判者陷入这一困境的主要原因，一是理论上的“双赢”与现实中的“双赢”存在一条难以逾越的思想鸿沟——谈判双方的利益最大化；二是谈判者错把“双赢”当作谈判技巧。“双赢”是谈判遵循的法则，是成功的谈判结果。不是谈判技巧决定双赢，而是谈判者的观念决定双赢。谈判技巧为人所用，谈判者的观念直接决定将采取的谈判策略，应用相关的谈判技巧；三是许多谈判者错误地认为谈判具有“零和效应”，一方所得即一方所失，向对方做出让步就是己方的损失，这显然是错误的认识。

走出困境就要彻底抛弃“独占一块大饼”的谈判思想，正确理解“双赢”的含义，树立“谈判无输家”的观念。每个谈判都有潜在的双方共同利益，而共同利益就意味着商业机会，谈判者应考虑如何将双方的共同利益最大化，寻求可持续性的长远合作和发展。一味地满足一方的利益，追求一方的“胜利”，将导致长久的失败——失去再次合作的机会。“己所不欲，勿施于人”，换位思考，寻找双方能够达成共识的焦点，不仅考虑己方的利益，同时考虑对方的利益，不仅考虑眼前的利益，更要考虑合作关系持续发展的价值。真正成功的谈判是寻求双方共同发展，真正的成功是双方或多方的成功，这就是“双赢”的真正含义。

13.1.2.4 互让

谈判的实质既是坚持，又是妥协。没有坚持，就会失去谈判的动力；没有妥协，就无法取得对方的谅解，谈判将无法成功。学会妥协，才会有所收益。谈判是让对方降低条件，与此同时，也必须做出相应让步，用己方让步换取对方妥协，是互让而又互利的最高境界。谈判时要甘于牺牲一些利益，过于贪心谈判无法顺利进行。吓跑对方，失去的是更多利益。做出相应的让步让利，会使对方感觉到己方诚意，看到机会，并更为积极主动地争取共同成功。

13.1.2.5 尊重

商务谈判要尊重对手。在谈判细节上可以步步为营；但对谈判对手人格权、名誉权要尊重。再激烈的对抗都应当集中在商业目的本身。谈判者既是对手，更是朋友，应该互相尊重，共同遵守礼仪规范。

谈判中应该认真倾听对方的意见和观点，不可东张西望、心不在焉，不可任意打断对方讲话。为了让对方更好地陈述观点，可以在对方停顿的间歇加进一些鼓励性的话语“请问，您说的是这个意思吗？”“您所谈的问题是不是可以这样理解？”，等等，让对方充分感觉到重视和尊敬。

当然，对于故意制造混乱，混淆视听的对手，要果断冷静地做出判断，并适当地予以反驳。反驳应尽量使用果敢的语气，比如：“您说的不是事实，事实是这样的……”“我们调查的结果不是你说的那样”，等等。

13.2 商务谈判的形象

13.2.1 良好谈判形象的重要性

谈判双方可能并不完全了解，需通过个人形象了解企业形象。一方通过对方的仪容仪表、举止言谈做判断，并通过对方形象分析其所代表的组织（单位），进而影响与其交往的愿望。商务人员高尚的道德情操、彬彬有礼的言谈举止、渊博的知识、得体的礼节，都会给对方留下深刻的印象，进而产生好感，减少谈判阻力，推动谈判成功。谈判中良好的形象与高超的谈判技巧同等重要。

正式谈判时，谈判者尤其是主谈者的临场表现，直接影响谈判的现场气氛。谈判者态度真诚，面带微笑，有助于消除对手的反感、漠视与敌对情绪；相反，举止粗鲁、态度恶劣、表情冷漠、蛮横无理，不懂得站在对手的立场，造成情感伤害，会大大刺激对手的攻击欲望和敌对意识。得罪对手也就是为己方设置障碍，增添阻力。

13.2.2 良好谈判形象的基本要求

商务人员出席商务谈判，在个人形象上必须符合严格的要求和统一的规定。

13.2.2.1 仪表（Appearance）

参见第 2 章仪表礼仪。

13.2.2.2 表情（Expression）

参见第 5 章见面礼仪的有关内容。

13.2.2.3 举止（Behavior）

参见第 4 章仪态礼仪。

13.2.2.4 服饰（Clothing and accessory）

参见第 3 章服饰礼仪。

13.2.2.5 谈吐（Language）

参见第 9 章言谈礼仪。

13.2.2.6 待人接物（Treats People）

参见第 2 章仪表礼仪。

13.3 商务谈判的语言

商务谈判中的语言要求、语言技巧、语言禁忌参见第 9 章言谈礼仪有关内容。

13.4 商务谈判过程中的礼仪

谈判，从礼仪角度看，最重要的是谈判者的着装、语言和会务座次安排。高端会谈，更要礼仪当道。

13.4.1 谈判准备

谈判前先要确定人员，己方要与对方谈判代表的身份、职务相当。谈判前应对谈判主题、内容、议程作好充分准备，制定好计划、目标及谈判策略。

13.4.2 谈判之初

谈判之初，双方的第一印象十分重要，要尽可能创造出友好、轻松的良好谈判气氛。

自我介绍，交换名片之后。稍作寒暄，以沟通感情，创造温和气氛。谈判之初的姿态、目光、手势、谈话，均应合乎礼仪。

开初的重要任务是摸清对方底细，因此要细心观察对方举止表情，并适当给予回应，这样既了解到对方意图，又表现出尊重与礼貌。

13.4.3 谈判之中

这是谈判的实质性阶段，主要是报价、查询、磋商、解决矛盾、处理冷场。

报价。要明确无误，不欺蒙对方。报价要恪守信用，不得变幻不定，对方一旦接受价格，不得再行更改。

查询。准备好有关问题，气氛和谐时提出，态度要开诚布公。切忌气氛冷淡或紧张时查询，言辞不可过激或追问不休，以免引起对方反感甚至恼怒。原则性问题应当力争。对方回答时不宜随意打断，答完要表示谢意。

磋商。讨价还价事关双方利益，容易情急失礼，此时更要注意保持风度，应心平气和，求大同存小异。发言措辞应文明礼貌。

解决矛盾。要就事论事，保持耐心、冷静，不可因矛盾而冲动，甚至进行人身攻击或侮辱对方。

处理冷场。此时主方要灵活，可暂时转移话题，稍作松弛。确实已无话可说，则应当机立断，暂时中止谈判，稍作休息后再重新进行。主方要主动提出话题，不要让冷场持续过长。

13.4.4 谈后签约

签约仪式，参见第 14 章仪式礼仪有关内容。

∷延伸阅读

商务谈判礼仪的基本原则

1. 合作的原则

2. 互利互惠的原则

3. 立场服从利益的原则

4. 对事不对人的原则

5. 使用客观标准的原则

6. 遵守法律的原则

课堂训练

任务驱动

1. 全班动员，通力合作，准备某大型商场开业仪式。

2. 在下一次上课前预习下一章内容，做好必要的实训准备。

训练项目

☆训练项目 13-1 测测你是谈判高手吗

1. 你认为商务谈判（ ）。

A. 是一种意志的较量，谈判双方一定有输有赢。

B. 是一种立场的坚持，谁坚持到底，谁就获利多。

C. 是一种妥协的过程，双方各让一步，一定会海阔天空。

D. 双方的关系重于利益，只要双方关系友好必然带来理想的谈判结果。

E. 是双方妥协和利益得到实现的过程，以客观标准达成协议可得到双赢结果。

2. 在签订合同前，谈判代表说合作条件很苛刻，按此条件自己无权做主，还要通过上司批准。此时你应该（ ）。

A. 说对方谈判代表没有权做主就应该早声明，以免浪费这么多时间。

B. 询问对方上司批准合同的可能性，在决策者拍板前要留有让步余地。

C. 提出要见决策者，重新安排谈判。

D. 与对方谈判代表先签订合作意向书，取得初步的谈判成果。

E. 进一步给出让步，以达到对方谈判代表有权做主的条件。

3. 为得到更多的让步，或是为了掌握更多的信息，对方提出一些假设性的需求或问题，目的在于摸清底牌。此时你应该（ ）。

A. 按照对方假设性的需求和问题诚实回答。

B. 对于各种假设性的需求和问题不予理会。

C. 指出对方的需求和问题不真实。

D. 了解对方的真实需求和问题，有针对性地给予同样假设性答复。

E. 窥视对方真正的需求和兴趣，不要给予清晰的答案，并可将计就计促成交易。

4. 谈判对方提出几家竞争对手的情况，向你施压，说你的价格太高，要求你给出更多的让步，你应该（　　）。

A. 更多地了解竞争状况，坚持原有的合作条件，不要轻易做出让步。

B. 强调自己的价格是最合理的。

C. 为了争取合作，以对方提出竞争对手最优惠的价格条件成交。

D. 问：既然竞争对手的价格如此优惠，你为什么不与他们合作？

E. 提出竞争事实，说对方提出的竞争对手情况不真实。

5. 当对方提出如果这次谈判你能给予优惠条件，保证下次给你更大的生意，此时你应该（　　）。

A. 按对方的合作要求给予适当的优惠条件。

B. 为了双方的长期合作，得到未来更大的生意，按照对方要求的优惠条件成交。

C. 了解买主的人格，不要以“未来的承诺”来牺牲“现在的利益”，可以其人之道还治其人之身。

D. 要求对方将下次生意的具体情况进行说明，以确定是否给予对方优惠条件。

E. 坚持原有的合作条件，对对方所提出的下次合作不予理会。

6. 谈判对方有诚意购买你整体方案的产品（服务）但苦于财力不足，不能完整成交。此时你应该（　　）。

A. 要对方购买部分产品（服务），成交多少算多少。

B. 指出如果不能购买整体方案，就以后再谈。

C. 要求对方借钱购买整体方案。

D. 如果有可能，协助贷款，或改变整体方案。改变方案时要注意相应条件的调整。

E. 先把整体方案的产品（服务）卖给对方，对方有多少钱先给多少钱，所欠之钱以后再说。

7. 对方在达成协议前，将许多附加条件依次提出，要求得到你更大的让步，你应该（　　）。

A. 强调你已经做出的让步，强调“双赢”，尽快促成交易。

B. 对对方提出的附加条件不予考虑，坚持原有的合作条件。

C. 针锋相对，对对方提出的附加条件提出相应的附加条件。

D. 不与这种“得寸进尺”的谈判对手合作。

E. 运用推销证明的方法，将已有的合作伙伴情况介绍给对方。

8. 在谈判过程中，对方总是改变自己的方案、观点、条件，使谈判无休无止地拖下去。你应该（　　）。

A. 以其人之道还治其人之身，用同样的方法与对方周旋。

B. 设法弄清楚对方的期限要求，提出己方的最后期限。

C. 节省自己的时间和精力，不与这种对象合作。

D. 采用休会策略，等对方真正有需求时再和对方谈判。

E. 采用“价格陷阱”策略，说明如果现在不成交，以后将会涨价。

9. 在谈判中双方因某一个问题陷入僵局，有可能是过分坚持立场之故。此时你应该（　　）。

A. 跳出僵局，用让步的方法满足对方的条件。

B. 放弃立场，强调双方的共同利益。

C. 坚持立场，要想获得更多的利益必须坚持原有谈判条件不变。

D. 采用先休会的方法，转换思考角度，并提出多种选择等策略以消除僵局。

E. 采用更换谈判人员的方法，重新开始谈判。

10. 除非满足对方的条件，否则对方将转向其他的合作伙伴，并与你断绝一切生意往来，此时你应该（　　）。

A. 从立场中脱离出来，强调共同的利益，要求平等机会，不要被威胁吓倒而做出不情愿的让步。

B. 以牙还牙，不合作拉到，去寻找新的合作伙伴。

C. 给出供选择的多种方案以达到合作的目的。

D. 摆事实，讲道理，同时也给出合作的目的。

E. 通过有影响力的第三者进行调停，赢得合理的条件。

测测你是商务谈判好手吗？(参考答案)

1. A-2 分；	B-3 分；	C-7 分；	D-6 分；	E-10 分。
2. A-2 分；	B-10 分；	C-7 分；	D-6 分；	E-5 分。
3. A-4 分；	B-3 分；	C-6 分；	D-7 分；	E-10 分。
4. A-10 分；	B-6 分；	C-5 分；	D-2 分；	E-8 分。
5. A-4 分；	B-2 分；	C-10 分；	D-6 分；	E-5 分。
6. A-6 分；	B-2 分；	C-6 分；	D-10 分；	E-3 分。
7. A-10 分；	B-4 分；	C-8 分；	D-2 分；	E-7 分。
8. A-4 分；	B-10 分；	C-3 分；	D-6 分；	E-7 分。
9. A-4 分；	B-6 分；	C-2 分；	D-10 分；	E-7 分。
10. A-10 分；	B-2 分；	C-6 分；	D-6 分；	E-7 分。

得分：95 以上：谈判专家；90 ～ 95：谈判高手；80 ～ 90：有一定的谈判能力；70 ～ 80：具有一定的潜质；70 以下：谈判能力不合格，需要继续努力。

☆训练项目 13-2　商务谈判训练

1. 实训物品

谈判桌椅、中外国旗、标的物、文件夹、纸、笔等。

2. 训练方法

将学生分成训练小组。每组设计商务谈判情境，进行商务谈判实训。操作过程中，要充分体现商务谈判的原则、态度和语言礼仪，并注意得体的服饰、恰当的姿态和面部表情。学生进行相互评价，教师最后总结点评操作中的共性、个性问题。

☆训练项目 13-3 谈判模拟演练

1. 6 月 8 日上午，某外贸公司业务员小李（假如你是小李，下同），负责接待前来商务谈判的客人。以下情况，你将怎样选择？为什么？

A. 先接站，然后根据客人的需要安排；　　B. 与对方公司沟通后，提前安排好；

C. 请示领导如何安排；　　D. 按惯例安排。

2. 6 月 9 日下午，得知该公司客人只有 3 天时间进行谈判，以下情况，你将如何选择？为什么？

A. 立即进行谈判；　B. 离开前谈判；　C. 无所谓；　D. 由领导安排。

3. 6 月 10 日，我方公司参加人员为：总经理、财务部长、业务部长、办公室主任等四人，您认为如何分配“红脸”“黑脸”角色？为什么？

4. 制定一个简单的商务谈判工作计划。

5. 谈判出现僵局。原因是价格比计划低了 10%，但是可以签 5 年合同，如果我方坚持价格不变，合同只能签一年。试分析如何打破僵局，才能使我方获得最大的利益？

典型案例

案例13-1　一方完胜的谈判导致双方利益受损

美国纽约工会领导人伯恩斯以“经济谈判毫不让步”而闻名美国。在一次与报业主进行的谈判中，他不顾客观情况，坚持强硬立场，甚至两次号召报业工人罢工，迫使报业主满足了他提出的全部要求。报社被迫同意为印刷工人大幅度增加工资，并且承诺不采用排版自动化等先进技术，防止工人失业。结果是以伯特伦·波厄斯为首的工会一方大获全胜。但是却使报业主陷入困境。先是三家大报被迫合并，接下来便是倒闭，数千名报业工人失业。

（资料来源：王慧敏，吴志樵，周永红．商务礼仪教程．北京：中国发展出版社，2008，PZ34。）

【讨　论】

谈判成功的标准到底是什么？

案例13-2　人品决定谈判成败

一位资深谈判高手在接受记者采访时这样描述令他难忘的一次谈判：“与 A 集团谈判代表的一次为期三个月的商务合作谈判，进行得异常艰难，但最终还是以双方满意的条款签订了合作协议。谈判前，双方都做了充分的‘战前准备’，各自进行了周密的调查和细致分析，对对方谈判代表进行了调查。对方的谈判代表通过各种外部渠道乃至上级、下属了解我的性格和处事风格。

“谈判过程中，对方代表利用所掌握的信息直击我方弱点，其数据的精准性令我吃惊。但我沉着冷静地应对道：‘先生，您列举的数据很准确，甚至连我的助手都不能为我提供这样的数据，这着实让我钦佩。然而，这并不是我们所关注的问题，如果您要寻找我们的劣势，那还需要再下点功夫。’这样的激烈场面在整个谈判过程中数不胜数。”

“在长达三个月的谈判中，处于绝对优势的我一度因谈判不愉快，连续5天拒绝接听对方代表的电话，双方关系异常紧张。然而，正是对方代表那种坚忍不拔、锲而不舍的精神深深打动了我，促成了合作协议的签订。谈判过程中，我方展现的个人魅力征服了对方，相互欣赏、相互信任，使我们成了终身的好朋友。”

（资料来源：谈谈成功的关键．新浪财经，http://finance.sina.com.cn，2006年3月7日，16：06。）

【讨　论】

本案例中什么决定了谈判成败？

【知识强化】认真独立完成知识巩固提高同步练习题。

Chapter 14

第 14 章

仪式礼仪

【学习内容】

开业仪式礼仪：开业仪式的筹备，主办方礼仪，宾客礼仪。签字仪式礼仪：草签合同的礼仪，签署合同的礼仪。剪彩仪式礼仪：剪彩仪式的由来，剪彩的准备，剪彩人员的确定，剪彩仪式的程序，剪彩的礼仪规范。庆典仪式礼仪：组织庆典的礼仪，出席庆典的礼仪。交接仪式礼仪：交接仪式的准备，交接仪式的程序，交接仪式的注意事项。

【学习目标】

在商务活动中，完美地表现现代职场人的职业素质，充分地展示所在单位的良好形象。

【情景导入】

胡利福是某大学管理学院企业管理专业的毕业生，毕业后他应聘到某著名外企做行政助理，主要负责商务仪典方面的策划和实施工作，他需要具备哪些商务仪典的知识才能胜任这份工作呢？

仪式，又称仪典，指在某些特别重大、庄严、隆重、热烈的正式场合，为引起重视，激发情感，而郑重其事地制定规范程序，按部就班地举行活动的具体形式。商务仪典活动主要有开业仪式、签字仪式、剪彩仪式、庆典仪式、交接仪式等。商务活动中恰到好处地应用仪式礼仪，可以较好地扩大组织影响力，提高组织美誉度和知名度。

14.1 开业仪式礼仪

开业仪式，也称开业典礼。是在正式开业之际，为了表示庆贺或纪念，按照一定的程序隆重举行的专门仪式。开业仪式的种类主要有：开幕仪式、奠基仪式、开工仪式、落成仪式、下水仪式、开通仪式等。

开业仪式在商界一直颇受青睐。因势利导利用此仪式，对商家事业发展大有裨益。开业仪式有助于塑造组织的良好形象，提高其知名度和美誉度；有助于扩大组织的社会影响，引起社会各界的重视和关心；有助于“广而告之”，借以招徕顾客；有助于与社会各界分享成功，利于今后进一步合作；有助于增强员工的责任心与自豪感，创造事业新辉煌。

14.1.1 开业仪式筹备

举行开业仪式，要遵循“热烈、隆重、节俭”的原则。

14.1.1.1 做好开业仪式的舆论宣传

选择有效的大众传播媒介，集中性的广告宣传。可在报纸、电台、电视台广泛发布广告或在告示栏张贴告示，公告开业仪式举行的日期及地点、开业单位的经营范围及特色、开业之际对顾客的优惠等，以引起公众高度关注。开业广告或告示发布时间一般在开业前 3 天内为宜。邀请有关大众传播界人士，在开业仪式举行时到场采访，进行正面宣传报道。

14.1.1.2 做好来宾邀请

开业仪式影响力的大小，往往取决于来宾的身份高低与数量多少。在能力所及的情况下，应尽可能多地邀请来宾。地方领导、上级主管部门与地方职能管理部门的领导、合作单位与同行单位的领导、社会团体负责人、社会名流、新闻界人士等，都是邀请时应考虑的重点。其中新闻界人士是邀请的首要对象。

14.1.1.3 发放请柬

请柬提前一周发送较好，便于被邀者早作安排和准备。请柬应文字简洁，措辞热情，内容完整，印制精美。姓名书写要整齐，不能潦草马虎。一般的请柬可派人送达，也可邮寄。给有名望的人士或主要领导的重要请柬应派专人送达，以示诚恳和尊重。

14.1.1.4 布置现场

现场布置应突出喜庆、热闹的气氛，营造隆重而令人振奋的氛围。开业仪式多在开业现场举行，要求宽敞的活动空间，正门外广场、正门内大厅、展厅等处均可作为举行地点。按照惯例，举行开业仪式宾主一律站立，故一般不设置主席台及座椅。为显示隆重与敬客，应在来宾尤其是贵宾讲话之处铺设红色地毯，在场地四周悬挂横幅、标语、气球、彩带、宫灯，在醒目之处摆放来宾赠送的花篮、牌匾等。

14.1.1.5 准备开幕词、致辞

仪式开始，首先是组织负责人致辞，向来宾表示感谢，介绍经营特色和服务内容等。随后上级领导和来宾致祝词，准备开幕词、致辞是一项重要工作，要求言简意赅、热情庄重，起到密切感情、增加友谊的作用。

14.1.1.6 做好接待服务

应安排专人在会场门口接待来宾，签到后引导来宾就位。重要来宾须由主要负责人亲自出面接待，其他来宾可由礼仪小姐接待。来宾较多，应准备专用停车场、休息室。

14.1.1.7 备好馈赠礼品

馈赠礼品应满足以下“三性”要求：一是宣传性。可在礼品及其外包装上印单位标志、产品图案、开业日期、广告等。二是荣誉性。有纪念意义，产生光荣和自豪感，让拥有者重视珍惜。三是独特性。应当与众不同，具有鲜明的特色，使人爱不释手。

14.1.1.8 拟定仪式程序

开业仪式一般都由开场、过程、结束三个阶段构成。

（1）开场。奏乐，邀请来宾就位，宣布仪式正式开始，介绍主要来宾。

（2）过程，是开业仪式的核心内容，通常包括本单位负责人讲话、来宾代表致辞、启动某项开业标志等。

（3）结束，包括宾主现场共同参观、联欢、座谈等，是开业仪式必不可少的内容。

14.1.1.9 做好各种物质准备

（1）用品准备。来宾签到簿、本单位宣传材料、待客饮料等要准备好。

（2）设备准备。音响、录音录像、照明等设备及开业仪式所需的各种用具、设备，必须认真检查调试，以防出现差错。一般在开会前 1 小时应再检验一遍。

14.1.2 开业仪式礼仪

14.1.2.1 主办方礼仪

内容主要包括：仪容整洁，仪表规范，服饰规范。准备充分，请柬发放及时，无遗漏；座位座次、迎送车辆安排好。遵守时间，仪式应准时开始，准时结束。出席人员不得迟到、无故缺席或中途退场。态度友好，遵守见面礼仪和接待礼仪。行为自律，出席人员不得东张西望，嬉笑打闹，心不在焉。

14.1.2.2 宾客礼仪

内容主要包括：准时参加，如有特殊情况不能到场，应尽早通知主办方，说明理由并表达歉意。最好送贺礼，可以选择花篮、镜匾、楹联等，贺礼上应写明庆贺对象、缘由、贺词及祝贺单位。恭致祝词，简短精练，以贺顺利、发财、兴旺的吉利话为主。广交朋友，礼貌待人，可通过自我介绍、互换名片等方式结识更多的朋友。礼节性支持，如鼓掌、合影、跟随参观、写留言等。礼貌告辞，仪式结束后应和主办人握手告别，并致谢意。

14.2 签字仪式礼仪

签字仪式，也叫签约仪式。为使有关各方重视合同、遵守合同，在签署合同时，郑重其事地举行签字仪式。签字仪式，国际社会都非常重视。在具体签署合同之际，为郑重起见，依惯例举行的程式化活动。签字仪式可分为合同草拟阶段与合同签署阶段两部分。

14.2.1 草拟合同礼仪

14.2.1.1 明确合同种类

商界人士工作中用到的商务合同种类繁多，常见的有购销合同、借贷合同、租赁合同、协作合同、加工合同、基建合同、仓保合同、保险合同、货运合同等。

14.2.1.2 遵守合同格式

合同起草有一定的规范，格式上要求目的明确，内容具体，用词标准，数据精确，项目完整，书面整洁。

合同写法上，大体有条款式和表格式两类。条款式合同，是以条款形式出现的合同。表格式合同，是以表格形式出现的合同。在写法上有各自的具体规范，实践中要严格遵守，不可随意。一般来说，标的、费用与期限被称作合同内容的三大要素。在任何一项合同中都应三者齐备，缺一不可。从具体条款看，一份合同至少要具备标的、数量或质量、价款或酬金、履约期限与地点及其方式、违约责任等五大基本内容。

14.2.1.3 拟定合同应注意的问题

草拟合同除了格式要标准、规范外，还须注意遵守法律、符合惯例、合乎常识、顾及对方等四个方面的关键问题。

1. 草拟合同必须遵守法律

商务交往中，所有正式的合同都具有法律约束力，一旦订立，任何一方都不可擅自变更或解除。因此，商务人员必须熟悉国家的有关法律法规。拟定合同时，必须遵守有关法律法规，主要涉及商品生产、技术管理、外汇管制、税收政策以及商检科目等五个方面。

草拟涉外商务合同，还须遵循我国法律和国际条约。遵循我国法律，是国家主权原则的体现，也是为了维护我国的社会公共利益；遵循国际条约，则是为了更好地与国际社会接轨，保证国际经济合作顺利进行。

2. 草拟合同须符合惯例

草拟合同时，遇有关法律法规尚未规定的，可采用商务惯例。所谓商务惯例，是指那些为商界所普遍接受的约定俗成的常规做法。惯例是维系商务交往正常化的一大基石。

3. 草拟合同须合乎常识

草拟合同应具备常识，与其业务有关的专业技术方面的基础知识，包括商品知识、金融知识、运输知识、保险知识和商业知识等都应具备。商务交往中，没有知识就等于没有实力。具备上述各方面的常识，工作得心应手，也能为交往对象所敬重。

4. 草拟合同须顾及对方

正式合同是有关各方协商一致的结果。把己方意志强加于对方，强迫他人订立“城下之盟”，合同即使勉强签署，事后也会发生纠纷，对各方都会不利。草拟合同时，既要“以我为中心”，优先考虑己方的切身利益，又要替他方着想，尽可能照顾他方利益，这是促使合同为对方所接受的最佳途径。

合同的成立生效，通常要履行一定的手续。依照我国的有关法律规定，当事人就合同条款达成书面协议并且签字，即为合同成立。通过信件、电报、传真、电传达成了协议，一方当事人要求签订确认书的，则签订确认书时合同成立。唯有经过有关当事人正式签字，合同才正式成立并生效。

14.2.2 签署合同礼仪

14.2.2.1 签字仪式准备

1. 布置签字厅

签字厅有常设专用的，也有临时用会议厅、会客厅的。布置时要遵循庄重、整洁、清静的原则。

一间标准的签字厅，室内应铺满地毯，除了必要的签字用桌椅外，不要其他陈设。正规的签字桌为长桌，铺深绿色台布。按照仪式礼仪规范，签字桌应横放于室内，其后摆放适量座椅。签署双边性合同，可放置两张座椅，供签字人就座。签署多边合同，可仅放一张座椅，供签字时轮流就座；也可为每位签字人放一张座椅。签字人座位，一般应面对正门。

签字桌上应事先放好待签的合同文本及签字笔、吸墨器等签字用文具。签署涉外合同，需在签字桌上插放有关各方的国旗。插放国旗的位置与顺序，须按礼宾序列而行。签署双边性涉外商务合同，有关各方的国旗须插放在该方签字人座椅的正前方。

2. 安排签字座次

正式签署合同，礼遇要求甚为严格。最能体现礼遇的是座次，应当认真对待。签字各方的座次，由主方先期排定。合乎礼仪的做法是：签署双边性合同，应请客方签字人在签字桌右侧就座，主方签字人就座于左侧。各自的助签人应站立于己方签字人的外侧，以便随时对签字人提供帮助。双方其他随员，按照一定的顺序在己方签字人的正对面就座，也可以依照职位高低，自左至右（客方）或自右至左（主方）依次列成一行，站立于己方签字人身后。人数多时，可遵照“前高后低”的惯例，按照以上顺序排成两行、三行或四行。原则上双方随员人数应大体相近。

3. 签字仪式程序

签字仪式是签署合同的高潮，时间不长，要求规范、庄严、隆重而热烈。签字仪式的正式程序共分为五项：

（1）签字仪式正式开始。双方参加签字仪式的人员步入签字厅。签字人入座。助签人员分别站立于签字人外侧，协助翻揭文本及指明签字处。其他人员分主方、客方按身份顺序站立于后排，客方人员按身份高低从中向右排，主方人员按身份高低由中向左排。

（2）正式签署合同文本。通常做法是先签署己方保存的合同文本，再签署他方保存的合同文本。签字人签署己方保存的合同文本，按惯例应当名列首位。然后再交由他方签字人签字（由助签人交换）。其含义是在位次排列上，轮流使有关各方有机会居于首位一次，以示机会均等，各方平等。

（3）正式交换已经正式签署的合同文本。此时，各方签字人应热烈握手，互致祝贺，并可相互交换签字时使用过的签字笔，以表纪念。全场人员应鼓掌，表示祝贺。

（4）饮香槟酒祝贺。交换已签的合同文本后，有关人员尤其是签字人，当场以香槟酒干杯，是通行的用以增添喜庆色彩的做法。

（5）有序退场。请双方最高领导及客方先退场，然后东道主再退场。

整个签字仪式以半小时为宜。一般情况下，商务合同正式签署后，应提交有关方面公证，才正式生效。

14.3 剪彩仪式礼仪

剪彩仪式，是商界有关单位，为公司设立、企业开工、宾馆落成、商店开张、银行开业、大型建筑物启用、道路或航线开通、展销会或博览会开幕等庆贺事项，隆重举行的一项礼仪性程序。因其主要活动内容，是约请专人使用剪刀剪断被称之为“彩”的红色缎带，故此被称为剪彩。

14.3.1 剪彩仪式由来

20世纪初，在美国的一个乡间小镇上，有家商店的店主慧眼独具，从一次偶然发生的事故中得到启迪，开一代风气之先，为商家创立了一种崭新的庆贺仪式——剪彩仪式。

1912年，美国圣安东尼奥市的华狄密镇，有家百货商店即将开业。店主威尔斯为了阻止蜂拥而至的顾客在正式营业前闯入店内，随便找来一条布带子拴在门框上。不曾料到这项临时性的措施竟然更加激发了挤在店门外的人们的好奇心，人们更想早一点进入店内，以便抢到中意的便宜货。

就在店门外的人有些迫不及待时，店主的小女儿牵着一条小狗突然从店里跑出来，将拴在店门上的布带子碰落在地。人们误以为这是该店为了开张志喜所搞的“新把戏”，于是立即一拥而入，大肆抢购。让店主转怒为喜的是，这家小店开业之日的生意居然红火得令人难以置信。店主认为好运气全是由那条被小女儿的小狗碰落在地的布带子带来的。此后在他的几家“连锁店”陆续开业时，他便将错就错地如法炮制。久而久之，剪彩从一次偶然的“事故”发展为一项重要的活动程序，进而演化为一项隆重而热烈的仪式。剪彩者先是由专人牵着一条小狗来充当，让小狗故意去碰落店门上所拴着的布带子，后来改由儿童担任，让他单独去撞断门上拴着的一条丝线。再后来剪彩者又变成了妙龄少女，她的标准动作，是当众撞落拴在门口的大红缎带。最后，剪彩被定型为邀请社会贤达和当地官员，用剪刀剪断礼仪小姐手中所持的大红缎带。

从剪彩的发展过程看，最初只不过是用以促销的一种手段，后来演变为商务活动中的一项重要仪式。在各式各样的开业仪式中，剪彩都是一项极其重要的不可或缺的程序。尽管也可以单独分离，独立成项，但它更多附属于开业仪式，这是剪彩仪式的重要特征之一。

具体而言，剪彩一直长盛不衰并仍被业内人士看好，主要基于三个原因：第一，剪彩活动热热闹闹，轰轰烈烈，既能给主人带来喜悦，又能令人产生吉祥如意之感；第二，剪彩不仅是对主人既往成绩的肯定和庆贺，而且也是鞭策与激励，促使其再接再厉，继续进取；第三，剪彩借活动良机，广而告之，以吸引各界的关注。

剪彩仪式上有众多的惯例、规则必须遵守，具体程序亦有一定要求。现在通行的剪彩仪式主要包括：剪彩准备、剪彩人员、剪彩程序、剪彩礼仪规范等四方面内容。

14.3.2 剪彩准备

剪彩仪式有大量准备工作要做。主要涉及场地布置、环境卫生、灯光音响准备、媒体邀请、人员培训等。准备必须认真细致，精益求精。尤其要对剪彩仪式上使用的诸如红色缎带、新剪刀、白色薄纱手套、托盘以及红色地毯等物，仔细选择。

14.3.2.1 红色缎带

即剪彩仪式之中的“彩”。作为主角，缎带自然是万众瞩目。按照传统做法，“彩”应由一整匹未曾用过的红色绸缎中间结成数朵花团而成。有些单位为了节约，代之以长度为两米左右的细窄的红色缎带，或者以红布条、红线绳、红纸条作为其变通，也是可行的。红色缎带上所结的花团，不仅要生动、硕大、醒目，而且其具体数目还同现场剪彩者的人数直接相关。红色缎带上所结花团的具体数目有两类模式，或是花团数目较现场剪彩者多一个，或是花团的数目较现场剪彩者少一个。前者可使每位剪彩者总是处于两朵花团之间，尤显正式。后者则不同常规，亦有新意。

14.3.2.2 新剪刀

专供剪彩者在剪彩仪式上使用。每位现场剪彩者应人手一把，而且必须崭新、锋利而顺手。事先要逐把检查是否已经开刃，好不好用。务必确保剪彩者在正式剪彩时，可以“手起刀落”，一举成功。剪彩仪式结束后，主办方可将使用后的剪刀经过包装后，送给剪彩者以资纪念。

14.3.2.3 白色薄纱手套

专为剪彩者准备。剪彩时最好每位剪彩者戴一副白色薄纱手套，以示郑重其事。准备白色薄纱手套时，除了要确保数量充足外，还须大小适度、崭新平整、洁白无瑕。有时，亦可不准备白色薄纱手套。

14.3.2.4 托盘

托在礼仪小姐手中，用作盛放红色缎带、剪刀、白色薄纱手套的盘子。所用托盘最好崭新、洁净。通常首选银色不锈钢制品。为显示正规，使用时上铺红色绒布或绸布。就其数量而论，剪彩时，可以一只托盘依次向各位剪彩者提供剪刀与手套，并同时盛放红色缎带；也可为每一位剪彩者配置一只专为其服务的托盘，红色缎带专由一只托盘盛放。后一种显得更为正式。

14.3.2.5 红色地毯

铺设在剪彩者正式剪彩时的站立之处。长度可视剪彩人数的多寡而定，宽度要在一米以上。剪彩现场铺设红色地毯，主要是为了提升档次，营造喜庆气氛。有时，亦可不铺设红地毯。

14.3.3 剪彩人确定

剪彩人必须审慎选定。剪彩仪式上最为活跃的，当然是人而不是物。对剪彩人必须认真选择，并在事先进行必要的培训。除主持人外，剪彩人主要由剪彩者与助剪者两种人构成。

14.3.3.1 剪彩者礼仪

在剪彩仪式上担任剪彩者，是很高的荣誉。剪彩仪式档次的高低，往往同剪彩者身份密切相关。选定剪彩人，最重要的是要把剪彩者选好。

剪彩者，即在剪彩仪式上持剪刀剪彩之人。根据惯例，剪彩者可以是一人，也可以是几人，但一般不应多于五人。通常，剪彩者多由上级领导、合作伙伴、社会名流、员工代表或客户代表担任。

确定剪彩者名单，必须在剪彩仪式正式举行前。名单一经确定，即应尽早告知对方，使其有所准备。确定剪彩者时，必须尊重对方个人的意见，切勿勉强。需要数人同时担任剪彩者，应分别告知每位剪彩者届时他将与何人同担此任。这样做，是对剪彩者的尊重。千万不要“临阵磨枪”，在剪彩开始才强拉硬拽，临时找人凑数。

剪彩者是剪彩仪式上的关键人物，应当讲究有关礼仪。剪彩者的仪表和举止，直接影响剪彩仪式的效果。必要时，可在剪彩仪式举行前，集中剪彩者，告知有关注意事项，并稍加排练。按照常规，剪彩者应着套装、套裙或制服，头发梳理整齐。不允许戴帽子或者墨镜，也不允许穿便装。剪彩者精神要饱满，给人以稳健干练的印象。剪彩者走向剪彩的绸带时，应面带微笑，落落大方。当工作人员用托盘呈上剪彩的剪刀时，剪彩者应点头致意，并向左右两边手持彩带的工作人员微笑致意，然后全神贯注，把彩带一刀剪断。剪彩完毕，放下剪刀，应转身向四周的人鼓掌致意。

14.3.3.2 剪彩者位次安排

剪彩者仅为一人，剪彩时居中而立即可。剪彩者不止一人，上场剪彩时位次的尊卑必须予以重视。规矩是中间高于两侧，右侧高于左侧，距离中间站立者愈远位次愈低，即主剪者应居于中央位置。剪彩者位次“右侧高于左侧”，是国际惯例，剪彩仪式理当遵守。若剪彩仪式并无外宾参加，按我国“左侧高于右侧”的传统做法，亦无不可。

14.3.3.3 助剪者礼仪

助剪者，指的是剪彩者剪彩的一系列过程中从旁提供帮助的人。一般而言，助剪者多由东道主一方的女职员担任，常规称呼是礼仪小姐。剪彩仪式上服务的礼仪小姐，可分为迎宾者、引导者、服务者、拉彩者、捧花者、托盘者。迎宾者的任务，是在活动现场迎来送往。引导者的任务，是在剪彩时带领剪彩者登台或退场。服务者的任务，是为来宾尤其是剪彩者提供饮料，安排休息之处。拉彩者的任务，是在剪彩时展开、拉直红色缎带。捧花者的任务，是在剪彩时手托花团。托盘者的任务，则是为剪彩者提供剪刀、手套等剪彩用品。

迎宾者与服务者应不止一人。引导者既可以是一人，也可以为剪彩者各配一人。拉彩者通常应为两人。捧花者的人数需视花团的具体数目而定，一般应一花一人。托盘者可以为一人，亦可为剪彩者各配一人。有时，礼仪小姐亦可身兼数职。

礼仪小姐的基本条件是：相貌姣好、身材颀长、年轻健康、气质高雅、音色甜美、反应敏捷、机智灵活、善于交际。礼仪小姐的最佳装束应为：化淡妆，盘头发，穿款式、面料、色彩统一的单色旗袍，配肉色连裤丝袜、黑色高跟皮鞋。除戒指、耳环或耳钉外，不佩戴其他首饰。礼仪小姐身穿深色或单色的套裙亦可，但是穿着打扮应尽可能整齐划一。必要时，可聘请礼仪公司的礼仪小姐。

14.3.4　剪彩仪式程序

剪彩须有条不紊。剪彩仪式一般在即将启用的建筑、工程或者展销会、博览会现场举行。地点选在正门外广场、正门内大厅等地。活动现场可略作装饰。在剪彩处悬挂有剪彩仪式名称的大型横幅，必不可少。

剪彩仪式宜紧凑，忌拖沓，时间安排愈短愈好。短则一刻钟，长不超过一小时。按照惯例，剪彩既可以是开业仪式中的一项具体程序，也可以相对独立。独立的剪彩仪式，通常应包含如下六个方面。

14.3.4.1　请来宾就位

通常只为剪彩者、来宾和本单位负责人安排座席。仪式开始，应敬请重要来宾和主要领导就座。剪彩者应就座于前排，多人应按剪彩的具体顺序就座。

14.3.4.2　宣布仪式正式开始

主持人宣布仪式开始，乐队奏乐，现场可燃放鞭炮，全体到场者应热烈鼓掌。主持人向全体到场者介绍重要来宾。

14.3.4.3　奏国歌

应全场起立。必要时，亦可演奏本单位的标志性歌曲。

14.3.4.4　发言

发言者依次为东道主单位代表、上级主管部门代表、地方政府代表、合作单位代表等。发言应言简意赅，每人不超过 3 分钟，内容包括介绍、道谢与致贺。

14.3.4.5　剪彩

此刻全体应热烈鼓掌，必要时可奏乐或燃放鞭炮。剪彩前，须向全体到场者介绍剪彩者。

14.3.4.6　参观

剪彩后，主人应陪同来宾参观。剪彩仪式至此宣告结束。最后东道主单位可向来宾赠送纪念性礼品，视情况可以正式宴会或自助餐款待全体来宾。

14.3.5 剪彩礼仪规范

剪彩礼仪须标准无误。剪彩者与助剪者的具体做法须合乎规范，否则就会使其效果大受影响。

14.3.5.1 剪彩服务人员礼仪规范

主持人宣告进行剪彩仪式，礼仪小姐即应率先登场。上场时礼仪小姐排成一行行进。一般从两侧同时登台，或从右侧登台。登台后拉彩者与捧花者应站成一行，拉彩者站于两端拉直红色缎带，捧花者各自双手捧一朵花团。托盘者须站立在拉彩者与捧花者身后1米左右，并且自成一行。

14.3.5.2 剪彩者礼仪规范

剪彩者登台时宜从右侧出场，引导者应在其左前方进行引导，使之各就各位。剪彩者均已到既定位置后，托盘者应前行一步，到剪彩者的右后侧，为其递上剪刀、手套。

剪彩者为多人，登台时亦应列成一行，主剪者行进在前。剪彩者行至既定位置后，应向拉彩者、捧花者含笑致意。当托盘者递上剪刀、手套时，亦应微笑道谢。在主持人介绍剪彩者时，应面含微笑向全场欠身或点头致意。

正式剪彩前，剪彩者应向拉彩者、捧花者示意，待其有所准备后，集中精力，右手手持剪刀，表情庄重地将红色缎带一刀剪断。多名剪彩者同时剪彩时，其他剪彩者应注意主剪者动作，与其协调一致，尽量同时将红色缎带剪断。

按照惯例，剪彩后红色花团应落入托盘，这需捧花者与托盘者的合作，切勿使之坠地。剪彩后，剪彩者可以右手举起剪刀，面向全场致意。然后放剪刀、手套于托盘内，举手鼓掌。

14.3.5.3 剪彩退场礼仪规范

剪彩完毕,，剪彩者可依次与主人握手道喜，并列队在引导下从右侧下台退场。待剪彩者退场后，其他礼仪小姐方可列队由右侧退场。不管是剪彩者还是助剪者上下场时，都要注意步履稳健、神态自然、井然有序。剪彩过程中，更是要表现得彬彬有礼、落落大方。

14.4 庆典仪式礼仪

庆典仪式是围绕重大、特殊事件或重要节日而举行的既隆重又热烈的纪念庆祝活动。要求务实不务虚。在筹备与运作时，应遵循有关的商务礼仪与惯例，既能由此而增强本单位全体员工的凝聚力与荣誉感，又能使社会各界人士对本单位重新认识、刮目相看。商界举行的庆典仪式大致分为周年庆典、业绩庆典、荣誉庆典、发展庆典四类。

14.4.1 组织庆典礼仪

庆典一经决定举行，即应成立对此全权负责的筹备组。庆典筹备组内应根据具体需要，下设若干专项小组，明确职责，分工负责。

14.4.1.1　确定人员

这是商务典礼中非常重要的一环。应以庆典宗旨为指导思想，认真拟定庆典出席人员名单。庆典出席人员通常应包括：上级领导、社会名流、合作伙伴、行业协会负责人、大众传媒记者、单位员工。

14.4.1.2　现场布置

庆祝仪式现场是庆典活动的中心。地点安排、布置是否恰如其分，直接关系庆典的成败。选择具体地点，应结合庆典的规模、影响力以及本单位的具体情况决定。室外举行庆典要慎重，勿妨碍交通，制造噪声。

为了烘托出热烈、隆重、喜庆的气氛，可在现场悬挂彩灯、彩带，张贴宣传标语，张挂标明庆典主题的大型横幅。举行庆典前，要把音响准备好，并认真检查，避免现场出错。庆典举行前后，要播放一些喜庆、欢快的乐曲。播放的乐曲，应事先确定，切勿届时随意选择，选择不当，大大破坏现场气氛。

14.4.1.3　接待来宾

与一般商务交往中来宾接待相比，对出席庆祝仪式来宾的接待，更应突出礼仪性特点。不但应当热情细致地照顾好全体来宾，而且还应当通过主办方的接待工作，使来宾感受到主人的真情厚意，要想方设法使每位来宾都能心情舒畅。

负责礼宾工作的接待小组，原则上应由年轻、精干、身材与形象较好、口头表达能力和应变能力较强的男女青年组成。接待小组成员的具体工作包括：来宾的迎送、来宾的引导、来宾的陪同、来宾的接待。具体工作是负责到场来宾的迎接、引导和送别，为来宾送饮料、上点心以及提供其他方面的照顾。对于某些年事已高或重量级的来宾，要始终有专人陪同，以便关心与照顾。

14.4.1.4　具体程序

主要包括：介绍来宾，宣布庆典正式开始，本单位主要负责人致辞，嘉宾讲话，安排文艺演出，来宾参观。

14.4.2　出席庆典礼仪

14.4.2.1　注重仪容仪表

举行庆祝仪式前，主办单位应对全体员工进行必要的礼仪宣传培训，强调有关注意事项。所有出席庆典人员，事先都要做好个人清洁，整理好个人形象。若有统一式样制服，应要求以制服作为庆典着装。无制服的应规定届时必须穿着礼仪性服装。

14.4.2.2　遵守仪式时间

遵守时间是基本的商务礼仪之一。庆典的所有出席者都须重视这一问题。无论是最高负责人，还是普通员工，都不得迟到或无故缺席，更不能中途退场。如果庆典的起止时间已有规定，则应当准时开始，准时结束。

14.4.2.3 保持会场秩序

庆典举行期间，不允许嬉闹，或是无精打采，这会使来宾产生不良印象，破坏单位整体形象。举行庆典过程中，都要表情庄重、聚精会神。庆典中安排了升国旗、奏国歌、唱本单位歌曲的程序，一定要依礼行事：起立、脱帽、立正，面向国旗或主席台行注目礼，并且态度认真、表情庄严肃穆，和大家一起唱。

14.4.2.4 主办方人员礼仪

来宾在庆典上发表讲话或是随后进行的参观，要主动鼓掌表示欢迎。即使个别来宾在庆典中表现不够友好，或说了不中听的话，主办方人员也应保持礼貌，不要有过激行为。不允许打断来宾的讲话，向其提出挑衅性质疑，或是对其进行人身攻击。

14.4.2.5 发言人礼仪

发言者走向讲坛时，应不慌不忙，开口讲话前，应平心静气。发言开始先说“大家好”或“各位好”。提及感谢对象时，应目视对方。表示感谢时，应郑重地欠身施礼。对于听众的鼓掌，要以鼓掌回礼。讲话结束时，应道谢。

14.4.2.6 来宾应遵守礼仪

来宾参加庆典时，同样须遵守礼仪，以良好的临场表现，表达对主办单位的敬意与对庆典本身的重视。此时此刻表现失礼，对主办单位是一种伤害。以单位名义参加，更要注意临场表现，不可举止粗俗或放纵不羁，损害本单位形象。

14.5 交接仪式礼仪

交接仪式，是施工或安装单位依照合同将已经建设、安装完成的工程项目或大型设备经验收合格正式移交给使用单位而举行的庆祝典礼。工程项目或大型设备包括厂房、商厦、宾馆、办公楼、机场、码头、车站，或飞机、轮船、火车、机械、物资等。举行这种仪式，既是与合作伙伴成功合作的感谢，也是对给予关心、支持和帮助的社会各界的感谢，这一活动对提高组织的知名度，塑造良好的组织形象有重要作用。

交接仪式应遵循的礼仪，包括交接仪式准备、交接仪式程序、交接仪式参加三个方面。

14.5.1 交接仪式准备

14.5.1.1 邀请来宾

一般应由东道主——施工、安装单位负责邀请来宾。出席人员应当包括施工、安装单位有关人员，接收单位有关人员，上级主管部门有关人员，当地政府有关人员，行业组织、社会团体有关人员，各界知名人士，以及协作单位有关人员等。具体拟定来宾名单时，施工、安装单位亦应主动征求合作伙伴（接收单位）的意见。接收单位对于施工、安装单位草拟的名单不宜过于挑剔，可以酌情提出合理建议。

举行交接仪式，东道主应多邀请媒体记者参加，并尽可能地为其提供一切便利。对于不邀而至的新闻界人士，要做到来者不拒。邀请海外媒体人员参加，须认真遵守有关外事规则与纪律，事先履行必要的报批手续。

14.5.1.2　布置现场

举行交接仪式的现场，亦称交接仪式的会场。通常视交接仪式的重要程度、出席人数、具体程序与内容以及是否要求保密等几方面的因素而定。根据常规，一般可将交接仪式的举行地点安排在已经建设、安装完成并已验收合格的工程项目或大型设备所在地的现场。有时亦可安排在东道主单位的会议厅或由施工、安装单位与接收单位共同认可的其他场所，如宾馆、礼堂等处。某种意义上，使用这些场所还可提升交接仪式的档次。

14.5.1.3　准备相关物品

交接仪式上要使用的物品，应由东道主一方提前准备好。必不可少的是作为交接象征的有关物品。主要有验收文件、一览表、钥匙等。验收文件指已公证的由交接双方正式签署的接收证明性文件；一览表指交付给接收单位的全部物资、设备或其他物品的名称、数量明细表；钥匙则指用来开启被交接的建筑或机械设备的钥匙，因其具有象征性意味，预备一把即可。

此外，主办交接仪式的单位，还要为交接仪式现场准备用以烘托喜庆气氛的物品，并应为来宾准备一份薄礼。送给来宾的礼品，应突出纪念性、宣传性，如被交接工程项目、大型设备的模型，或以其为主的画册、明信片、纪念章、领带针、钥匙扣等为首选。

14.5.2　交接仪式程序

拟定具体程序，须注意两个问题：一是总体上按惯例进行，少标新立异；二是实事求是、量力而行。常见的交接仪式程序有如下几点。

14.5.2.1　主持人宣布交接仪式正式开始

主持人在宣布正式开始之后，要向全体与会者介绍来宾，全场应热烈鼓掌。

14.5.2.2　奏国歌

全体与会者须肃立。也可演奏东道主单位的标志性歌曲。

14.5.2.3　有关工程项目或大型设备交接

施工、安装单位代表，将有关工程项目、大型设备的验收文件、一览表或者钥匙等象征性物品，正式递交给接收单位代表。双方应面带微笑，双手递交、接收。交接后双方应热烈握手、合影留念。参加者应热烈鼓掌，以示祝贺。

14.5.2.4　各方代表发言

交接仪式上，按惯例须有关各方代表发言。发言顺序依次应为施工、安装单位代表，接收单位代表，来宾代表等。发言应简短明了，原则上每个人的发言时间应控制在 3 分钟以内。

14.5.2.5　宣告交接仪式正式结束

宣告交接仪式正式结束后，与会者应再次鼓掌表示热烈祝贺。随后安排全体来宾参观或观看文娱表演等活动。参观中，东道主一方应安排有经验的陪同、解说人员，使来宾通过现场参观，加深对有关工程项目或大型设备的认识。涉及商业秘密，不便现场参观，可通过观看有关图片展览或发放宣传资料的方式，适当地满足来宾的好奇心。

14.5.3　交接仪式注意事项

参加交接仪式的东道主和来宾，在礼仪礼貌上都要表现得体。

14.5.3.1　东道主注意事项

1. 仪表整洁

参加交接仪式的东道主人员，要求仪容规范、服饰得体、举止大方，最好穿节日盛装。

2. 保持风度

交接仪式举行期间，不得东游西逛、交头接耳、打打闹闹。为发言者鼓掌，不允许厚此薄彼、区别对待。

3. 热情友好

不管是否专门负责接待、陪同或解说工作，东道主全体人员都应自觉地树立主人翁意识。来宾提出问题或需要帮助都要热情相助，不得一问三不知、借故推脱、拒绝帮忙，甚至胡言乱语、说风凉话。即使力不能及，也要向对方说明原因，并及时向有关方面反映情况。

14.5.3.2　来宾注意事项

1. 准点到场

若无特殊原因，接到邀请后，务必正点抵达为活动捧场。不能出席应尽早通知东道主。

2. 表示祝贺

接到正式邀请后，被邀请者应及时以单位或个人名义发出贺电或贺信，表示热烈祝贺。出席交接仪式时，面交贺电或贺信给东道主也可行。被邀请者在参加仪式时，须郑重其事地与东道主的主要负责人一一握手，再次口头道贺。

3. 敬献贺礼

为表示祝贺，可向东道主赠送花篮、牌匾等以表祝贺。

4. 预备贺词

假若与东道主关系密切，须提前预备一份书面贺词，供被邀请代表发言用。

课堂训练

任务驱动

1. 全班动员，通力合作，准备某公司大型招待晚宴。
2. 在下一次上课前预习下一章内容，做好必要的实训准备。

训练项目

☆**训练项目 14-1　举行某大型商场开业仪式**

☆**训练项目 14-2　演出已经准备好的礼仪小品剧**

典型案例

别开生面的开业典礼

2008 年 8 月 8 日，是北方某市新建云海大酒店隆重开业的日子。

这一天，酒店上空彩球高悬，四周彩旗飘扬，身着鲜艳旗袍的礼仪小姐站立在酒店门两侧，她们身后是摆放整齐的鲜花花篮，所有员工服饰一新，面目清洁，精神焕发，整个酒店沉浸在喜庆的气氛中。

开业典礼在酒店前广场举行。

上午 11 时许，应邀前来的有关领导、各界友人、新闻记者陆续到齐。正在举行剪彩之际，天空突然下起了倾盆大雨，典礼只好移至酒店大堂内继续，一时间，大堂内聚满了参加庆典的人员和避雨的行人。大堂内灯光齐明，典礼仪式在音乐和雨声中隆重举行，使得庆典别具一番特色。

典礼完毕，仍在下雨，大堂内避雨的行人，短时间内也无法离去，许多人焦急地盯着大堂外。此时，酒店经理当众宣布："今天到酒店的都是我们的嘉宾，这是天意，希望大家能同敝店共享今天的喜庆，我代表酒店真诚邀请诸位到餐厅共进午餐，当然一切全部免费。"霎时间，大堂内响起雷鸣般的掌声。

虽然开业额外花了一笔午餐费，但酒店的名字在新闻媒体及众多顾客的渲染下迅速传播，接下来的生意格外红火。

（资料来源：杨眉 .《现代商务礼仪》.1 版，大连：东北财经大学出版社，2000.）

【讨 论】

典礼类活动中如何处理好正常与意外的关系。

【知识强化】认真独立完成知识巩固提高同步练习题。

Chapter 15

第 15 章

宴请礼仪

【学习内容】

宴请类型；中餐宴请座次礼仪；西餐宴请座次礼仪；中餐宴请礼仪；中餐酒水礼仪；中餐茶水礼仪。西餐宴请礼仪；西餐酒水礼仪；西餐咖啡礼仪。

【学习目标】

在商务活动中，完美地表现现代职场人的职业素质，充分地展示所在单位的良好形象。

【情景导入】

张飞鹏是某高校旅游管理学院餐饮管理专业的毕业生。毕业后应聘到深圳一家国际知名品牌的五星级酒店担任餐饮主管工作。有一天，他接到上级指示，一家公司要为前来洽谈工作的客人举行欢迎宴会。东道主 15 人参加，来宾有 15 人，要求安排中式海鲜菜，每桌价格在 2 600 元左右。张飞鹏根据自己所掌握的宴请礼仪知识，很快做出了欢迎宴会方案，送公司领导审查，公司领导认可。宴会举办后，这家公司很满意。请问你知道张飞鹏主要根据哪些中餐礼仪知识来安排这次宴请的吗?

吴元彪是某大学管理学院营销专业的毕业生。毕业后应聘到某国际知名的洗涤用品公司从事市场营销工作。入职没多久，公司的营销总监路易斯要请从法国来的客人在广州白云宾馆吃西餐，路易斯要吴元彪作为东道主之一出席作陪。吴元彪此前还真没进高档餐厅吃过正儿八经的西餐。请问，吴元彪参加西餐宴会，应注意哪些礼仪呢?

以宴请的方式款待客人，是商务交往的一项经常性的活动，是商务交往的一种重要形式。与一般的吃吃喝喝不同，恰到好处的宴请，为交往方的友谊增添许多色彩，为各方的合作打下了感情基础。

15.1　宴请概述

15.1.1　宴请类型

通用的宴请形式有宴会、招待会、工作餐、茶会等，采取何种形式，根据活动目的、邀请对象以及经费开支等因素决定。每种类型的宴请均有与之匹配的特定礼仪要求。

15.1.1.1　宴会

通常指以用餐为形式的商务聚会，按其隆重程度、出席规格，分为正式宴会和非正式宴会。

1. 正式宴会

正式宴会是隆重而正规的宴请。在比较高档的饭店或其他特定的地点举行，为宴请专人而精心安排的讲究排场及气氛的大型聚餐活动。对到场人数、穿着打扮、席位排列、菜肴数目、音乐演奏、宾主致辞等，都有十分严格的要求。正式宴会最重要的是“座次”。

2. 非正式宴会

非正式宴会中常见的有便宴和家宴两种形式。

（1）便宴。常见的便宴分午宴、晚宴。有时也举行早宴。便宴同样适用于正式的商务交往。便宴通常形式从简，不注重规模、档次。一般不邀请配偶，只安排相关人员参加。对穿着打扮、席位排列、菜肴数目不做过高要求，一般也不安排音乐演奏和宾主致辞。

便宴优先考虑的是菜肴。请客人吃便宴，要先了解对方不能吃或不爱吃什么，不是对方想吃和爱吃什么。饮食有民族禁忌和宗教禁忌。不同民族饮食禁忌不同。

（2）家宴。家宴是在家里举行的宴会。严格地讲，是便宴中包含的一种形式。相对于正式宴会，家宴最重要的是亲切友好、自然和谐的氛围，赴宴者轻松、自然、随意，彼此增进交流，加深理解，促进信任。

家宴在礼仪上通常无特殊要求。为使客人感受到主人的重视和友好，要由女主人亲自下厨烹饪，男主人充当服务员；或男主人下厨，女主人充当服务员。

15.1.1.2　招待会

招待会是指各种不配备正餐的宴请类型。一般备有食品和酒水，通常排固定席位，可以自由活动。可分为酒会与冷餐会两种。

1. 酒会

酒会又称鸡尾酒会，形式较为活泼，便于广泛接触交谈。待客以酒水为主，略备小吃、菜点。仅置小桌或茶几，不设座椅，便于自由走动。中午、下午或晚上均可举行。自 1980 年起，我国国庆招待会已改用酒会这种形式。

2. 冷餐会

冷餐会又称自助餐，可在室内外举行，参加者可坐可站，并可自由活动，菜肴以冷食为主，酒和菜事先陈放于桌上，均可自取，也可请服务员端送。

15.1.1.3　工作餐

具有业务关系的合作伙伴，为保持接触联系、交换信息或洽谈生意而以进餐的形式进行的商务聚会。工作餐重在一种氛围，意在创造进一步接触的轻松愉快、和睦融洽的氛围，以餐会友，是借进餐的形式继续进行的商务活动，把餐桌当会议桌或谈判桌。

工作餐一般规模较小，时间地点可以临时选择。通常在中午举行，不用发正式请柬，客人不用提前正式答复。最好采取分餐制或公筷制。用餐时继续商务交谈，但不要录音录像或是安排专人记录。有必要记录时应先获得对方首肯，不要随意自行其是。

工作餐是“商务洽谈餐”，不适合主题之外的人加入。遇到熟人，可以打个招呼，或跟同桌人互做简略介绍。不自作主张留下朋友。有不识相的人“赖着”不走，可以委婉地下逐客令。

15.1.1.4 茶会

顾名思义就是请客人品茶，是一种简便的招待形式。一般在下午 4 点左右举行，也可在上午 10 点左右举行。地点通常设在客厅，厅内摆茶几座椅，不排席位。为贵宾举行的茶会，入座时主人要有意识地和主宾坐在一起，其他出席者可相对随意。茶会对茶叶茶具选用有要求。茶具一般用陶瓷器皿，不用玻璃杯，不能用热水瓶代替茶壶。国外一般用红茶，略备点心和地方风味小吃。也有用咖啡的，但仍以茶会命名，其内容安排与茶会基本相同。

举行何等规格的宴请为佳，主要取决于当地的习惯。通常正式宴会规格较高，但人数不宜过多。冷餐会与鸡尾酒会形式简便，人数不限。商界女士聚会多采用茶会这种形式。

15.1.2 宴请座次礼仪

排座次是宴请礼仪中最重要的一项内容，关系到客人身份和给予的礼遇。

15.1.2.1 中餐宴请座次礼仪

中餐席位排列，不同情况有差异。可分为桌次排列和位次排列两方面。

1. 桌次排列

中餐宴请采用圆桌居多。圆桌排列尊卑次序，又有两种情况。

（1）两桌组成的小型宴请。可采取两桌横排或两桌竖排的形式。两桌横排，桌次以右为尊，以左为卑（左和右的位置由面对正门的位置确定）；两桌竖排，桌次以远为上，以近为下（远和近是以距离正门的远近而言）。

（2）三桌及以上宴请。安排桌次主要有“面门为主”“右高左低”“各桌同向”等三个基本的礼仪惯例。“面门为主”，指每张餐桌上以面对宴会厅正门的正中座位为主位，通常应请主人在此就座。“右高左低”，指每张餐桌上除主位外，其余位次的高低，应以面对宴会厅正门为准，右侧的位次高于左侧的位次。“各桌同向”，指举行大型宴会，其他各桌的主陪之位，均应与主桌主位保持同一方向。此外还应兼顾各桌距离主桌的距离。距离主桌越近，桌次越高；距离主桌越远，桌次越低。餐桌形状大小要基本一致。主桌可以略大，其他餐桌不要过大或过小。

为使赴宴者及时准确找到所在的桌次，可在请柬上注明所在桌次，宴会厅入口应摆放宴会桌次排列示意图，安排引位员引导来宾就座，或在每张餐桌上摆放桌次牌号（用阿拉伯数字书写），方便来宾就座。为了便于来宾准确无误地在各自的位次上就座，除招待人员和主人要及时加以引导指示外，可在桌面正前方事先放置醒目的姓名座位卡。

2. 位次排列

每张餐桌的具体位次也有主次尊卑区分。位次排列的基本方法有四点，往往同时发挥作用。

（1）主人应面对正门在主桌就座。

（2）多桌时每桌都要有一位主桌主人的代表。位置一般和主桌主人同向，有时也可面向主桌主人。

（3）各桌位次的尊卑，根据该桌距离主桌远近而定，以近为上，以远为下。

（4）各桌距离该桌主人相同的位次，讲究以右为尊。就是以该桌主人面向为准，右为尊，左为卑。

每张餐桌安排10人以内，通常为双数。如6人、8人、10人。人数过多，不容易照顾，也可能显得拥挤或是坐不下。

根据上述位次排列的基本方法，圆桌位次的具体排列可以分为两种具体情况，都与主位有关。一是每桌一个主位的排列方法。特点是每桌只有一名主人，主宾在右首就座。二是每桌两个主位的排列方法。特点是主人夫妇在同一桌就座，男主人为第一主人，女主人为第二主人，主宾和主宾夫人分别在男女主人右侧就座。主宾身份高于主人，为表示尊重，也可安排其坐主人位，主人坐主宾位。

15.1.2.2 西餐宴请座次礼仪

西餐对于座次也很讲究。越是正式场合，座次就显得越是重要。与中餐相比，西餐的座次排列既有相同之处，也有不同之点。

1. 座次排列规则

绝大多数情况下，西餐座次更多地表现为位次。极其隆重的盛宴，才涉及桌次。西餐位次应依照约定俗成、人所共知的常规进行。基本规则有以下几点。

（1）恭敬主宾。西餐中主宾极受尊重。即使用餐的来宾中有人在地位、身份、年龄方面高于主宾，但主宾仍是主人关注的中心。排定位次时，应请男女主宾分别紧靠女主人和男主人就座。

（2）女士优先。西餐礼仪里，女士处处受到尊重。排定位次时，主位一般应请女主人就座，而男主人须退居第二主位。

（3）以右为尊。排位时以右为尊是基本方针。就某一特定位置而言，右位高于左位。

（4）面门为上。又叫迎门为上。面对正门的座位，在序列上高于背对餐厅正门的座位。

（5）距离定位。西餐位次的尊卑，与其距离主位的远近密切相关，离主位近的座位高于离主位远的座位。

（6）交叉排列。中餐经常熟人尤其是恋人、配偶一起就座，西餐时这种情景便不复存在。正式的西餐宴会，排列位次时要遵守交叉排列原则。男女交叉就座，生人熟人交叉就座。用餐者的对面和两侧，往往是异性，而且还有可能与其不熟悉。这样做据说最大的好处是可以广交朋友。不过，这也要求人数最好是双数，并且男女人数各半。

2. 座次排列

西餐餐桌有长桌、方桌和圆桌。有时还会拼成其他各种图案。不过，最常见最正规的当属长桌。

（1）长桌。长桌排位有两种主要座法。一是男女主人在长桌中央对面而坐，餐桌两端可以坐人，也可以不坐人；二是男女主人分别就座于长桌两端。用餐人数较多时，还可以参照以上办法，以长桌拼成其他图案，以便安排所有客人。

（2）方桌。方桌排位，就座于四面的人数应相等。一般每侧两人一桌 8 人。排列时，男女主人与男女主宾对面而坐，所有人均与恋人或配偶坐成斜对角。

（3）圆桌。圆桌排位并不多见，隆重而正式的宴会里尤为罕见。具体排列基本上是各项规则的综合运用。

主人面对门在主人位就座，右侧坐主宾；双主人时，第一主人座面对门，第二主人（女主人）坐在第一主人对面，主宾和二号宾客分坐主人右侧。女主人是第一次序，女主人就座其他人才能就座；女主人展开餐巾表示宴会开始；女主人拿起刀叉其他人才可以吃；女主人把餐巾放在桌上表示宴会结束。

15.1.3 赴宴打扮

赴宴前应修整仪容以及装束，力求整洁大方。

发型应根据职业身份及品位确定，披发最好吹出妩媚而富有韵味的大波卷，绾发用定型胶使头发纹丝不乱而且显出光泽。选用与耳环、项链搭配和谐的发饰。

服装采用丝、丝绒、雪纺纱、缎之类轻软而富于光泽的衣料，显衬出高雅窈窕的身姿。晚宴服最好用黑、白、红、蓝、黄等纯色，更好地展现女性身段且给人以端庄之感。着装的款式应高雅得体，显示出女性的身体优势。肩颈部可露出漂亮的双肩。

袜子宜透明，或选择印花丝袜。应选用丝或缎面、鹿皮面质料的高跟鞋，走起路来有姿有色，款款生情。

手袋应与鞋同样质感，最好配套，大小不超过两个手掌宽度。手拿式最优雅。手袋里只宜放些小型的女性随身用品，东西不可太多。

耳环、项链、手镯、戒指、发饰等饰品应配合服装选用，饰品本身也应配套。晚宴中，镶有钻石或宝石的饰品容易凝聚他人目光，并且衬托出高贵典雅。佩戴隐形眼镜会使眼睛显得格外明亮有光彩，增添魅力。

不戴脚链参加宴会，这种看似精致但却低俗的打扮很不入流。

香水的气息最能表现品位。白天选用甜浓型，夜晚选用优雅型。香水应喷在耳后、前胸、手、脚、手肘弯或膝后等人体脉搏跳动部位。手掌间用些微香水与人握手会更富有女人味。

15.1.4 赴宴礼仪

15.1.4.1 赴宴要准时

应准时抵达宴会场所，见到熟人应落落大方打招呼，见到生人应礼貌微笑致意。与上司同行，应站在上司左侧后半步，必要时应为上司做介绍。

15.1.4.2 排位听安排

主人或上司入座后，才能入座。入座后不要东张西望，也不要坐着发呆或摆弄餐具餐巾，双手应放在腿上，神态自如风度优雅地和邻座的上司或客人轻轻交谈，或是神态安详地倾听别人谈话。服务员送上湿毛巾，应礼貌地接下并轻轻擦拭双手，然后放在桌沿上，绝不能用它擦脸、脖颈和手臂，哪怕此时汗流浃背。

15.1.4.3 主人招呼才可开始

主人招呼或示意开始，才可进餐。切忌抢先开吃。主人夹菜，要说“谢谢”。吃东西要文雅，闭嘴、细嚼、慢咽。不发出声音或抠嘴。嘴内有食物时切勿讲话。剔牙时，要用手或餐巾遮住口。主人起身祝酒，应暂停进餐，注意倾听。碰杯时，主人和主宾先碰。人多时可同时举杯示意，不一定碰杯。饮酒不过量，可敬酒但不要硬劝强灌。

如果宴会比较正式，即使当时向主人道谢了，回去之后再写封感谢信给主人，这如同宴会的程序一样，必不可少。

15.2 中餐宴请礼仪

中华饮食，源远流长。在讲究民以食为天的礼仪之邦，饮食礼仪自然成为饮食文化的重要组成部分。中国的饮宴礼仪始于周公，经过千百年的演进，形成了今天人们普遍接受的一套饮食礼仪。

15.2.1 时间、地点选择礼仪

中餐宴请，首先要考虑时间和地点，这要遵守一定的礼仪。

15.2.1.1 时间选择礼仪

中餐宴请的具体时间，应主要统筹兼顾下述三个具体问题。

1. 民俗惯例

中餐特别是中餐宴会具体时间的安排，根据人们的用餐习惯，依照用餐时间的不同，分为早餐、午餐、晚餐三种。至于宴请究竟应当选择早餐、午餐或晚餐，不好一概而论。绝大多数情况下，确定正式宴请的具体时间，主要遵从民俗惯例。

2. 主随客便

决定商务宴请具体时间，不仅要从客观能力出发，更要讲究主随客便，优先考虑被邀请者，特别是主宾的实际情况，不要对此不闻不问。如果可能，应该先和主宾协商，力求两厢方便。至少要提供几种时间上的选择，以显示诚意。

3. 时间控制

用餐时间有必要加以适当控制。应注意以下两个问题：一是要尽量避开宾主双方不方便的时间，如重要的活动日、纪念日、节假日，一方不方便的日子或忌日等；二是要对用餐的具体时长进行必要的控制，既不能匆匆忙忙走过场，也不能拖拖拉拉耗时间。正式宴会用餐时间应为 1.5 ～ 2 小时，非正式宴会与家宴用餐时间应为 1 小时左右。

15.2.1.2　地点选择礼仪

商务用餐地点选择非常重要，选择地点时应着重注意以下三点。

1. 环境优雅

宴请不仅为了“吃东西”，也要“品文化”。用餐地点档次过低，环境不好，即使菜肴有特色，也会使效果大打折扣。可能的情况下，要选择清静优雅的地点。

2. 卫生良好

确定地点要看卫生状况。用餐地点过脏过乱，不仅卫生让人担心，而且还会破坏用餐情绪。

3. 交通方便

要充分考虑交通，公共交通线路、停车场、预备交通工具等都应事先考虑。

总之，宴请活动的地点，要根据宴请活动目的、性质、规格、形式以及主人意愿和实际可能，恰当选择，既不能“装穷”，也不可“摆阔”，讲究“一切从实际出发”，以让客人感到光彩、舒服为最佳选择。

15.2.2　制定菜单礼仪

根据我国的饮食习惯，与其说是“请吃饭”，还不如说“请吃菜”，所以菜单制定马虎不得。

15.2.2.1　制定菜单原则

最好每位客人都有菜单，若做不到，至少两套餐具之间摆上一份菜单。菜单可以摆在餐具的左边或餐桌中央。在家里可以用菜单架，使菜单直立，以便观看。菜单印刷尽量美观，颜色以淡雅为最好，可以印企业标志或广告语。

15.2.2.2　制定菜单礼仪

宴请前要对菜单再三斟酌。着重考虑哪些菜可用、哪些菜不能用。

15.2.2.3　优先菜肴

1. 特色菜

宴请外宾选有特色的代表性菜肴尤为重要。龙须面、炸春卷、煮元宵、狮子头、蒸饺子、烤白薯、土豆丝、炒豆芽、鱼香肉丝、宫保鸡丁、胡辣汤、麻婆豆腐、榨菜肉丝汤具有鲜明中餐特色的菜肴，受到很多外国人的推崇。

2. 看家菜

大凡名声在外的餐馆，都有看家菜，高档餐馆尤其如此。上本餐馆的看家菜，能说明主人的细心和对被请者的尊重。

3. 本地特色菜

各地菜肴风味不同，“南甜，北咸，东辣，西酸”。上海的“小绍兴三黄鸡”，天津的“狗不理包子”，西安的“老孙家羊肉泡馍”，成都的“龙抄手”、“赖汤圆”，湖南的“毛家红烧肉”，开封的“灌汤包子”，云南的“过桥米线”，西双版纳的“菠菜饭”，都在国内久负盛名。在那里宴请上这些特色菜，要比“千人一面”的生猛海鲜更受好评。

4. 拿手菜

举办家宴，主人露一手，做几个拿手菜。所谓拿手菜不一定十全十美，只要主人亲自动手，就足以让客人感觉到尊重和友好。

15.2.2.4 注意饮食禁忌

安排菜单时，还须考虑来宾的饮食禁忌，特别要对主宾的饮食禁忌高度重视。饮食方面的禁忌菜肴不宜选择，通常有以下四方面。

1. 宗教饮食禁忌

对此不能疏忽大意。贸然违犯宗教饮食禁忌，会带来很大的麻烦。

2. 个人饮食禁忌

有些人在饮食上有些禁忌。要了解清楚，不宜触犯。

3. 职业饮食禁忌

有些职业在饮食方面有特殊禁忌。如驾驶员工作期间不得喝酒。搞不好极有可能使之犯错误。

4. 地区饮食禁忌

不同地区的人饮食偏好不同，安排菜单时要兼顾。湖南人喜辣，山西人偏酸。安排菜肴时要考虑饮食习惯，不强人所难。

15.2.3 安排菜序礼仪

标准中餐，不管什么风味，上菜次序大致相同：先凉后热，先炒后烧；咸鲜清淡先上，甜浓厚味后上，最后是饭菜。有规格的宴席，热菜中的主菜如燕窝席的燕窝、海参宴的海参、鱼翅宴的鱼翅，应先上，即最贵的热菜先上，再辅以溜炒烧扒。中餐宴席上菜的大致顺序是：①茶。在酒店里，因为等待，先来清口茶。但不是必需的。②凉菜。冷拼，花拼。③热炒。选用滑炒、软炒、干炸、爆、烩、烧、蒸、扒等组合。④大菜。指整只、整块、整条的高档菜肴。如乳猪、全羊、大块鹿肉等。不是必需的。⑤甜品。包括甜汤。如冰糖莲子、银耳甜汤等。⑥点心。一般大宴不供米饭，而以糕、饼、团、粉，各种面、包子、饺子等为主食。⑦ 米饭。客人需要，可上米饭。⑧水果。爽口、消腻。

以上顺序并非一成不变，如水果有时可以算在冷盘里，点心可以算在热菜里。较浓的汤菜，应该按热菜上；贵重的汤菜如燕窝等要为热菜中的头道。

至于季节的考虑，则有冬季宜点红焖、红烧、红扒、砂锅、火锅等；夏季宜点清蒸、清炒、白汁、凉拌等。此外，颜色搭配，原材料的多样化也应考虑。

15.2.4 中餐酒水礼仪

“无酒不称宴”，宴请活动不可无酒。饮酒和菜肴并重，是餐桌上的重要活动。善于饮酒的人，不仅能饮，而且会饮。合乎礼仪，善用酒水，需特别注意以下几个事项。

15.2.4.1 菜肴搭配

酒水主要功能是开胃助兴。欲使酒水正确地发挥作用，就必须懂得酒菜搭配之道。唯有如此，两者才相得益彰。不然，就很可能适得其反。

若无特殊规定，正式的中餐宴会通常会上白酒与葡萄酒。葡萄酒多半是红葡萄酒，一般都是甜红葡萄酒。选用红葡萄酒，红色充满喜气。选用甜红葡萄酒，不少人对微酸口感不甜的干红葡萄酒不太认同。

通常每位客人桌面正前方，放大小不等三只酒杯，自左而右，依次分别是白酒杯、葡萄酒杯、水杯。菜肴与酒水搭配，中餐讲究不多。喝什么酒什么时候喝完全自便。正规中餐宴会不上啤酒，便餐、大排档中才多见。

15.2.4.2 斟酒

酒水应先斟入酒杯。有时，主人为表示对客人的友好敬重，会亲自为客人斟酒。服务员斟酒，不必拿起酒杯，但应致谢。主人亲自斟酒，必须端起酒杯致谢，甚至起身站立或欠身点头致谢。也可使用“叩指礼”，即用右手拇指、食指、中指捏在一起，指尖向下，轻叩几下桌面表示谢意。

主人为客人斟酒，要注意以下四点：①当场启封。主人为来宾斟的酒，应是宴会上最好的酒，应当场启封。②一视同仁。要面面俱到，一视同仁，切勿有挑有拣，只为个别人斟酒。③注意顺序。可从所坐之处依顺时针方向开始，也可先为尊长、嘉宾斟酒。④斟酒适量。白酒和啤酒可以斟满，其他酒不用斟满。

正式场合，除主人和服务员外，其他客人一般不要自行给别人斟酒。

15.2.4.3 敬酒

敬酒也就是祝酒，指在正式宴会上，由男主人向来宾提议提出某个事由而饮酒。通常讲祝愿、祝福类的话，甚至主人、主宾发表专门的祝酒词。祝酒词讲究越短越好，不要连篇累牍，长篇大论，喋喋不休，让人长久等候。致正式祝酒词，应在特定时间进行，最适合在宾主入席后用餐前，有时在吃过主菜之后、上甜品之前。敬酒可以随时进行。

饮酒特别是祝酒敬酒时干杯，需要主人、主宾或在场的人率先提议。提议干杯应起身站立，右手端起酒杯，或者右手拿起酒杯后，再以左手托扶杯底，面带微笑，目视他人，口颂祝词。如祝生活幸福、身体健康、工作顺利、事业成功以及双方合作成功等。在主人或他人提议干杯后，其他人要手拿酒杯起身站立，即使滴酒不沾也要拿起杯子，将酒杯举到眼睛高度，说完“干杯”后，将酒一饮而尽或喝适量。还要手拿酒杯和提议者对视一下，这个过程才算结束。过去中餐喝白酒，干杯须一饮而尽，杯内不剩残酒。现在则不必非得如此。干杯前，可以象征性地和对方或各方碰一下酒杯。碰杯时，应让酒杯低于对方的酒杯，表示尊敬。相距较远时，可以“过桥”之法作为变通，即以手中酒杯之底轻碰桌面，等于与对方碰杯了。

敬酒应以年龄大小、职位高低、宾主身份为先后顺序。要充分考虑敬酒的顺序，主次分明。要先给尊者敬酒。和不熟悉的人一起喝酒，要先打听其人身份或者留意他人称呼，避免出现尴尬。

因生活习惯或健康等原因不宜喝酒，可以委托亲友、部下、晚辈代喝或者以饮料、茶水代替。斟酒时不要又躲又藏、乱推酒瓶、敲击杯口、倒扣酒杯、偷偷把酒倒掉或倒入别人杯中，尤其把喝了的酒倒入别人杯中是非常不好的。作为敬酒人，要能体谅，在请人代酒或用饮料代替时，不要非让喝酒，也不好奇地“打破砂锅问到底”。祝酒干杯需两厢情愿，不强行劝酒，不说“感情深，一口闷；感情浅，一点点”。

特别强调，作为商务人士，不管在哪种场合饮酒，都要有自知之明，并要好自为之，努力保持风度，做到“饮酒不醉为君子”。任何时候都不争强好胜，故作潇洒，非来个“一醉方休”不可。饮酒过多，不仅伤身体，而且容易惹是生非，出丑丢人。

15.2.5 中餐茶水礼仪

饮茶礼仪是宴请礼仪的重要组成部分，正式宴请饭前餐后，饮茶必不可少。品茶对于中国人而言，更是一种文化底蕴的展现。

15.2.5.1 敬茶

主人不当着客人面取茶冲泡。即使当面取茶，要用勺取，不可直接下手抓，或是直接将茶叶倒进茶壶茶杯。以茶敬客最重要的是注意客人喜好、上茶规矩、敬茶方法以及续水时机等几个要点。

上茶前应征求意见。多准备几种茶叶，使客人可以选择。如无特别禁忌，客人应选一种或说“随便”，提出过高要求是不礼貌的。主人应询问是否有人不习惯饮茶，如果有可以问喝什么饮料。有不习惯饮茶的应及时向主人说明。

俗话说酒满茶半。奉茶不要太满，以七分满为宜。水不宜太烫，以免客人被烫伤。从医学角度讲，喝茶也不要太浓，客人有特别要求例外。

用茶待客，谁奉茶，涉及对客人的重视度。家里待客，通常由晚辈为客人上茶。接待重要客人，最好女主人，甚至主人亲自奉茶。单位待客，一般由秘书、接待人员上茶。接待重要客人，由本单位在场的职位最高的人亲自奉茶。

宾客较多，遵循先客后主、先主宾后次宾、先女后男、先长辈后晚辈的原则。可以进入客厅为起点，按顺时针方向依次上茶；也可以客人先来后到顺序；还有一种“偷懒”办法，把茶泡好后，让客人自取。

用茶盘端茶，左手捧着茶盘底部，右手扶茶盘边缘，如有点心，应放在客人右前方，茶杯摆在点心右边。注意端出的茶色要均匀，上茶时右手端茶，从客人右方奉上。

以茶待客，最适当的做法，是勤斟茶，勤续水。寓意是：“慢慢喝，慢慢叙”。一手拿起茶杯，远离客人身体、座位、桌子，一手续水。不要妨碍到客人，最好不在客人面前续水。

15.2.5.2 饮茶

主人特别是女主人或者长辈上茶，应立即起身站立，双手捧接，并道“多谢”。不要视若不见，不理不睬。当其续水时，也应以礼相还。难以起身站立，应双手捧接或答以“多谢”，至少应面含微笑，点头致意，或者欠身施礼。

应以右手持杯耳端起茶杯。端无杯耳的茶杯，应以右手握茶杯中部。以手端起杯底，或是用手握住杯口，都让人觉得动作粗鲁，不讲卫生。

饮茶应小口细品。每饮一口，应使其在口中稍作停留，再慢慢下咽，这样品茶才香。不要大口吞咽，一饮而尽；不要喝得“咕咚咕咚”响；不要水顺腮帮直流。忌连茶带叶喝入口中，更不能下手取出茶叶，甚至放入口中食之。万一茶叶喝进嘴里，不要吐出或用手从嘴里拿，而应在避人的地方吐掉。茶太烫，不要吹凉，最好待其自然冷。

主人告之所饮的是名茶，饮用前应仔细观赏茶水，并在饮后加以赞赏。不要不理不睬，或是随口加以贬低，说些让主人不快的话。

不喝的凉茶、剩茶，不要随手泼在地上。

15.3 西餐宴请礼仪

随着对外交流的日益深入，西餐宴请也越来越多。掌握西餐的礼仪，在必要的场合，才不至于“出意外”。

15.3.1 西餐宴请类别

15.3.1.1 鸡尾酒会

鸡尾酒会形式简便活泼，便于人们交谈。招待品以酒水为重，略备点心、面包、香肠等小食品，放在桌上、茶几上，或者由服务生以托盘端饮料和点心给客人。客人可以随意走动。举办时间一般是下午 5 点到晚上 7 点。近年来，国际上各种大型活动前后往往都要举办鸡尾酒会。

这种场合最好手拿一张餐巾，以便随时擦手。用左手拿杯，随时可伸出右手与人握手。吃完不要忘记用纸巾擦嘴、擦手。用过的纸巾丢到指定位置。

15.3.1.2 晚宴

晚宴分为隆重的晚宴和便宴两种。

1. 隆重的晚宴

西方习惯，隆重的晚宴也就是正式宴会，基本上都安排在晚上 8 点以后举行。举行这种宴会，说明主人对宴会的主题很重视，或为了某项庆祝活动等。正式晚宴一般在请柬上注明着装要求，要排好座次。其间有祝词或祝酒，有时安排席间音乐，或小型乐队现场演奏。

2. 便宴

便宴是一种简便的宴请形式。这种宴会气氛亲切友好，适用于亲朋好友之间。有的便宴在家里举行。服装、席位、餐具、布置等不必太讲究，但仍然有别于一般家庭晚餐。

西方习惯，晚宴一般邀请夫妇同时出席。要仔细阅读邀请函，看清楚是一个人还是先生或夫人陪同，或者携带伴侣。回复邀请时，应告诉陪同人员的名字。

15.3.1.3　自助餐

自助餐可以是早餐、中餐、晚餐，甚至是茶点。也是招待会上常见的一种宴请形式。有冷菜也有热菜，连同餐具放在条桌上。根据宴请客人数量不同，一般在室内或院子、花园里举行。场地太小或没有服务员，招待比较多的客人，自助餐是最好的选择。

自助餐开始应排队等候取用食品。取食物前，先拿一个放食物用的盘子。要坚持“少吃多跑”的原则，不一次拿太多吃不完，可以多拿几次。用完餐后将餐具放到指定位置。不允许“吃不了兜着走”。

15.3.2　点菜及上菜顺序

西餐菜单有若干分类，分别是开胃菜、汤、沙拉、海鲜、肉类、点心。

应先决定主菜。主菜是鱼，开胃菜就选肉类，口味上比较富有变化。除食量特别大的外，不必在单品菜内配出全餐，开胃菜、主菜各一道，再加一份甜点就够了。可以不要汤，或者省去开胃菜，也是很理想的组合。正式的全套餐点上菜顺序为以下几点。

15.3.2.1　头盘

西餐的第一道菜是头盘，也称开胃品。有冷头盘和热头盘之分，常见品种有鱼子酱、鹅肝酱、熏鲑鱼、鸡尾杯、奶油鸡酥盒、焗蜗牛等。因为是开胃，所以一般都有特色风味，多以各种调味汁凉拌而成，色彩悦目，口味宜人。味道以咸和酸为主，数量少质量高。

15.3.2.2　汤

和中餐不同，西餐的第二道菜是汤。大致可分为蔬菜汤、清汤、奶油汤和冷汤等四类。热汤品种有各式奶油汤、牛尾清汤、海鲜汤、意式蔬菜汤、俄式罗宋汤、美式蛤蜊汤、法式葱头汤。冷汤的品种较少，有俄式冷汤、德式冷汤等。西餐的汤大都口感浓郁芬芳，有很好的开胃作用。按照传统说法，汤是西餐的“开路先锋”，开始喝汤，才算正式开始吃西餐了。

15.3.2.3　副菜

鱼类菜肴一般作为西餐的第三道菜，也称为副菜。品种包括各种淡、海水鱼类、贝类及软体动物类。通常水产类菜肴与面包类、蛋类、酥盒类都称为副菜。鱼类等菜肴肉质鲜嫩，比较容易消化，放在肉类菜肴前面，叫法上也和肉类主菜有区别。西餐吃鱼菜讲究专用的调味汁，品种有荷兰汁、鞑靼汁、酒店汁、大主教汁、白奶油汁、美国汁和水手鱼汁等。

15.3.2.4　主菜

肉、禽类菜肴是西餐的第四道菜，也称为主菜。肉类菜肴的原料取自牛、羊、猪、小牛仔等，其中最有代表性的是牛肉或牛排。牛排按其部位又可分为沙朗牛排（也称西冷牛排）、“T”形牛排、菲利牛排、薄牛排等。烹调常用烤、煎、铁扒等方法。配用的调味汁主要有西班牙汁、浓烧汁、蘑菇汁等。禽类菜肴的原料取自鸡、鸭、鹅，兔肉和鹿肉等野味也归入禽类菜肴。品种最多有火鸡、山鸡等，可煮、炸、烤、焖，主要的调味汁有咖喱汁、奶油汁、黄肉汁等。

15.3.2.5 蔬菜类菜肴

蔬菜类菜肴在西餐中称为沙拉。安排在肉类菜肴之后，也可和肉类菜肴同时上，算为一道菜，或称为一种配菜。和主菜同时上的沙拉，称为生蔬菜沙拉，一般用生菜、西红柿、黄瓜、芦笋等制作。沙拉的主要调味汁有法国汁、醋油汁、奶酪沙拉汁、千岛汁等。除了蔬菜之外，沙拉还有用鱼、肉、蛋类制作的，这类沙拉不加味汁，在进餐顺序上可以作为头盘。有些蔬菜是熟的，如炸土豆条、花椰菜、煮菠菜等。熟食的蔬菜通常和主菜的肉食类菜肴一同摆放在餐盘中上桌，称为配菜。

15.3.2.6 甜品

西餐的甜品在主菜后食用，可以算做第六道菜。从真正意义上讲，它包括所有主菜后的食物，如布丁、煎饼、冰淇淋、水果等。

15.3.2.7 果品

用餐者还可酌情享用干、鲜果品。常用的干果有核桃、杏仁、榛子、开心果、腰果等。菠萝、草莓、香蕉、苹果、葡萄、橙子等是西餐桌上最常见的鲜果。

15.3.2.8 热饮

用餐结束前，应提供热饮，作为“压轴戏”。最正规的热饮，是红茶或什么都不加的黑咖啡。两者只能选其一，不同时享用。热饮可以在餐桌上喝，也可以换个地方，离开餐桌去客厅或休息厅喝。作用主要是帮助消化。

15.3.3 西餐酒水礼仪

15.3.3.1 西餐酒水类别

正式的西餐宴会，酒水是主角。所上酒水，可以分为餐前酒、进餐酒、餐后酒等三种。它们各自又有许多具体种类。

1. 餐前酒

法语叫作开胃酒，英语叫作开胃品，意思都是“增加食欲的东西”。显而易见，在正式用餐前饮用，或在吃开胃菜时与之配伍。

餐前酒因国而异。美国为鸡尾酒、威士忌、啤酒。日本为啤酒、威士忌、鸡尾酒、葡萄酒。法国为葡萄酒、威士忌、马提尼。英国为葡萄酒、威士忌、鸡尾酒、啤酒。俄罗斯为伏尔加、葡萄酒。

开胃酒的目的是刺激食欲，不要多喝，喝得太多反而影响食欲。

2. 进餐酒

进餐酒也称佐餐酒。毫无疑问，是正式用餐期间饮用的酒水。西餐的进餐酒均为葡萄酒。正式西餐，每上一道菜，侍者就会奉上一次酒，酒随菜不同而不同。常用的葡萄酒有雪莉酒、苦艾酒、香槟酒或鸡尾酒等。正餐或宴会上选择进餐酒，讲究“白酒配白肉，红酒配红肉”。白肉即鱼肉、海鲜、鸡肉等，吃这类肉须以白葡萄酒搭配。红肉即牛肉、羊肉、猪肉等，吃这类肉时应配以红葡萄酒。鉴于西餐菜肴的白肉多为鱼肉，故也可表述为："吃鱼喝白酒，吃肉喝红酒。"两者的意思完全相同。此处所说的白酒、红酒，都指葡萄酒。

3. 餐后酒

法语、英语中餐后酒叫作消化酒，是帮助消化的。最常见的餐后酒是利久酒，又叫香甜酒。最有名的餐后酒，是有"洋酒之王"美称的白兰地酒。白兰地是葡萄酒蒸馏而成的，酒精浓度大约是42°或43°，法国科涅克地方出产最具代表性。

上述区分也不十分严格，一种酒往往不大容易区分其为餐前酒、进餐酒或是餐后酒。有时既可能是餐前酒，也可能是进餐酒。一般情况下，饮不同的酒水，要用不同的专用酒杯。每位用餐者桌面右边餐刀上方，都会横排放置三四只酒水杯。其中香槟杯、红葡萄酒杯、白葡萄酒杯以及水杯，必不可少。可依次由外侧向内侧取用。

15.3.3.2 西餐几种常见酒水的特色及饮用

为正确饮用西餐酒水，下面介绍几种常见西餐酒水的主要特性及其饮用要领。

1. 葡萄酒

作为正式宴会中的进餐酒，葡萄酒一直地位至尊。

（1）葡萄酒的特色。葡萄酒是以葡萄为主要原料，发酵酿制而成的一种酒类。它味道纯美，富含营养，酒精含量在12°左右。根据色彩不同，有白葡萄酒、红葡萄酒、桃红葡萄酒之分。根据糖分含量不同，又可分为微干、半干、干、微甜、半甜、甜等几种。现在干葡萄酒最流行。"干"即基本不含糖分。世界上最有名气的葡萄酒产在法国的波尔多地区。

（2）葡萄酒的饮用。喝不同的葡萄酒，要求不同的温度。白葡萄酒宜在7℃左右喝，故应加冰块。红葡萄酒在18℃左右饮用最佳，不宜加冰块。要用专门的高脚玻璃杯喝葡萄酒。喝白葡萄酒要捏住杯脚；喝红葡萄酒讲究握住杯身。切记，喝葡萄酒兑可乐或雪碧是不正确的。桃红葡萄酒又叫玫瑰红葡萄酒，其口味、喝法与白葡萄酒略同，因其色泽柔美，多为女士所钟爱。

2. 白兰地酒

在所有"洋酒"中，白兰地酒是最为名贵的。曾一度与威士忌酒、我国的茅台酒并称为"世界三大名酒"。

（1）白兰地酒的特色。白兰地酒是葡萄酒大家族特殊的一员，它是用葡萄干发酵之后蒸馏精制而成的，故又被称为蒸馏葡萄酒。白兰地酒色泽金黄，香甜醇美，酒精含量约为40°。世界上知名的白兰地酒品牌有人头马、马爹利、轩尼诗、拿破仑等，以产于法国干邑地区、贮藏时间较长为佳。

（2）白兰地酒的饮用。饮白兰地酒的最佳温度为18℃。故应将其盛在专用的大肚、收口、矮脚杯内。先以右手托住杯身观其色彩，并以手掌为其加温。待其香味洋溢时，闻过之后，再慢慢小口品味。若将其一饮而尽，只会被视为没有品位的"草莽英雄"。

3. 威士忌酒

如果说白兰地酒是"洋酒"之中的"贵族"，那么相对来说物美价廉的威士忌酒则是"洋酒”之中的“平民”。

（1）威士忌酒的特色。威士忌酒是一种用谷物发酵酿造而成的烈性蒸馏酒。它口味浓烈、刺激，酒精含量约为40°。世界各国威士忌酒中，以英国苏格兰地区威士忌酒最为有名。其知名品牌有威雀、尊尼获加、添宝等。

（2）威士忌酒的饮用。威士忌酒可以干喝，加入冰块、苏打水或姜汁后味道更好。喝威士忌酒最好用专门的平底小玻璃杯，耐心细致地慢慢品尝。

4. 香槟酒

香槟酒知名度也比较高，实际应用也较为广泛。

（1）香槟酒的特色。香槟酒也叫发泡葡萄酒，或称“爆塞酒”。是一种以特种工艺制成、富含二氧化碳、起泡沫的白葡萄酒，口感清凉、酸涩，且有水果香味，酒精含量10° 左右。因以法国香槟地区所产最为有名，故称之。

（2）香槟酒的饮用。香槟酒以在8℃左右饮用为最佳。开瓶时可稍事摇晃，然后再起去瓶塞，连泡带酒一同奔涌而出，平添欢快气氛。可用来进餐、祝酒，或在庆典仪式上以之助兴。喝香槟酒用郁金香形的高脚玻璃杯，饮用时以手捏住杯脚。

5. 鸡尾酒

商界人士，应该多少对鸡尾酒有所了解。

（1）鸡尾酒的特色。准确地讲，鸡尾酒并非某一种类的酒，而是多种酒的混合。是用各种不同的酒、果汁、汽水、蛋清、糖浆等，按照一定的比例，采用专门的技法调配而成。口味有浓有淡，酒精含量有多有少，其共同特点是层次分明、异彩纷呈、闪烁不定，好似雄鸡之尾，故此被称为鸡尾酒。

鸡尾酒中的知名者，有好几千种。其中大名远扬的有曼哈顿、血腥玛丽、马提尼、亚历山大、天使之吻、红粉佳人、螺丝起子等。

（2）鸡尾酒的饮用。为便于观赏独具特色的丰富色泽，最好用高脚广口玻璃杯。饮用时讲究的往往不把不同的鸡尾酒混在一起喝。

15.3.4 西餐咖啡礼仪

正式西式宴会，一般在晚上举行，咖啡往往是“压轴戏”。为了照顾个人嗜好，上咖啡的同时也常备有红茶，由客人选择。

西餐热饮可以不在餐桌上喝，喝咖啡最常见的地点是客厅、休息厅、咖啡厅、咖啡座等。喝咖啡时主要须在饮用量、配料添加、喝法三个方面多加注意。

15.3.4.1 饮用量

正式场合喝咖啡要注意两点：一是杯数要少。正式场合，喝咖啡只是作为交际的陪衬手段，最多不要超过三杯。过犹不及，再好的东西也要适可而止。二是入口要少。既然不是为了充饥解渴，喝时就不能动作粗鲁。端起杯子一饮而尽，或是大口吞咽，响声大作，都是失礼的。

15.3.4.2 配料添加

根据需要，可往咖啡里加些牛奶、糖块之类的配料。要牢记自主和文明这两项添加要求，具体应做到以下三点：一是某种配料没了，需要添加时，不要大呼大叫。不要越俎代庖给别人添加配料。替别人的咖啡添加配料纯属多此一举。二是给咖啡加糖时，砂糖可用汤匙舀取，直接加入杯内；方糖应先用糖夹子夹在咖啡碟的近身一侧，再用汤匙加在杯子里。直接用糖夹子或手放入杯内，可能会使咖啡溅出，从而弄脏衣服或台布。三是加牛奶时，可直接添加，但动作要稳，不要洒出。为避免咖啡溅出，添加时位置要尽量低。

15.3.4.3 咖啡喝法

正式场合，咖啡倒进杯子，与碟子一起端上桌。碟子用来放置咖啡匙，并接收溢出的咖啡。喝的方法上应注意把握以下几个问题。

1. 握咖啡杯

得体的方法是用右手拇指和食指捏住杯把将杯子端起。不可双手握杯或用手托着杯底，也不可俯身就杯喝。坐在桌子附近，通常只需端杯，无须端碟。离桌子较远，或站立、走动，无餐桌依托，可用左手端碟，右手持咖啡杯耳慢慢品尝。坐在沙发上，也可照此办理。

2. 使用咖啡匙

正式场合咖啡匙的作用，主要是加入牛奶或奶油后轻轻搅动，使之相互融合。加入小糖块，可用咖啡匙略加搅拌，促使迅速溶化。咖啡太烫也可用咖啡匙稍加搅动。使用咖啡匙有两点禁忌：一是不用咖啡匙舀咖啡喝；二是搅过的咖啡匙沾有咖啡，应轻轻顺着杯子内缘滴流而下，绝不能上下甩动。

3. 食用甜点

为不伤肠胃，喝咖啡同时会准备些糕点、果仁、水果之类的甜点。需用甜点时，先放下咖啡杯。喝咖啡不同时品尝甜点，更不能左右开弓，一边大吃，一边猛喝。

4. 与人交谈

喝咖啡莫忘“正事”，要适时与人交谈。交谈务必细声细语，不可大声喧哗，乱开玩笑，更不要动手动脚，追追打打，否则有失身份。尽量不在别人喝咖啡时提出问题。讲话前，最好先用纸巾擦拭嘴巴，小心咖啡弄脏嘴角。

15.4 赴宴礼仪禁忌

不论参加中西宴请，都要注意如下一些禁忌。

15.4.1 忌吸烟

公共场合不应吸烟。不吸烟是个人在餐桌上的基本教养。有外人特别是有女性、长者在场不吸烟，这是一种教养。无论是有此嗜好，还是出于礼貌，职业女性在酒宴上最好不吸烟。

15.4.2 忌给他人夹菜

宴席上应做到让菜不夹菜。不要随便给人夹菜，因为不知道对方爱吃不爱吃；按照常识夹的菜又必须吃，这会使对方处于尴尬境地。

15.4.3 忌劝酒

餐桌上应做到祝酒不劝酒。很多人讲究喝一杯，喜欢劝酒，耗去了大量时间精力。交往要摆正位置，以对方为中心，是否喝酒，应尊重对方意愿。

15.4.4 忌整理服饰

不在餐桌上整理服饰。尤其国际交往中女士在餐桌上整理服饰、拿出小镜子补妆，说明缺少自尊，会被外国人误会。

15.4.5 忌吃东西发出声音

吃东西不应发出声音。主要适用于国际交往。用餐时狼吞虎咽或发出声音，口内有食物和人说话都很不雅。

15.4.6 忌顺手牵羊

宴会上的所有物品都不可顺手拿走，确实想留下精美的菜单做纪念，应先征得主人同意，食用的东西绝对不能开口索要。

15.4.7 忌不交不往

宴会不仅是吃，而是重要的交往手段。宴会上一个人孤芳自赏，或频频看表心不在焉，静食不语等都是不礼貌的。宾主都应轻松自由地交谈，交谈对象要尽量广泛，从始至终只与一两位老相识说话，对其他客人似乎无兴趣也是失礼的。

:: 延伸阅读

中西餐餐具使用与菜肴食用礼仪

1. 中餐餐具使用礼节

2. 几种典型的中餐菜肴食用礼仪

3. 西餐餐具的使用

4. 西餐菜肴的食用

课堂训练

任务驱动

在下一次上课前预习下一章内容，做好必要的实训准备。

训练项目

☆训练项目 15-1 举办某公司大型招待晚宴

☆训练项目 15-2 重复第 4 章形体训练和站、坐、蹲、走、手姿训练

典型案例

案例15-1 如此吃相

一次，在与同事外出参加宴会时，经贸局科长何姜因为举止有失检点，从而招致了大家的非议。

宴会上何姜为了吃得畅快，用餐时一而再、再而三地减轻身上的“负担”。先是松开领带，接下来又解开领扣、松开腰带、卷起袖管，到了最后，竟然又悄悄地脱去鞋子。尤其令人难堪的是，何姜吃东西时，总爱有意无意地咂嘴品尝滋味，而且响声“一波未平，一波又起”，“一浪高过一浪”。

何姜在宴会上的此番作为，不仅令他身边的人瞠目结舌，而且也叫他的同事无地自容。宴会后，同事们议论何姜：丢了自己的人，丢了大家的人，也丢了单位的人。

【讨 论】

谈谈吃相能否决定形象。

案例15-2 应聘工作先过“饭局”关

“大家都别走，等会我们一起吃个饭，增进一下了解。”几天前，小林和其他 4 名求职者参加某公司招聘面试，正当 4 人面试完准备离开时，人事部经理发出了饭局邀请。

饭局开始，菜不错，公司领导也很热情。5 位同学望着偌大的包间有些不知所措。小林挑了靠门的位置坐下：“这里是上菜位，今天我给大家服务啊！”上菜了，5 位同学胃口似乎都很小，大都闷头吃菜，也不愿意喝酒，唯恐吃多了喝多了，留下不好的印象，工作没希望。

小林却比较“外向”，他先跟在座的每位打了个招呼，接着向大家介绍了自己。看见大家吃得很沉闷，他还给大家说了个笑话。

在小林看来，这个饭局并不那么简单，他听说有些单位招聘公关人员，会让他们参加饭局，趁机考察他们的交际能力。他想今天这场饭局大概也是一场“考验”。饭后，公司领导告诉大家，刚才设的饭局也是招聘面试的一部分。惊讶写在了其他人的脸上。人事经理表示，小林被录取了。据一位姓金的负责人透露：“第一轮面试 5 位同学水平不相上下，难以取舍。刚好临近吃饭时间，于是就有了通过饭局进一步考查的想法。小林在饭桌上的表现虽然稚嫩，但他努力调动气氛，希望打破沉闷。我们需要的正是这种意识。”

应聘者小蒋说：“没想到吃个饭，也是一场考试。”（摘自《今日早报》2008.8）

【讨　论】

为什么饭局不仅是吃饭呢？

【知识强化】认真独立完成知识巩固提高同步练习题。

Chapter 16

第16章 办公礼仪

【学习内容】

办公场所的个人职业形象；职场工作规范；营造宜人的办公环境；职场关系礼仪；办公室沟通法则；处理与上级之间的关系。

【学习目标】

在商务活动中，完美地表现现代职场人的职业素质，充分地展示个人和所在单位的良好形象。

【情景导入】

廖俊山是某大学文学院中文专业的毕业生，他刚刚通过面试，被聘为某科技有限公司办公室秘书。作为职场新人的他，该如何迅速融入工作单位，成为受大家欢迎的团队一员呢？

在复杂多变的职场中，无论从事什么工作，无论职位高低，与他人打交道，都离不开职场礼仪。职场礼仪，是人们在职业场所应当遵循的一系列礼仪规范，已成为能否处理好职场人际关系，能否推进工作顺利开展的关键因素。办公礼仪指职场人士在办公室日常活动工作中所应遵守的礼仪和行为规范，是处理办公室人际关系的行为规范，主要包括树立个人职业形象、创造和谐办公环境、自觉遵守职场行为规范、建立融洽同事关系等内容。

16.1 树立职业形象

职业形象包括内在和外在两种主要因素，每个职场人都需要塑造并维护个人职业形象。办公场所的职业形象，即职场中的个人形象。职业形象既要得体恰当，又要讲究分寸，与办公场所的气氛、环境以及所从事的工作性质相协调。

16.1.1 仪表要端庄、大方、得体

办公室既是工作场所也是公共场合，每个职场中人都要注意个人仪表。要讲究个人卫生，全身要保持整洁。单位有统一服装，无论男女，上班时间应尽量穿着工作装。没有统一着装，宜选较为保守的服装，男士以西装为主；夏天不能穿拖鞋、短裤、背心，更不能赤膊出现在办公场所。女士着装要端庄大方，不要过于暴露和夺目，不要浓妆艳抹。工作时间打扮得分外妖娆、魅力四射的女性会产生很多负面效应。女士可化职业淡妆。休闲装、运动装、旅游鞋适合室外活动，不适宜于办公室。

16.1.2 举止要庄重、文雅、自爱

注意保持良好的站姿和坐姿，不斜身倚靠办公桌，更不能坐在办公桌上。不在办公室里吃东西，尤其不吃瓜子等有响声的食品。不指手画脚大声嚷嚷，谈话距离 1 米左右为宜，过近（尤其异性）会令对方不自在，也不要过分亲昵。

16.1.3 说话要文明、谨慎、有分寸

16.1.3.1 不议论是非

在办公场合不议论领导、同事，也不议论单位的是非短长。莫总是闲聊，不谈论格调不高的话题尤其小道消息。对于保密或暂不公开的消息，更不能猜测传播。办公室聊天只图痛快，不看对象，事后往往懊悔不及。对上级既要尊重、支持、理解，同时又要保持应有的距离，对同事要真诚合作、公平竞争、宽以待人。职场是竞技场，每个人都可能成为对手。把同事当知己害处很多，工作和生活要分开，即便是合作很好的搭档，也应只是保持工作关系。

16.1.3.2 不聊私人生活

办公场合不谈私人问题。同事就是同事，同事不是知己。心理学家调查发现，只有 1% 的人能严守秘密。生活上出现的危机，如失恋、婚变之类，最好不在办公室随便找人倾诉；工作上出现危机，对老板、同事有意见看法，也不要在办公室发泄。私人生活是办公室话题的禁区，轻易不涉足是明智的自我保护。

16.1.3.3 不谈论薪水

同工不同酬是老板常用的手段，但容易引发员工之间的矛盾，而且最终矛头直指老板，这当然是老板所不想看到的。老板对员工的薪水心知肚明，同事之间不公开也别打听。碰上爱打听的同事，要早想好应对之策，当话题涉及工资时，要尽早打断，公司有纪律不谈薪水；话已说出也不要紧，用外交辞令冷处理：“对不起，我不想谈这个问题。”有来无回一次，就不会有下次了。

16.1.3.4 不讲野心勃勃的话

公开进取心，等于公开向同僚挑战，或被认为年少轻狂，或被同事及上司看成威胁。个

人价值体现在做事上，该表现时表现，不该表现时就要低姿态，能人能在做大事上，而不在大话上。

16.1.3.5　不当众炫耀

不谈涉及家庭及个人财产之类的话题，无论露富还是哭穷，在办公室里都显得做作，与其讨人嫌，不如知趣点，不该说的话不说。就算刚刚加薪，或是新买了别墅，或利用假期去欧洲玩了一趟，没必要在办公场所讲，别人很可能会认为是炫耀。有些快乐分享的圈子越小越好。被人妒忌容易招人算计。

16.1.3.6　不逞强好辩

与人相处要友善，有话好好说，态度要和气，让人觉得亲切，即使有了一定级别，也不要指手画脚命令别人，更不能恶语伤人。有时意见不统一，若非原则性问题，可以不计较；牵涉到原则问题，可以摆事实讲道理以理服人。一味逞强好辩，只会让人敬而远之，时间长了，就成了不受欢迎的人。

16.1.3.7　不情绪激动

在办公室里情绪要保持平稳，不把各种不良情绪带到办公室，尤其不带着情绪处理公事，否则，接电话、接待客户缺乏理智耐心，控制不住发生冲突，影响商务效果和职业形象。

16.2　营造宜人的办公环境

16.2.1　办公场所整洁

办公场所整洁十分重要。办公桌椅随意摆放，桌面上文件成堆，报纸胡乱地摆在沙发上等，办公室里杂乱无章，让人望而却步，对个人素质和专业程度也会打问号。

16.2.1.1　保持办公桌整洁

办公桌是最为让人注意的地方。办公桌摆放好，办公环境就好了一半。办公桌要向阳摆放，让光线从左方射来，合乎用眼卫生；案头只摆放当天或当时处理的公文，不摆放太多东西，不将信笺、信封、胶水等小件物品摊放在桌面上。笔应放进笔筒而不是散落在桌上。其他书籍报纸不放桌上，应归入书架或报架。除特殊情况外，办公桌上不放茶具水杯。招待客人的茶具水杯应放到饮水处。

16.2.1.2　合理摆放书架、沙发

书架应靠墙摆放。沙发最好远离办公桌，茶几上可以适当摆放盆花等装饰物，临时性谈话以免干扰他人。较长时间的谈话或谈判，应在专门的会议室进行。

16.2.1.3　保持窗明几净

办公室人员较多，可不特别进行装饰，但要做到窗明几净。窗玻璃应经常擦洗，书架玻璃门保持洁净透明，窗户经常打开通风。地面保持清洁，水泥地面常清扫擦洗，地毯要定期吸尘。门不要关闭过紧，也不用帘布遮挡。

16.2.1.4 讲究电话清洁

电话是办公室的必备用品，也是办公室的饰物。电话一般摆放在专用电话桌上，无专用桌也可摆放在办公桌角上。电话机要经常用专用消毒液擦洗清理，不能沾满灰尘污垢。办公室是否清洁，电话机是一个重要指标。

16.2.1.5 定期整理杂物

办公室不宜堆放杂物，堆积物影响观瞻，给人脏乱差印象。要经常清理废弃物。墙面切忌乱刻乱画，不在墙上记录电话号码或张贴记事纸张，不摆放私人相片及悬挂美女挂历，可悬挂地图、单位有关图片。

16.2.1.6 适当绿化

宽敞的办公室可以放置盆花或绿色植物，但要经过仔细选择，一般不用盛开的鲜花装点，过艳的色彩会影响注意力。可选用绿色为主的植物，调节情绪，给人舒适感。植物应定时喷水，使其保持旺盛的生命力。要经常照顾整理，不出现黄叶甚至枯萎。花盆泥土不能有异味，否则是污染而不是美化。肥料要经过精选，避免引来苍蝇或滋生寄生虫。

16.2.1.7 办公室禁烟

不在室内吸烟，不在不吸烟的同事面前吸烟，吸烟时切不可向他人喷烟雾，不乱弹烟灰，不乱扔烟头烟盒，烟头必须完全熄灭，以防火灾。

16.2.1.8 注意用餐卫生

最好不在办公室吃饭。实在无法避免时，那些吃起来乱溅以及声音很响、有强烈味道的食品，最好不吃。落地食物应马上捡起扔进垃圾筒。餐后必须将桌面和地面打扫干净。一次性餐具吃完立刻扔掉，突然有事记得礼貌请同事代劳。容易被忽略的是饮料罐，如已打开摆在桌上则有损雅观。

总之，办公场所一定要整洁，才能体现效率与专业性。

16.2.2 开关门礼仪

进出办公大楼或办公室房门，都应态度谦和讲究顺序，用手轻推、轻拉、轻关。进出房间，开关门要轻，应尽量避免采用肘部顶、膝盖拱、臀部撞、脚尖踢、脚跟蹬等方式，乒乒乓乓关开门显得很粗鲁。进他人房间要先敲门，用食指有节奏地敲两三下即可。与同级同辈一起进门，要互相谦让一下。走在前边的人打开门后要为后面的人拉着门。不用拉的门，最后进来者应主动关门。与尊长、客人一起进门，应视门的具体情况随机应变。

16.2.2.1 朝里开的门

门朝里开，引领者应先入内拉住门，侧身再请尊长或客人进入。

16.2.2.2 朝外开的门

门朝外开，引领者应打开门，请尊长、客人先进。

16.2.2.3 旋转式大门

陪同上级或客人走旋转式大门，应先迅速过去，在另一边等候。

无论进出哪一类门，在接待引领时，一定要“口”“手”并用且到位。即手势要规范，同时说“您请”“请走这边”“请各位小心”等提示语。

16.3 职场工作规范

16.3.1 熟悉企业文化、执行企业制度

每家企业都有企业文化，每家公司都有成文或不成文的规章制度。要想顺利开展工作，就要了解熟悉企业文化和制度，知道哪些可以做，哪些不可以做，要做到什么标准，在此基础上，增强对企业文化的认同感和责任感，自觉在工作中遵守执行规章制度。

16.3.2 严格遵守职场守则

要按照签订的劳动合同和《工作守则》的要求，遵守工作纪律。

16.3.2.1 上班不迟到

至少提前 5 分钟到岗，上班迟到显得缺乏敬业精神。即使上司没说什么，那也不表示对迟到毫不在乎。尽职的下属，应该至少比上司提前几分钟到达才对。迟到应直率地道歉，说明原因，并努力避免。

16.3.2.2 坚守岗位

工作时要坚守岗位，不随意空岗、串岗。

16.3.2.3 临时离开要打招呼

上班时间临时离开，要和同事、领导打招呼，报告去向，确保有事可以随时找到。

16.3.2.4 缺勤要请假

事前知道要缺勤，应在前一天当面请假，并安排好工作；突然因事因病缺勤，要通过电话亲自向上司说明原因，并将急事安排好或委托给他人。只有病重才可让别人代为请假。假满上班后，要和上司汇报销假。

16.3.2.5 不得提前下班

到了下班时间，已经做完工作，可向周围同事打个招呼，然后离开；同事还在忙，要问是否需要帮忙。下班前应将办公桌整理干净，椅子放回原处。工作完成，正常下班是可以的，但必须记住任何情况下不得提前下班。

16.3.3 工作热情主动、提高效率

每个上司都希望下属能干事，干成事。工作业绩是个人能力最好的证明。不管是职场新人，还是有工作经历的人，始终都要工作态度积极主动，接受工作乐观、热情，不抱怨，不

推诿；虚心请教、善于学习，工作能力不断培养提高；工作作风踏实认真、仔细严谨，不做表面文章，不粗疏马虎，不出差错；工作效率要高，按照时间要求保质保量完成交办任务，不拖拉，不找借口。

16.3.4 团队合作、透明竞争

现代职场需要凝聚力，十分看重团队合作，都讨厌玩弄阴谋、搬弄是非的人，愿意与有才气、有素质、志趣相投的人合作共事。同事不是"对手""敌人"，应树立"团队精神""合作精神"，与同事和平相处，既各司其职又团结协作，不插手他人分管的工作，但要配合他人的工作，乐于帮助他人。工作中要坦荡做事，公平竞争，提升自己，施展才华，在良性竞争中共同发展。

16.3.5 请示上司、不得越级

每个单位都有工作程序，处理公事应按照级别和程序请示。遇到需要请示的事，首先找直接主管的上司，切勿越级请示。即使对上司有意见，也要先获得其同意，才可以向更高级领导请示。

16.3.6 公私分明，遵守公德

办公场合要公私分明，私人之事私人场所处理，不把私事带到办公室。不在办公室长时间打私人电话；不在办公场合干私活；不在办公期间化妆打扮；不在办公时间玩游戏上网聊天。报销外勤、出差费用要严守规定，不弄虚作假、虚报金额；要有限制地使用办公用品。办公室的传真机、公函信封、信纸、纸杯和其他办公用品等只用于办公和接待，使用时注意节约，复印纸要正反面使用，电灯水龙头随手开关，杜绝长明灯长流水。

16.4 职场关系礼仪

职场关系礼仪是处理职场人际关系的行为规范。在办公场所，下级对上级既要尊重、支持、理解，同时又要保持应有的距离；对同事要真诚合作、公平竞争、宽以待人。

16.4.1 协调同事关系

与同事相处得如何，直接关系到事业的进步与发展。同事之间关系融洽和谐，就会心情愉快，有利于工作顺利进行；反之，同事关系紧张，相互拆台，经常发生摩擦，就会阻碍事业的正常发展。处理好同事关系，应注意以下几点。

16.4.1.1 尊重同事

相互尊重是处理任何人际关系的基础，同事关系也不例外。同事关系不同于亲友关

系，亲友之间一时失礼，可以用亲情弥补；同事关系以工作为纽带，一旦破裂，创伤难以愈合。处理同事关系，最重要的是尊重对方，包括尊重同事的人格、物品及工作。同事见面应主动打招呼，最简单的方式就是微笑点头，同时道声“早”“你好”之类的问候语。同事不在，或未经允许，不翻动同事桌上的文件资料、电脑以及传真机上与己无关的材料。

16.4.1.2 帮同事解决困难

同事遇到困难，通常会选择亲朋帮助，但作为同事，应主动询问，力所能及的事应尽力帮忙，这会增进感情，使关系更加融洽。

16.4.1.3 钱物往来要清白

同事间可能有借钱、借物或馈赠礼品等往来，每一项都应记清楚，切忌马虎，即使是小款项，也应记得及时归还。向同事借钱物，应主动打借条，以增进信任。所借钱物不能及时归还，隔段时间应说明情况。物质利益方面，有意无意占便宜，都会引起对方心里不快，从而降低自己的人格，影响与对方的交往。

16.4.1.4 不背后议论隐私

每个人都有隐私，隐私与个人名誉密切相关。背后议论他人隐私，损害他人名誉，引起双方关系紧张甚至恶化，是不光彩的有害行为。

16.4.1.5 宽容理解、以和为贵

同事之间相处，要树立“容纳意识”，要有宽容的美德。懂得宽容的人会赢得他人的理解和好感，同事取得成功、获奖或升迁，应给予衷心的祝贺；与同事出现合作问题，应敢于承担责任，主动道歉，取得谅解；双方有误会，应主动说明，不可小肚鸡肠，耿耿于怀。

16.4.2 办公室沟通法则

16.4.2.1 做到“五不”

“五不”即不批评、不责备、不抱怨、不攻击、不说教。批评、责备、抱怨、攻击都是沟通的刽子手，只会使事情恶化。

16.4.2.2 绝不口出恶言

恶言伤人，就是所谓的“祸从口出”。

16.4.2.3 讲出来

坦白地讲出内心感受，是沟通的重要方法。

16.4.2.4 互相尊重

给予尊重才有沟通。否则很难沟通。

16.4.2.5 情绪中不要沟通，尤其是不做决定

情绪中的沟通常常无好话，既理不清，也讲不明。情绪中很容易冲动而失去理性。在情绪中做出的情绪性、冲动性的“决定”，很容易让事情不可挽回，令人后悔。良好的沟通需要友好的环境。

16.4.2.6 理性沟通

不理性不沟通。不理性只会起争执，不会有结果，更不可能有好结果。

16.4.2.7 等待转机

没有转机，就要等待，而且不能空等，还是要努力，努力并不一定有结果，但若不努力，将什么都没有。

16.4.2.8 耐心

等待唯一不可少的是耐心，有志者事竟成。

16.4.2.9 智慧

智慧使人不固执，而且福至心灵。

16.4.2.10 承认错了

承认错误是沟通的消毒剂，可解冻、改善与转化沟通的问题，一句“我错了”可以化解多少打不开的死结，让人放下武器，重新面对自己，思考人生。在这世界上，人最在意的就是“我”，不尊重“我”、打压“我”、欺负“我”或侮辱“我”，即使是亲如父子都可能反目成仇，何况是没有亲缘关系的同事之间。

16.4.2.11 说对不起

说对不起，是一种软化剂，不代表真的犯了天大的错误或做了伤天害理的事，而是使事情终有“转圜”的余地。

16.4.2.12 让奇迹发生

愿意互相认错，就是在替自己与同事创造奇迹，化不可能为可能。

16.4.2.13 爱

爱是最伟大的治疗师。

16.4.3 处理与上级之间的关系

高质量履行职责，完成工作任务，是赢得与上司良好关系的前提。那些业绩无法量化的工作，与上司的管理风格有重要关系。上司所为并非全部完美，应在尊重的氛围里，有理有节有分寸地磨合，唯上司是从也无必要，让上司接纳观点或方案，要注意沟通方式，是直截了当还是委婉措辞，当事时说还是事后再说都应视情况而定，综合把握。

16.4.3.1 向上司汇报工作礼仪

（1）遵守时间，不可失约。树立极强的恪守时间观念，不要过早抵达，使上司准备未毕而难堪，也不要迟到，让上司等候过久而急躁。

（2）敲门进入。轻轻敲门，经允许后才能进。不可大大咧咧，破门穿堂，即使门开着，也要用适当的方式告诉上司有人来了，以便其及时调整体态与心理。汇报时注意仪表姿态文雅大方，彬彬有礼。

（3）吸烟与敬烟。注意上司办公室是否允许吸烟，敬烟时应打开烟盒弹出几支，递上由其自取。无烟办公室不得吸烟，有他人在座时吸烟应征得同意。

（4）汇报陈述。汇报要实事求是，语言精练，吐字清晰，语调、声音大小恰当。有喜报喜，有忧报忧，不可“察言观色”，投其所好，歪曲或隐瞒事实真相。

（5）善对无礼。工作中若上司无礼，不可冲动，仍然要坚持以礼相待，也可以身示范暗示上司纠正错误，或者直言相陈，但得注意言辞的艺术性。

（6）告辞。汇报结束后，上司如果谈兴犹在，不可有不耐烦的体态语，应等上司表示结束才可以告辞。告辞时整理好材料、茶具、座椅。上司送别时要主动说“谢谢”或“请留步”。

16.4.3.2　给上司提建议礼仪

下属给上司提意见或建议，是为了让上司采纳或接受，推动工作顺利开展。下属给上司提意见或建议时，也要注意方法。

（1）请教的方式。以请教的方式提建议，可以让上司消除疑虑和戒心，增加上司的接纳度。

（2）提醒的方式。以提醒的方式提建议，最好能用上司的言行作依据，再加以引申，陈述建议的内容和实质，从而取得上司的心理认同。

（3）适当的时机。选择适当的时机提建议，最好在上司心情愉快时提，增加上司的接纳度。

（4）提成熟的建议。要做到深思熟虑，拿出详细的资料计划足以说服对方，必要时准备多套方案。考虑不成熟的建议不可轻易提出。

16.4.3.3　对待上司批评的礼仪

与上司相处，部属难免受上司的批评。大多数情况下批评是对的，但也不排除有时上司批评错了。对待上司的批评，部属应有正确的态度。

（1）要事后解释。不要当面解释。为了单位的团结和今后的工作，部属应该忍耐和克制，不要一触即跳，给上司“火上浇油”。

（2）要间接解释。不要直接解释。间接解释可通过第三者进行，也可以通过电话、邮件等中间媒介进行。

（3）要有选择地解释。不要面面俱到地解释。无论是当面还是通过其他途径向上司解释，都要本着宜粗不宜细的原则进行。

（4）要真诚解释。态度要真诚，目的是为了工作。不要宣泄委屈、不满和不快。

课堂训练

任务驱动

在下一次上课前预习下一章内容，做好必要的实训准备。

训练项目

☆训练项目 16-1　办公室礼仪测试

尊重同事包括见到同事要打招呼；记住同事的名字及基本资料；发表意见时要顾及他人；不

忘说“请”“谢谢”“对不起”。

工作忙起来或有压力不顺心时，很容易忽略待人接物的道理。一不小心，就会变成一个连自己都不喜欢的人。无论成功或失意都需要经常问自己这样的问题：

（1）见到认识的人会微笑打招呼吗？

（2）别人说话时，有专心听吗？

（3）对别人有意见，会三思之后私底下再说吗？

（4）会诚恳地公开赞美别人吗？

（5）有克制自己，不提高嗓门乱发脾气吗？

（6）该说“谢谢”时都有说吗？

（7）叫得出每个同事完整的姓名吗？

（8）随时注意自己的仪容整洁吗？

☆训练项目 16-2　职场关系训练

1. 假如你正在兴致勃勃地和同事谈论上司的缺点，上司出现了，而且他是一个业务能力比你强很多的领导，你该怎么做？

2. 你被提拔后：①同事对你十分热情，言听计从；②同事反应冷漠，不言不语；③同事冷言冷语。你如何处理同这三类人的关系？

3. “刺猬理论”认为，冬天刺猬彼此将身上的针状刺靠拢防寒，刺的距离太小会伤及对方，距离太大起不到防寒作用。这形象地说明了上下级之间的交往，必须把握好一定的“度”。你认为应如何把握这个“度”？

典型案例

案例16-1　迟来的尊敬

某货运公司财务刘女士：我们公司的场地构造有点特殊，进门的玄关旁边有个座位，因为我是财务，不用和项目组的同事坐在一起，所以玄关旁边的位子是我的座。公司前几个月新来了一个大学毕业生，每次进门首先看见我，招呼不打一声，头也不点一下不说，直愣愣看我一眼就进去了。我怀疑她可能以为我只是一个前台的阿姨，所以如此不屑一顾。

过了几天，大概她终于搞清楚我并非是什么接接电话、收收快递的阿姨，而是掌管她每个月工资的“财政大臣”，开始殷勤了起来，进门“刘老师”叫得山响。可是，我心里却有点别扭，她现在对我即使再怎么尊敬，毕竟是有原因的，我对她也生不出什么好感来。

我就很纳闷，怎么一个堂堂大学生，刚进社会就学会了势利？如果我真的是前台阿姨，是不是她这辈子都不打算跟我打招呼了？

【讨　论】

职场中如何做到真诚待人？

案例16-2　真诚的价值

小赵是一家钢材销售公司的业务员，1.65 米的身高，不太整齐的牙齿，配上与时尚不沾边的穿着和一副大黑框眼镜，似乎没有一点能吸引人的地方。因为他的羞涩、木讷，不敢为自己争取，涨工资也总与他无缘。他的存在明显无关紧要，公司上下似乎根本就没有人会在意他、理会他。

然而，正是这个不起眼的小赵做成了一笔数额巨大的生意，而且是能建立长期合作关系的 VIP 客户。事后，客户对公司的老总说，能在考察了多家公司后最终选中贵公司，除了贵公司的实力、信誉外，最主要的是他看重负责接待的业务员小赵的真诚。

生意场上有太多的虚虚假假，小赵那真诚的语言，最终为公司赢得了客户的信任。

【讨　论】

真诚的价值有多大呢？

【知识强化】认真独立完成知识巩固提高同步练习题。

Chapter 17

第 17 章

礼仪文书

【学习内容】

商务信函礼仪：介绍信礼仪，证明信礼仪，感谢信礼仪，慰问信礼仪，贺信礼仪，邀请信礼仪，致歉信礼仪，请柬礼仪，聘书礼仪。商务致辞礼仪：开幕词、闭幕词，祝词、贺词，欢迎词、欢送词，祝酒词、答谢词，有关对外文书礼仪。

【学习目标】

在商务活动中，完美地表现现代职场人的职业素质，充分地展示个人职业形象和所在单位的良好形象。

【情景导入】

刘华麟是某大学管理学院行政管理专业毕业生，毕业后应聘到某电力分公司担任办公室主管。分公司的印章、介绍信都归他管，一些礼仪性文书撰写也是他的职责。那么，你知道商务礼仪中的礼仪文书都包括什么吗？各类礼仪文书撰写的格式和要求又是什么呢？

礼仪文书是为礼仪目的或在礼仪场合使用的文书，包括贺卡、请柬、祝贺信、慰问信、感谢信、喜报、祝酒词、祝寿词、礼笺、对联等；在商务礼仪中，则指的是礼仪方面的商务信函和商务致辞文书。

礼仪文书应当符合礼仪要求。要根据不同的时间、场合、对象，力求写得恰如其分、恰到好处。文书中涉及的有关资料，均应经过核对，做到翔实可靠。礼仪文书不应是简单抄袭套用现成格式的“官腔”或“应景文章”，可根据具体情况写实质性内容，使之达到更好效果。

17.1 商务信函礼仪

商务往来中所用书信，称为专用书信，是指应用在特定场合有专门作用的书信。专门书信内容单一，具有公开性质，主要有介绍信、证明信、感谢信、贺信、慰问信、邀请信等。

17.1.1 介绍信、证明信

17.1.1.1 介绍信

1. 适用范围

介绍信适用于单位与单位之间的工作来往所需，是一种较为正规的具有一定凭证作用的信件。

2. 介绍信特点

（1）证明特性。介绍信是机关团体必备的具有介绍、证明作用的书信。持介绍信者，可以凭此同有关单位或个人联系，商量洽谈具体事宜；收看介绍信的一方可从对方的介绍信中了解来人的职业、身份、待办事项等内容。介绍信旨在证明来人身份，是联结双方关系的桥梁。

（2）时效特性。介绍信相当于在一定时间内有效的证件，赋予一定的责任和权利，帮助对方了解身份、来历，一般都有期限，是一种在限期内具备有用性的专用文书。

介绍信示例：

介绍信（存根）

〇〇字第〇〇号

兹介绍〇〇〇等同志〇人前往〇〇〇联系〇〇〇。

〇〇〇〇年〇月〇日。

第…号 介绍信

〇〇〇〇：

兹介绍〇〇〇等同志〇人，前往你处联系〇〇〇〇，请于接洽并给予协助。

此致

敬礼！

〇〇〇〇〇（公章）

（有效期〇天） 〇〇〇〇年〇月〇日

17.1.1.2 证明信

1. 使用范围

证明信是证明某人身份、经历或事情真相的书信。一般由单位或熟悉情况的个人出具。

2. 证明信特点

（1）凭证特点。证明信的作用贵在证明，是持有者用以证明自己身份、经历或某事真实性的一种凭证，具有凭证作用。

（2）格式特点。证明信是一种专用书信，尽管有多种形式，但写法同书信基本一致，大部分采用书信体格式。

证明信示例：

证 明 信

×××局党委：

××同志，男，现年40岁，一九六四年九月考入我校学习，系×××教授的研究生，一九六七年九月毕业。由于历史原因，毕业时未能发给研究生毕业证书，现即将补发。特此证明。

此致

敬礼！

××大学校长
×××（签名）
×年×月×日

17.1.2 感谢信、慰问信

17.1.2.1 感谢信

为感谢有关单位、团体或个人的关心、支持、帮助而写的专用书信。收到贺信或慰问信、得到支援和协助、向对方表示谢意应写感谢信。感谢信侧重于对别人的关心、支持、帮助等表示感谢，只要写明为何事向何人（或单位）表示何种谢意即可。写给单位的，在信纸的正中写上“感谢信”三字（给个人的则不必写）。

1. 注意事项

（1）尽量手写，用语真挚，内容简洁，繁简适度；

（2）致谢面易宽不宜窄；

（3）应及时忌滞后；

（4）公开张贴须征得对方同意。

2. 格式和写法

感谢信一般包括标题、称谓、正文、落款（署名、日期）四个部分。

（1）标题。感谢信的标题，大体上有三种写法：①以文种为标题，即“感谢信”。②写出接受感谢者的姓名，如“致×××先生的感谢信”。③同时写出发信人以及接受感谢者的姓名，如“×××致×××的感谢信”。标题字号要比正文稍大一些。

（2）称谓。要写出接受感谢单位的全称或接受感谢个人的姓名，后加冒号。个人姓名之后，要加上“同志”“先生”等礼貌性称呼。称谓要在标题的下一行，顶格书写。

（3）正文。一般包括两个方面的内容。①在概述对方的帮助时，要把人物、时间、地点、原因、经过和结果概述清楚，而且要予以议论和评价，揭示其深刻意义。②热情赞扬对方的好思想、好风格，要感情洋溢，诚恳地表达感激之情，也可以表示如何报答对方的热心帮助。

（4）结尾。

（5）落款（署名、日期）。

感谢信示例：

感　谢　信

××公路局：

我院文秘系×××等四名学员，前不久在贵局毕业实习两个多月，得到了贵局领导和办公室人员政治上的热情关怀，业务上的耐心指导，生活上的悉心照顾。实习时间虽然不长，他们却取得了很大的成绩，达到了预期的实习目的。为此，我们特向贵局表示衷心的感谢！

此致

敬礼！

××××学院

二〇〇九年七月一日

17.1.2.2　慰问信

慰问信，也称慰问函，以电报形式发出则称慰问电，是一种对他人表示慰藉、问候、鼓励、关切的专用书信。

1. 内容与作用

慰问信的内容要根据事件和对象的不同有所区别。慰问灾区人民，在表示难过或哀痛的心情之后，要着重鼓励对方树立战胜灾害的勇气；慰问节假日坚持生产的职工，则着重称颂他们的贡献。

慰问信的作用是体现了人与人之间的热情关怀；体现出社会温暖；激励对方增强信心。语言应当亲切、热情，富有感情色彩。

2. 格式和写法

（1）标题有三种写法：一是直接用“慰问信”作为标题；二是由受文对象和文种组成；三是由发文单位名称和受文对象及文种组成。个人之间的慰问信不用加标题。

（2）称呼。

（3）正文。开头写明发此信的背景及原因，表示问候、安慰，语言要简明概括，态度明确。主体部分概述对方的先进事迹、忘我的工作态度及其做出的贡献。结尾部分提出希望，表示共同决心，或表明来自各个方面的关心和谢意，以及将要采取的支援行动等。

（4）祝颂语。

（5）落款。

慰问信示例：

慰　问　信

尊敬的离休、退休教职工同志们：

在2013年教师节即将到来之际，我们代表全校各民族师生员工向你们表示节日的祝贺和亲切的慰问！

多年来，同志们为××民族大学的创立、建设和发展，为培养各民族革命和建设人才呕心沥血，辛勤工作，把自己最美好的年华和聪明才智奉献给了党的民族教育事业。在 ×× 民大的史册上，在全体民大人的心中，将永远铭记着你们的业绩和功劳。

当前，全校师生员工正在贯彻落实中共中央、国务院颁布的《中国教育改革和发展纲要》，为把我校办成第一流的大学，争取列入“211 工程”而努力奋斗，形势喜人。我们要继承和发扬优良传统和作风，学习你们的好经验。在新的形势下，带领广大师生员工抓住新的机遇，迎接新的挑战，扎扎实实地搞好我校的教育改革和各项工作。希望在今后的工作中继续得到老同志们的关心和支持。

祝你们节日快乐，身体健康，晚年幸福！

×× 民族大学党委　×× 民族大学

1993 年 9 月 8 日

17.1.3 贺信、贺电

贺信和贺电是最常用的祝贺方式。

17.1.3.1 贺信

贺信，也称贺函，是表示庆祝的书信的总称，指行政机关、企事业单位、社会团体或个人向其他单位或个人表示祝贺的一种专用书信。

1. 格式

贺信格式与普通书信相同，由标题、称谓、正文、结尾和落款五部分构成。

2. 撰写基本要求

（1）要根据行文关系调整措辞用语。如上行贺词应该含有敬意，表达学习的愿望和完成某项任务的决心；下行贺词语气比较庄重，祝贺的同时还包含勉励、期望、要求之意。

（2）写作之前要明确“贺什么”和“为什么贺”两个主要问题。

（3）感情要充沛。

（4）语言要简明扼要，通俗流畅。

应注意用红纸（或粉色）黑字书写，不能用白纸黑字，在允许的情况下，贺信可以公开张贴。

贺信示例：

国务院、中央军委对“长征三号甲”运载火箭首次飞行试验成功的贺信

国防科工委、航天工业总公司并转参加“长征三号甲”运载火箭飞行试验工作的同志们：

值此新春佳节来临之际，欣悉你们进行的“长征三号甲”运载火箭首次飞行试验获得成功，搭载发射的“实验四号”空间探测卫星和一颗模拟卫星进入预定轨道。这是我国航天高科技领域取得的又一重大成果，是你们团结一致、刻苦攻关、奋力拼搏的结果。国务院、中央军委特向你们表示热烈的祝贺，并致以亲切的节日慰问！“长征三号甲”运载火箭发射试验的成功，对于实现我国新一代应用卫星发展的战略目标，扩大航天领域的对外交流合作，必将产生重大而深远的影响。

希望你们谦虚谨慎，不断进取，勇攀科技高峰，为加速我国现代化建设做出新的贡献！

国务院 中央军委

1992 年 2 月 9 日

17.1.3.2 贺电

1. 贺电结构

贺电的结构由收报人地址姓名、收报地点、电报内容、附项四部分构成。拍发礼仪电报，要用电信局印制的礼仪电报纸按栏、按格填写。

（1）收报人地址姓名。先写地址：路、街道、门牌号码；再写单位名称或个人姓名。

（2）收报地点。填写省、市、县名，大城市可略写省名。

（3）电报内容。先写祝贺的话，再写发报人地址姓名或发报单位地址名称。发报日期时间在电报中反映，电文中可省略。

（4）附项。包括发报人签名或盖章、地址、电话。

2. 贺电格式

一般有标题、称呼、正文、结尾、落款等五部分。

（1）标题。可直接由文种名构成，即在第一行正中写“贺电”二字。有的标题也可由文种名和发电双方名称共同构成，如“国务院致中国体操队的贺电”。有的还用副标题，即以发电单位、受电单位和文种作为主标题，而用副标题说明内容。

（2）称呼。要写上收电单位或个人的名称、姓名，是个人的应在姓名后加上“同志”“先生”或职务名称等称呼。要顶格写，称呼后加冒号。

（3）正文。要根据内容而定，若发给单位或某一地区庆祝活动的，宜在表示祝贺的同时，对其做出的各种成绩、取得的巨大成就给以充分肯定，并给以鼓励，提出希望。一般私人之间的交往，把内容放在祝贺上即可。

（4）结尾。要表达热烈的祝贺和祝福之意，有的也提出希望。

（5）落款。在正文右下方署上发电单位或个人的姓名、日期。

贺电实例：

中共中央国务院中央军委的贺电

总装备部、工业和信息化部、国家国防科技工业局、中国科学院、中国航天科技集团公司、中国航天科工集团公司、中国电子科技集团公司并参加天宫一号与神舟九号载人交会对接任务的全体同志：

欣悉天宫一号与神舟九号载人交会对接任务取得圆满成功，中共中央、国务院、中央军委特向胜利完成这次任务的航天员，向所有参加这次任务的科技工作者、干部职工和解放军指战员，表示热烈祝贺和亲切慰问！

天宫一号与神舟九号载人交会对接任务的圆满成功，实现了我国空间交会对接技术的又一重大突破，标志着我国载人航天工程第二步战略目标取得了具有决定性意义的重要进展。

这是建设创新型国家取得的新成就，是中国人民在攀登世界科技高峰征程上铸就的新辉煌，是中华民族为人类探索利用外层空间做出的又一卓越贡献，对于增强我国综合国力、振奋民族精神，鼓舞和激励全国人民奋力夺取全面建设小康社会新胜利，不断开创中国特色社会主义事业新局面，具有重大而深远的意义。全体航天人建立的丰功伟绩将彪炳史册，祖国和人民永远不会忘记！

科技进步永无止境，太空探索任重道远。希望你们紧密团结在以胡锦涛同志为总书记的党中央周围，高举中国特色社会主义伟大旗帜，以邓小平理论和“三个代表”重要思想为指导，深入贯彻落实科学发展观，大力弘扬“两弹一星”精神和载人航天精神，自强不息、团结拼搏，开拓创新、扎实工作，努力推进我国航天事业跨越发展，以优异成绩迎接党的十八大胜利召开，为实现中华民族伟大复兴做出新的更大贡献！

中共中央

国务院

中央军委

2012 年 6 月 29 日

17.1.4 邀请信、致歉信

17.1.4.1 邀请信

邀请信也叫邀请函，以电报的形式邀请则称为邀请电，是邀请亲朋好友或知名人士、专家等参加某项活动时所发的约请性书信。日常社交活动及国际交往中使用广泛。邀请信可分为请柬和一般邀请信两种。

1. 请柬

是一种正规的邀请信。格式严谨而固定。一般适用于较庄重严肃的场合。具体内容见本章 17.1.5。

2. 一般邀请信

通常适用于日常邀请，且邀请人同被邀请人很熟悉，具有简短、热情的特点。

3. 邀请信内容

（1）邀请的原因，说明参加什么活动。

（2）活动安排的细节及注意事项。诸如时间、地点、参加人员、人数，要做的准备及所穿的服饰等。

（3）如有必要，可注明请对方予以回复等。

邀请信应注意邀请人和被邀请人要用第二人称，参加活动的时间、地点要写得清楚明确。希望被邀请人收到请柬后给予答复的；须在请柬上注明 R.S.V.P 或 r.s.v.p. 字样，意为“请答复”。为了方便联系，要留下电话或地址。对参加人有具体要求可简单注明，要求穿礼服，须在请柬的右下角注明 Dress：Formal；较随意时可用 Dress：Informal。

17.1.4.2 致歉信

致歉信又称道歉信，因工作失误，引起对方不快，需通过致歉信赔礼道歉，消除误会，消除不满，化解矛盾，增进友谊和信任。为了及时消除不利影响，往往以公开的方式发表。

格式一般包括：标题、称谓、正文、落款四部分。内容应包括三个部分：①道歉；②叙述原因或问题；③后果及解决办法。

17.1.5 请柬、聘书

17.1.5.1 请柬

请柬又可称作请帖，是为邀请客人（个人或集体）参加某项活动所使用的一种书面形式的通知。请柬就是一种简便的邀请书（信）。但请柬与邀请书（信）既有共同点，也有区别。

1. 请柬特点

请柬从内容到形式都极富礼仪特征，因而也就具有浓重的传统文化色彩。

2. 格式和写法

一般由标题、称呼、正文、结尾、落款五个部分组成。

（1）标题。在封面上写“请柬”（请帖）二字。

（2）称呼。同一般书信，要顶格写明被邀请者（单位或个人）的名称，称呼后加冒号。

（3）正文。

（4）结尾。要写上礼节性问候语或恭候语，如“致以敬礼”、“顺致崇高的敬意”、“敬请光临”等。

（5）落款。要署上邀请者（单位或个人）的名称和发出请柬的日期。

3. 撰写基本要求

（1）外观上，讲究美观大方。

（2）文字上，要求用语简洁、明确、庄重、典雅，表意周全，符合“达、雅、礼”。

（3）要提前发出，以便被邀请人有足够的安排准备时间。

（4）写好后一般应装进信封，派专人送达，也可邮寄给被邀请者。条件允许，最好不要以间接的方式递送。

（5）不宜滥用。一般性的会议，应用通知，不用请柬。

请柬示例：

请　　柬

××小姐：

兹定于 12 月 25 日晚 7 时在锦华歌舞厅举行圣诞庆祝舞会，届时请携带舞伴光临为盼。

李华云

2013 年 12 月 20 日

（附入场券两张）

17.1.5.2 聘书

聘书是聘请书的简称。用于聘请某些有专业特长或名望权威的人完成某项任务或担任某种职务时的书信体文书。

1. 适用范围

聘书适用于学校、工矿企业等需要某方面有特长或有专业技能的人才。往往是用人单位承担了某项工作，靠本单位或现有的人才资源无法顺利完成任务；或由于企业发展，事业扩大，需聘用一些有专长在工作中起重大作用的人。总之，是对专业人才所发。社会团体或某些重要活动为了提高自身的知名度、扩大影响力，常常聘请一些有名望的人加盟或参与。如聘请名人作顾问，作指导，作为某项比赛的评委等。

2. 聘书的作用

招聘制为聘书的应用提供了广阔的空间。

（1）加强协作的纽带。聘书反映了单位、部门、个人之间联系、协作的日趋频繁，聘书联系人才和用人单位，单位承担某项任务或开展某项工作，请本单位缺乏的高级人才，要用聘书。不仅如此，聘书还加强了不同单位之间的合作，互通有无，互相支援，聘书起到了联系纽带的作用。

（2）加强应聘者的责任感、荣誉感。聘书是出于对受聘人极大的信任和尊重颁发的，这无形中加强了受聘人的责任感。应聘者接到聘书也就等于必须对所聘的职务、工作负责任。受聘人往往是某方面确有专长或能做出特殊贡献的人，授予聘书可以很好地发挥受聘人的聪明才智，也是人才交流的一种形式。

（3）表示郑重其事、信任和守约。表现了聘任单位对被聘者的尊重，也体现了聘任单位对被聘者的高度信任。同时，聘书也有类似于合同的性质，有荣誉更有责任，通过聘书的形式，提醒督促受聘者切实履行职责。

3. 注意事项

聘书要郑重严肃，有关内容要交代清楚。书写要整洁、大方、美观。聘书一般短小精悍，不可篇幅太长，语言要简洁明了、准确流畅，态度要谦虚诚恳。以单位名义发出，一定得加盖公章，方视为有效。

4. 格式和写法

聘书一般已按照书信格式印制好，中心内容由发文者填写。完整的聘书格式由以下几部分构成。

（1）标题。在正中写“聘书”或“聘请书”字样，有的聘书也可不写。已印制好的聘书标题常用烫金“聘书”或“聘请书”字样组成。

（2）称谓。聘书上被聘者的姓名称呼在开头顶格写，再加冒号；也可在正文中写明受聘人的姓名称呼。常见印制好的聘书大都在第一行空两格写“兹聘请 ××……”。

（3）正文。交代聘请的原因和所从事的工作、担任的职务。写明聘任期限。如“聘期两年”“聘期自 2000 年 2 月 20 日至 2005 年 2 月 20 日”。聘任待遇。聘任待遇可直接写在聘书上，也可另附详尽的聘约或公函，视情况而定。另外，对被聘者的希望，可以写在聘书上，但也可以不写。

（4）结尾。一般写上表示敬意和祝颂的结束用语。如“此致敬礼”“此聘”等。

（5）落款。落款要署上发文单位名称或单位领导的姓名、职务，并署上发文日期，同时要加盖公章。

聘书示例：

聘　书

兹聘请王大维教授为深圳 ×× 通讯股份有限公司首席经济顾问。

此聘。

深圳 ×× 通讯股份有限公司

二〇一二年五月二十日

17.2　商务致辞礼仪

17.2.1　开幕词、闭幕词

17.2.1.1　开幕词

开幕词是较大型的重要会议上由主要负责人在会议开始时向大会的致辞，是大会的序曲。主要说明召开会议的背景和意义、会议组织工作、会议参加人员、会议目的和中心任务、会议议程安排、对大会的希望等。开幕词对开好会议具有重要的指导作用，一般要依会议方案，事先经主席团、委员会等领导机构批准。

1. 格式和写法

开幕词一般有标题、题下签署、正文三部分：

（1）标题。通常直接由会议名称与文种类别构成，也有的先用概括性或号召性的词句作正标题，再用会议名称和文种类别作副标题。

（2）题下签署。题下通常要标明致词人姓名（即法定作者）、致辞日期。

（3）正文。开头先顶格写称呼，然后另起一段宣布会议开幕，再写主体部分。主体部分先说明会议基本情况，包括出席人数、会议组织情况、议程等，再写会议的任务和宗旨，以及对前阶段工作的简要回顾，对目前有关形势的分析等。结束部分要提出希望、发出号召，有的还以“祝愿会议圆满成功”等作为结语。

2. 注意事项

要求篇幅不要太长，结构紧凑，详略得当，语言朴实、准确、简练。

开幕词示例：

在“中国国际 ×× 展览会“开幕式上的讲话

××××年×月×日

×××

女士们、先生们、同志们：

早上好！由新加坡 ×× 有限公司主办，中国 ×× 协会与我分会所属的上海市

××××公司承办的“中国国际××展览会”今天在这里开幕了。我谨代表中国国际贸易促进委员会上海市分会、中国国际商会上海分会表示热烈祝贺！向前来上海参展的中外厂商表示热烈的欢迎！

本届展览会将集中展示具有国际水准的各类××产品生产设备，为来自全国各地的科技人员提供一次不出国的学习机会；同时，也为海内外同行共同交流切磋技术创造了条件。

朋友们、同志们，上海是中国最重要的工业基地之一，也是经济、金融、科技和信息中心。上海作为长江流域乃至全国对外开放的重要窗口，将实行全方位的开放。我国政府已将浦东的开发开放列为中国今后十年发展的重点，上海南浦大桥的正式通车，将标志着浦东新区的开发已经进入实质性的启动阶段。上海将进一步改善投资环境，扩大与各国各地区的合作领域。我真诚地欢迎各位展商到上海的开发区和浦东新区参观，寻求贸易和投资机会，寻找合作伙伴。作为上海市的对外商会－中国国际贸易促进会上海市分会将为各位朋友提供卓有成效的服务。

最后，预祝“中国国际××展览会”圆满成功！感谢大家！

17.2.1.2 闭幕词

闭幕词是在某些大型重要会议结束时由大会的主要负责人所做的结束致辞。它是大会的结束语，主要内容是概述大会的议程、基本精神、主要成果和意义，说明大会提出的号召、要求等。闭幕词是会议成功结束的标志。

1. 格式和写法

会议闭幕词通常由标题、题下签署、正文三部分构成：

（1）标题。主要两种写法：一种是用会议名称加文种类别（闭幕词）；另一种是先用概括性的词句作正标题，再用会议名称加文种类别作副标题。

（2）题下签署。标题下要标明致词人（法定作者）姓名、日期。

（3）正文。包括称呼、开头、主体、结尾四部分。称呼顶格写，开头说明会议是否完成任务；主体部分评述大会的议程，总结会议的重要意义；结尾部分为号召与希望，也可对会议有关事项略加说明，最后宣布会议结束。

2. 注意事项

闭幕词篇幅要简短，语言要简洁流畅，富有鼓动性和号召力。

闭幕词实例：

在党的十一届六中全会闭幕会上的讲话㊀

（一九八一年六月二十九日）

我确信，我们这次全会解决的两个问题，解决得非常好。第一个，就是关于建国以来党的若干历史问题的决议，真正是达到了我们原来的要求。这对我们统一党内的思想，有很重要的作用。当然，胡耀邦同志说，统一思想还要一年的工作。但是，今后作为一个共

㊀ 节选自《邓小平文选》第二卷。

产党员来说，要在这个统一的口径下来讲话。思想不通，组织服从。相信这个决议能够经得住历史考验。

……

我们这次全会对这么两个重大问题采取了重大的决策，做出了重大的选择，我们相信，这个重大的决策，重大的选择，是正确的。所以我们这次全会的意义是非常大的。公报已经表明了这一点。我们这次会议真正是胜利地完成了自己的任务。

同志们还有什么话没有？如果没有，我们就宣布第六次中央全会胜利闭幕。

17.2.2 祝词、贺词

祝词是在喜庆场合对某人或某项即将开始的工作、事业表示祝福的言辞或文章，一般在事情未果时表示的祝愿和希望。贺词是在喜庆场合对某人或某项已经取得成功的工作、事业表示祝贺的言辞或文章，是在事情有结果时表示的庆贺和道喜。祝词和贺词的区别是显而易见的，事前祝，事后贺，但某些场合却可以互用，有时祝词、贺词难以分清。

17.2.2.1 祝词、贺词分类

1. 以祝贺对象分

（1）祝贺寿诞。主要对象是老人。既赞颂已取得的辉煌成绩，又祝愿幸福健康长寿。也可祝贺夫妻喜得子嗣，祝其夫妻生活更加甜美。还可祝贺自己，称自寿。自寿往往抒发个人感慨、抱负，或自勉。

（2）祝贺事业。事业成功的祝贺涉及范围极广。如商务会议开始时祝其圆满成功，结束时祝贺圆满结束；展览会剪彩时祝其取得较好的社会效益，结束时贺其达到了预期目的；其他如公司开业、银行开张、报刊创刊、社团纪念等均可贺已取得的成就，祝今后事业顺利发达。

（3）祝贺婚嫁。既贺新婚，又祝新人今后生活和谐美满。

（4）祝贺酒宴。以酒助兴，酒只是商务交往的一种媒介形式。酒宴上的祝词、贺词，要向赴宴客人表达祝福和庆贺。

2. 以表达形式分

（1）现场即席致辞祝贺。在较为随意轻松的场合可以即兴表示祝贺；但在公共场合，为庄重严肃起见，应按事先拟好的祝贺词发言。

（2）信函电传祝贺。有时祝贺人无法到场祝贺，可用书信方式祝贺，也可发传真或电子邮件表示祝贺之意。

17.2.2.2 祝词、贺词特点

1. 喜庆性

喜庆性是祝词、贺词的基本特点。祝词、贺词是在喜庆场合对祝贺对象真诚的祈颂祝福和良好心愿的表达，在措辞用语上务必体现出喜悦、美好之情。

2. 体裁多样性

祝词、贺词无须拘泥于某种文体，可根据祝贺具体对象采用合适的贴切的文章体裁。既

可用一般的应用文体，也可采用诗、词、对联等其他的文体样式。

17.2.2.3 基本格式和写法

通常由标题、称呼、正文和落款四部分组成。

1. 标题

一般由两种方式构成。一种是由致辞者、致辞场合和文种共同构成。如《周恩来总理在欢迎尼克松总统宴会上的讲话》。另一种是由致辞对象和致辞内容共同构成。如《贺紫荆山国庆集体婚礼》《在刘 ×× 先生和李 ×× 小姐婚礼上的祝词》。

2. 称呼

写在开头顶格处，写明祝词或贺词对象的姓名。一般要在姓名后面加上称呼甚至有关的职务头衔，以表敬重，如“尊敬的史密斯博士:”。

3. 正文

（1）向对方致意。说明代表何人或何种组织向对方及其何项事业祝福贺喜。

（2）概括评价对方已经取得的成就。

（3）展望未来美好前景，再次向对方表示衷心的祝贺。

4. 落款

落款处应当署上致辞单位名称，或致辞人姓名和成文日期。

17.2.2.4 写作注意事项

祝词、贺词要求热情洋溢、充满喜庆、满怀诚意地表达良好祝愿。多用褒扬、赞美、激励之词，少用华而不实的词句，以免阿谀奉承之嫌。文体上可以多种多样，写出特色，表达诚挚的祝愿即可。

祝词、贺词示例：

某女士《在创新电脑公司开业庆典上的贺词》

改革开放带来累累硕果，十五大东风又吹开朵朵新花。在这万象更新的金秋季节，天津创新电脑公司隆重开业了。在此，我代表各位来宾和广大用户，向你们表示衷心祝贺！

你们公司的名字是“创新”，今天我的贺词也要来一个创新，在这里，我不想谈“门盈喜气，店满春风”的老话，也不想说“生意兴隆通四海，财源茂盛达三江”的俗愿，我只想从“创新”的“新”字谈起，那就是——新事、新风、新辉煌。

众所周知，科学技术是第一生产力，正当电脑这一崭新的生产力以惊人的速度进入人类一切领域的时候，你们则站在时代的前列，以股份制的新形式成立了公司，并打出了“为时代文明铺路，让电脑走进千家万户”的旗帜，正可谓“胸怀四化业，志在绘宏图”。你们公司开业可喜可贺，而你们所从事的新事业更可喜可贺！

自古以来，没有哪个商家不贪利，没有哪个商家不爱财。然而你们却说：“我们从事的是文明事业，我们就要有别人没有的新风尚，生财有道，以德为先，以信为本。”并推出了人无我有、人有我新的宗旨：“有价的电脑，无价的服务”“全心全意为用户，献出兄弟姐妹情”。朋友们，你们说，有这样的商家，有这样的新风，你们还愁买不到称心的电脑吗？贵公司还愁财源不像长江之水一样滚滚而来吗？

只有创新才会出新，只有开拓才能前进。如今，党的政策已经为你们铺平了道路，亲爱的朋友，扬鞭启程吧，此时风光正好，太阳正红。

各位来宾，让我们举杯祝愿，祝创新公司的事业蓬勃发展，一步一层天！

17.2.3 欢迎词、欢送词

17.2.3.1 欢迎词

接待或招待客人的正式场合，主人发表的表示欢迎之意的致辞。

1. 欢迎词的特点

（1）欢愉性。“有朋自远方来，不亦乐乎”，致欢迎词应当有愉快的心情，言词用语务必富有激情，表现出致辞人的真诚，给客人“宾至如归”之感，为下一步各项活动的圆满举行打下良好的基础。

（2）口语化。现场当面口头表达，口语化是文字上的必然要求，遣词用语生活化，既简洁又富有生活情趣。口语化会拉近主人同来宾的亲切关系。

2. 欢迎词分类

（1）从表达方式上可分为现场讲演欢迎词和报刊发表欢迎词。前者为欢迎人在被欢迎人到达时在欢迎现场口头发表，后者是发表在报刊或公开发行刊物上的欢迎稿，一般在客人到达前后发表。

（2）从交往性质上分可分为私人交往欢迎词和公事往来欢迎词。前者在个人举行较大型的宴会、聚会等非官方场合使用，通常在正式活动开始前进行，具有很大的即时性、现场性。后者在较庄重的公共事务中使用，要事先准备好得体的书面稿，文字措辞上要求较私人交往欢迎词更正式。

3. 格式及写作技巧

欢迎词要求热情洋溢、真诚感人、语言简洁、礼貌适度。

（1）标题。第一行正中写标题，字体略大，可写“欢迎词”三个字或写“ ××× 在欢迎 ××× 会上的讲话”。

（2）称呼。第二行顶格写称呼，要讲究礼仪，姓名要写全，要用尊称。可根据主客之间关系的疏密，在姓名前面加表示亲切的修饰词语，如“尊敬的”“敬爱的”“亲爱的”等，因人而异。

（3）正文。正文要表达三层意思，即要对客人表示热烈欢迎、诚挚问候和致意。阐述来访的意义，赞颂客人各方面的成就，也可回顾双方之间的交往与友谊，赞扬双方之间的友好合作，表示良好的祝愿或希望。

（4）结尾。再一次对客人表示热烈欢迎和良好祝愿。

（5）署名、日期。正文右下方署名，标题有名称可不署名。署名下一行标明日期。

欢迎词示例：

欢 迎 词

各位来宾、各位朋友：

“春来谁做韶华主，总领群英是牡丹。”在春风送暖、百花吐艳的时节，古都洛阳迎来了第九届牡丹花会。热情好客的古都人民，诚挚地欢迎外国朋友、港澳台同胞和来自祖国各地的客人光临洛阳！

花，是社会文明的标志，也是一个地方繁荣昌盛的象征，自古以来，我国人民就有养花、种花的优良传统。

年年岁岁花相似，岁岁年年“会”不同。愿洛阳牡丹花会在中外友人的关注和全市人民的共同努力下，愈办愈好！

祝各位来宾在洛阳期间精神愉快，身体健康！

××××年×月×日

17.2.3.2 欢送词

欢送词是指向客人告别的正式场合中主人发表的表示送别客人的致辞。学生毕业、客人结束访问等，都要表示热烈欢送。

欢送词的格式和写法与欢迎词大致相同，只有正文部分内容有所区别，应对客人表示热烈欢送，并对客人在这一阶段取得的成绩予以肯定，给予适当的评价。结束语要以生动感人的语言对客人表示希望和勉励，并显示出依依惜别的感情。

欢送词示例：

欢 送 词

尊敬的××博士，尊敬的朋友们、同志们：

××博士结束了在我校为期三年的执教生活，近日就要回国了。今天我们备此薄餐，为××博士送行。

三年来，××博士以出众的才智和辛勤的工作，赢得了全校师生的信赖与尊敬。他所做的几次学术报告，开阔了我们的视野，推动了学校的教学改革。对此，请允许我代表全体师生对××博士再次表示感谢！

在三年的教学工作和日常交往中，××博士与市场营销专业的师生诚挚交流，以友相待，结下了较为深厚的友谊，我们为此而感到高兴。

中国有句古话：“海内存知己，天涯若比邻。”千山万水无阻于我们友谊的发展，隔不断彼此之间的联系。我们期望××博士在适当的时候再回来做客，讲学。

××博士将要踏上回程的旅途，请带上我们全体师生的深情厚谊，也请给我们留下宝贵的意见和建议。

×××

××××年×月×日

17.2.4 祝酒词、答谢词

17.2.4.1 祝酒词

宾客初至，设宴洗尘，宴会伊始，主人要致祝酒词。酒席上洋溢着主客双方的友好气氛，祝酒词主要表达出这种情谊，也可顺便提出一些希望，但以不冲淡友好气氛为原则。祝酒词的显著特点在于结尾的提议，要说明为什么而干杯。祝语既要突出客人中的代表人物，又要兼顾所有的参加者。主人借酒发挥，向到来的客人致以美好的祝愿。祝酒词不宜滔滔不绝，让客人久坐。主人没完没了地演讲，气氛将会很尴尬。宴会上也不适于讨论严肃的问题。

简短热情是祝酒词写作的要诀。开头要对到来的宾客表示热烈欢迎，对以往受到的帮助和关切表示衷心感谢。主体部分，根据宴请对象、宴会性质，简略地表示主人必要的想法、观点、立场和意见。结尾主要是礼节性或祝愿性的“干杯”。

祝酒词实例：

周恩来总理在欢迎美国总统尼克松的宴会上的祝酒词㊀

总统先生、尼克松夫人，女士们、先生们，同志们、朋友们：

首先，我高兴地代表毛泽东主席和中国政府向尼克松总统和夫人，以及其他的美国客人们表示欢迎。

同时，我也想利用这个机会代表中国人民向远在大洋彼岸的美国人民致以亲切的问候。尼克松总统应中国政府的邀请，前来我国访问，使两国领导人有机会直接会晤，谋求两国关系正常化，并对共同关心的问题交换意见。这是符合中美两国人民愿望的积极行动，这在中美两国关系史上是一个创举。

美国人民是伟大的人民。中国人民是伟大的人民。我们两国人民一向是友好的。由于大家都知道的原因，两国人民之间的来往中断了二十多年。现在，经过中美双方的共同努力，友好来往的大门终于打开了。目前，促使两国关系正常化，争取和缓紧张局势，已成为中美两国人民强烈的愿望。人民，只有人民，才是创造世界历史的动力。我们相信，我们两国人民这种共同愿望，总有一天是要实现的。

中美两国的社会制度根本不同，在中美两国政府之间存在着巨大的分歧。但是，这种分歧不应当妨碍中美两国在互相尊重主权和领土完整、互不侵犯、互不干涉内政、平等互利和和平共处五项原则的基础上建立正常的国家关系，更不应该导致战争。中国政府早在1955年就公开声明，中国人民不想同美国打仗，中国政府愿意坐下来同美国政府谈判。这是我们一贯奉行的方针。我们注意到尼克松总统在来华前的讲话中也说道，“我们必须做到的事情是寻找某种办法使我们可以有分歧而又不成为战争中的敌人”。我们希望，通过双方坦率地交换意见，弄清楚彼此之间的分歧，努力寻找共同点，使我们两国的关系能够有一个新的开始。

最后我提议：

为尼克松总统和夫人的健康，

㊀ 引自1972年2月22日《人民日报》。

为其他美国客人们的健康，

为在座的所有朋友和同志们的健康，

为中美两国之间的友谊，

干杯。

17.2.4.2 答谢词

与欢迎词相对应，答谢词是由客人发表的对主人的热情接待表示感谢的讲话。古人常言“来而不往非礼也”，单位之间、朋友之间有喜事前来祝贺，有困难解囊相助，有不幸探问安慰，及时致谢，此乃人之常情。

1. 答谢词要求

答谢词要求语言生动，感情真挚、热情、有礼貌。

（1）客套话与真情。礼仪场合必要的客套话如“感谢”、“致敬”之类热情洋溢、充满真情的词语不能省略。

（2）尊重对方习惯。异地作客要了解当地的民情、风俗、尊重对方习惯。

（3）注意照应欢迎词。主人致辞在前，客人不能“充耳不闻”。与欢迎词的某些内容照应，是对主人的尊重。即使预先准备了讲稿，也要在现场紧急修改补充，或因情因境临场应变发挥。

（4）篇幅力求简短。欢迎词、答谢词都是应酬性讲话，而且是在商务礼仪活动刚开始时发表，下面还有一系列的活动等着进行。因此篇幅要力求简短，不宜冗长拖沓，以免令人生厌。

2. 答谢词格式

结构由标题、称呼、开头、正文、结语五部分构成。

（1）标题。一般用文种《答谢词》作标题。

（2）称呼。与欢迎词同。

（3）开头。对主人的热情接待表示感谢。

（4）正文。畅叙情谊，或表明来访意图、诚意，申述有关愿望。

（5）结语。祝愿，或再次表示谢意。

答谢词示例：

在接受救灾粮仪式上的答谢词

亲爱的 ×× 领导，远道而来的客人们：

今天，我们怀着无比感激、无比振奋的心情，在这里迎接给我们县师生捐赠救灾粮的 ×× 红十字会的亲人。

今年 7 月以来，我国遭受了百年未遇的大旱灾。7～9 月的 3 个月中，炎阳连天，滴雨不下，池塘干涸，溪河断流，田地龟裂，禾苗枯死。虽经我们奋力抗灾，但自然灾害的肆虐，使十多万人饮水困难，30 多万亩粮田颗粒无收。我们县的小学生，就有一万多名因受灾辍学，还有几万名靠同学、教师、亲属的接济度日。然而，党和政府没有忘记我们，兄弟县市的乡亲没有忘记我们。省市领导多次亲临，视察灾情，组织救援，市县干部职工争相解囊，捐粮捐钱。今天，我们又接到了你们无私捐助的大批救灾粮食。“一方有难，八方支援”，团结互助，无私奉献，只有在今天优越的社会主义制度下，只有在我们伟大的社会主义中国才能办到！

谢谢你们，远方的亲人。我们全县中小学生、全县人民，一定从你们的援助中吸取力量，奋发图强，重建家园；努力学习，奋勇登攀，以崭新的成绩，来报答党和人民的关怀，报答你们的深情厚谊！

×××

××××年×月×日

17.3 有关对外文书礼仪注意事项

对外商务交往中，礼仪程序安排、有关礼仪规定等，可以使用函件、备忘录、通告等文书知会有关机关或个人。在使用有关礼仪性文书时，应注意以下事项。

17.3.1 全称与简称

文电中的外国国名，应使用全称，同一国名出现数次，首次应用全称。如习惯用简称，可使用正式简称。某些国家特殊，如多米尼加共和国、多米尼加联邦等，不可使用简称。文中的单位名称，第一次亦应使用全称。对方的职衔、姓名在作为抬头出现时，亦要用全称。

17.3.2 格式合乎规范

人称要与文书格式相适应并前后统一。一般第三人称文书，不注意时容易出现“贵方”“我方”等称呼，造成混乱不清。签署者与受文者要相适应。人对人，单位对单位。如果人对人，双方身份要相当。

17.3.3 称呼合乎礼仪习惯

致意语的用法取决于不同场合与习惯。文尾的致意语，可视不同的发文和受文者选用“最崇高的敬意”“崇高的敬意”“最良好的祝愿”“良好的祝愿”“最亲切的问候”“顺致敬意”“顺致问候”等。

17.3.4 关于译文

对外文书应以中文为正本，必要时附以外文译文。译文本应用不带机关头衔的白纸，在右上角注明“译文”字样。译文应考虑外文的惯用格式，不应套用中文格式。对外纯属一般事务性的函可只用外文。

17.3.5 打印美观大方

抬头处，受文人的职衔、姓名和称呼应在第一行顶格排列（如排不下，也可将职衔单列一行不加标点，而把姓名称呼另排一行），然后再下一行前面空一格续排行文。如文书较短，不宜把文字都挤在信纸的上半部分，而要留足够的天头，使文件美观大方。盖章位置要适当，一般以骑年压月，上大下小为宜。

17.3.6 严格校对

如发现文书、函件等有错字或格式不对，均应重新打印，不得涂改。

17.3.7 用纸要合乎规定

国际上通行的文件用纸为 A4 规格的白纸。

17.3.8 及时处理

收发文应有签收手续，收到涉外文书应及时处理，不要延误。

:: 延伸阅读

邀请礼仪

1. 邀请的方式
2. 回复正式邀请礼仪

课堂训练

任务驱动

1. 搜集国际交往中的主要礼仪规范。
2. 在下一次上课前预习下一章内容，做好必要的实训准备。

训练项目

☆训练项目 17-1 模拟面试后书面致谢

商务英语专业毕业的刘子毓，幸运地被学校推荐到一家著名外资公司参加面试。总经理 John 和蔼可亲，同刘子毓亲切交谈后，留给他一张自己的名片。经过一天、两天……一周、两周的漫长等待，刘子毓逐渐放弃了希望。无奈中，他只好到其他单位去应聘，但发现自己最在意的还是著名外资公司的那份工作。于是他找出 John 的名片，按照上面的地址写了一封感谢信。

三天后，总经理 John 打来了电话："祝贺你被录用了！"上班后，John 告诉刘子毓："在 30 名求职者中，你是唯一写了感谢信的人，虽然有些迟，但让我们看到了你是一个有感恩心的人。"

假如，你就是幸运的刘子毓，你的感谢信是怎样写的呢？

☆训练项目 17-2　摹写省教育厅领导致辞

2009 年 6 月 2 日，长沙师范学院举行数字出版与印刷传媒系成立新闻发布会。省人大常委会党组成员、省政府顾问唐之享、省教育厅副厅长申纪云、省文化厅副厅长雷鸣强等领导出席发布会并致辞。

长沙师范学院数字出版与印刷传媒系，是湖南省高校首家开办的数字出版与印刷传媒教育机构。湖南正在抓紧建设印刷、出版物流基地，数字出版印刷及印刷传媒产业将成为湖南新的经济增长点。发展数字出版、印刷传媒产业，技术是核心，人才是关键。长沙师范学院以市场为导向，以经济、技术发展的需求为依据，精心设置专业，准确定位人才培养目标，科学制定人才培养方案，以校企合作方式培养出版印刷高级应用型人才，对尽快实现由"文化大省"向"文化强省"的跨越，具有积极而重要的意义。

校企合作、工学一体化是人才培养的新趋势，也是培养数字出版、印刷传媒产业高级应用型人才的必然选择。新闻发布会上，国内百强印刷企业湖南新华印刷集团，省内知名印刷企业湖南凌华印务公司、湖南雅嘉彩印公司与长沙师范学院签订了"订单培养"协议，长沙雅高彩印公司还在学校设立了"印刷奖学金"。

随着沿海地区产业的梯度转移，大批印刷企业落户中部地区，长沙市政府在星沙规划建设了"长沙市印刷科技产业工业园"，目前已吸引十余家投资上亿的印刷企业进驻。可以预料，长沙将很快成为我国出版印刷产业的重要基地。长沙师范学院将逐步设置印刷技术、印刷设备制造、数字印刷媒体、数字出版与编辑、新闻编辑与发行、包装设计 6 个专业，面向全省出版、印刷、包装行业，全方位培养高级应用技术人才。去年已开设数字印刷媒体专业，今年将开设印刷技术、包装设计两个专业，2010 年将开设包装技术与设计、出版与发行专业，2011 年将开设印刷设备与工艺专业。办学规模最终达到 1 000 人左右，每年培养 300 多名高素质的出版印刷人才。此外，每年还可承担 200 多名企业员工的在岗培训。

根据以上基本素材，请摹写省教育厅副厅长申纪云在长沙师范学院举行的数字出版与印刷传媒系成立新闻发布会上的致词。

【知识强化】认真独立完成知识巩固提高同步练习题。

涉外活动篇

PART5

第18章　涉外礼仪

Chapter 18
第 18 章
涉外礼仪

【学习内容】

涉外礼仪基本理念，涉外礼仪基本原则，涉外基本礼仪规范，礼宾活动礼仪规范，不同国家商务礼仪习俗。

【学习目标】

在涉外商务活动中，充分地展示商务人员的职业素养所在单位的良好形象。

【情景导入】

陈雯是某高校外语学院商务英语专业毕业生，毕业后应聘到某国际贸易公司从事对外贸易工作。一天，公司领导交给她一个任务，说有一批印度客人要来商谈业务，请她负责做好接待工作。如果你是陈雯，你将怎么做呢?

长期国际交往，逐步形成了外事礼仪规范，也叫涉外礼仪。涉外礼仪是参与国际交往所要遵守的惯例，约定俗成的做法。“衣食住行访谈送”，是国际交往中不可避免的几个问题。

18.1 涉外礼仪基本理念

从国际交往的角度看，涉外礼仪基本理念与商务礼仪基本理念一样，也特别强调尊重为本、善于表达、行为规范。

一是尊重为本。尊重是礼仪之本，是待人接物之道的根基所在。尊重强调自尊自爱。国际交往中，不讲自尊，就不可能得到别人的尊重。要尊重从事的职业，在任何国家、任何社会，真正被尊重的人，是有实力的人，是学有所长的人，是专业能力强的人。要尊重所在单位，国际交往中有责任、有义务维护国家、民族的尊严和形象，也有责任、有义务维护工作单位的尊严和形象。不但要自尊，还强调尊重他人，尊重交往对象。

二是善于表达。尊重的表达要有表现程式。国际交往中，接待外国客人强调接待三声：

“来有迎声，问有答声，去有送声。”来了说欢迎光临。问话热情对答。有问必答。客人离开要说谢谢光临。还要求三到：眼到，说话要看着对方；口到，表达的内容要和场景、范围相协调；身到，配以相应的动作，包括表情。

三是行为规范。对外商务交往者的行为要规范，要符合规范，要符合礼仪规范，要符合对外礼仪规范。该做的做，而且做到位；不该做的不做，而且绝对不做。该说的说，而且说到位；不该说的不说，而且绝对不说。行为举止，交谈言谈，有规有矩，落落大方，彬彬有礼。

18.2 涉外礼仪基本原则

18.2.1 维护形象

国际交往中，要十分重视遵照规范得体的方式塑造、维护个人形象。个人形象在国际交往中备受关注、深受重视，主要原因在于：一，个人形象真实地体现着个人的教养和品位。二，个人形象客观地反映了个人的精神风貌与生活态度。三，个人形象如实地展现了对交往对象的重视程度。四，个人形象是其所在单位整体形象的有机组成部分。不知道某个人的归属时，其个人形象所存在的缺陷，顶多会被视为个人的问题。确知其属于某一单位，甚至代表着某一单位时，个人形象与所在单位的形象等量齐观。五，个人形象在国际交往中还代表着其所属国家、所属民族的形象。

有基于此，涉外交往中，每个人都必须时刻注意维护自身形象，特别是要注意维护在正式场合留给初次见面的外国友人的第一印象。

个人形象在构成上主要包括六个方面，亦称个人形象六要素。①仪容。指个人形体的基本外观。②表情。通常主要是个人的面部表情。③举止。指的是人们的肢体动作。④服饰。是穿着的服装和佩戴的首饰的统称。⑤谈吐。即个人的言谈话语。⑥待人接物。具体指与他人相处时的表现，亦即为人处世的态度。

18.2.2 不卑不亢

这是涉外礼仪的一项基本原则。参与国际交往时，每个人都必须意识到在外国人的眼里，自己代表着国家，代表着民族，代表着所在单位。在外国人面前，言行应当堂堂正正，从容得体。既不表现得畏惧自卑，低三下四，也不表现得狂傲自大，放肆嚣张。

我国的涉外人员应具备高度的社会主义觉悟。坚定的政治立场和严格的组织纪律，在任何复杂艰险的情况下，对祖国赤胆忠心，为维护国家利益和民族尊严，甚至不惜牺牲个人的一切。涉外人员必须能在变化多端的形势中判明方向，在错综复杂的斗争中站稳立场，再大的风浪也能顶住，在各种环境中都严守纪律，在任何情况下都忠于祖国，维护国家利益和尊严，体现中国人民的气概。这些具体要求，应成为一切涉外人员的行为准则。

18.2.3　求同存异

国际交往中，应当承认中外礼仪与习俗的差异性，尤其是交往对象所在国礼仪与习俗的差异性。重要的是了解与尊重，而不是评判是非，鉴定优劣。

国际交往中遵守哪种礼仪，有三种主要的可行方法。其一，“以我为主”。即在涉外交往中，基本上采用本国礼仪。其二，“兼及他方”。即涉外交往中基本上采用本国礼仪，同时适当地采用交往对象所在国现行的礼仪。其三，“求同存异”。为了减少麻烦，避免误会，涉外交往中最为可行的做法，是既对交往对象所在国的礼仪与习俗有所了解并予以尊重，更要认真地遵守国际通行的礼仪惯例。

18.2.4　入乡随俗

这是涉外礼仪的基本原则之一，涉外交往中要真正做到尊重交往对象，就必须尊重对方所独有的风俗习惯。世界上各个国家、各个地区、各个民族，在其历史发展的具体进程中，形成了各自的宗教、语言、文化、风俗和习惯，并且存在着不同程度的差异。这种“十里不同风，百里不同俗”的局面，是不以人的主观意志为转移的，也是任何人都难以强求统一的。涉外交往中注意尊重外国友人所特有的习俗，能够有效沟通，增进理解，有助于更好地恰如其分地向外国友人表达亲善友好之意。

18.2.5　信守约定

作为涉外礼仪的基本原则之一，“信守约定”指在一切正式的国际交往中，必须认真而严格地遵守所有承诺。说话务必要算数，许诺一定要兑现。约会必须如约而至，一切有关时间的正式约定，尤其需要恪守不怠。涉外交往中，真正做到“信守约定”，要求许诺必须谨慎。已经做出的约定，务必认真遵守。万一由于难以抗拒的因素，致使单方面失约，或是有约难行，要尽早向有关各方通报，如实地解释，并且还要郑重其事向对方致以歉意，并且主动地按照规定和惯例负担因此而给对方所造成的某些物质方面的损失。

18.2.6　热情有度

“热情有度”，是涉外礼仪的基本原则之一。要求直接同外国人打交道时，不仅待人要热情友好，更为重要的是要把握好热情友好的具体分寸，过犹不及，事与愿违。关键要掌握好关心有度、批评有度、距离有度和举止有度四个具体的“度”。不要随便采用某些意在显示热情的动作，不要采用不文明、不礼貌的动作。

18.2.7　不必过谦

国际交往中涉及自我评价时，虽然不应该自吹自擂，自我标榜，一味抬高，但也绝对没有必要过度地谦虚、客套，妄自菲薄，甚至自轻自贱，自我贬低。

18.2.8 不宜先为

也被称作“不为先”原则。涉外交往中，面对一时难以应付、举棋不定的情况时，如有可能，最明智的做法是尽量不要急于采取行动，尤其是不宜急于抢先，冒昧行事。不妨先按兵不动，静观周围人的所作所为，并与之采取一致的行动。

“不宜先为”原则具有双重含意。一方面要求在难以确定如何行动时，应当尽可能避免采取任何行动，免得出丑露怯；另一方面要求不知道怎么才好而又必须采取行动时，最好先观察其他人的正确作法，然后加以模仿，或是同绝大多数在场者在行动上保持一致。

18.2.9 尊重隐私

涉外交往务必要严格遵守“尊重隐私”这一涉外礼仪的主要原则。

一般而论，国际交往中，下列八个方面被视为个人隐私。其一，收入支出；其二，年龄大小；其三，恋爱婚姻；其四，身体健康；其五，家庭住址；其六，个人经历；其七，信仰政见；其八，所忙何事。尊重个人隐私权，就必须自觉地避免在交谈时主动涉及这八个方面的问题，亦称为“个人隐私八不问”。

涉外交往有所谓五不问：一不问收入。收入和个人能力有关，在市场经济条件下，收入和企业效益有关。问个人收入，实际上等于问能力、单位如何，这个问题会给人造成不快。二不问年纪。现代市场经济条件下，竞争比较激烈，年龄实际上是个人的资本，不宜问。三不问婚姻家庭。家家都有一本难念的经，别跟人家过不去。四不问健康状态。跟年龄一样，现代人的健康也是个人资本，谈此有时比较晦气，让人不高兴。五不问个人经历。英雄不问出处，学科背景、学历、学校重点非重点之类，都是实力问题，有教养的人不谈。

18.2.10 女士优先

“女士优先”是国际社会公认的一条重要的礼仪原则，主要适用于成年异性社交活动时。在一切社交场合，每一名成年男子都有义务主动自觉地以实际行动尊重女士，照顾、体谅、关心保护女士。倘若因为男士的不慎，而使女士陷于尴尬困难的处境，便意味着男士的失职。男士们对所有的女士都应一视同仁。

18.2.11 爱护环境

作为涉外礼仪的主要原则之一，“爱护环境”是指每个人都有义务对人类所赖以生存的环境自觉地加以爱惜和保护。之所以作为对外礼仪原则提出，除去这是一种基本社会公德的原因，还由于当今国际上环保已成为舆论倍加关注的焦点问题之一。

在国际交往中，要明白仅有“爱护环境”的意识是远远不够的，更重要的是要有实际行动。与外国人打交道时，在“爱护环境”的具体问题上要好自为之，严于自律。具体而言，其一，不可毁损自然环境；其二，不可虐待动物；其三，不可损坏公物；其四，不可乱堆乱挂私人物品；其五，不可乱扔乱丢废弃物品；其六，不可随地吐痰；其七，不可随处吸烟；其八，不可任意制造噪声。

18.2.12 以右为尊

正式的国际交往，依照国际惯例，座次、排列礼仪最基本的规则是右高左低，即以右为上，以左为下；以右为尊，以左为卑。大到政治磋商、商务往来、文化交流，小到私人接触、社交应酬，但凡有必要确定座次、排列时具体位置的主次尊卑，普遍适用“以右为尊”。

18.3 涉外基本礼仪规范

18.3.1 日常交往中的礼节

18.3.1.1 遵守时间、不得失约

这是国际交往中极为重要的礼貌。失约是很失礼的行为。参加各种活动应按约定时间到达，过早抵达会使主人因准备未毕而难堪，迟迟不到让人等候而失礼。因故迟到，要向主人和其他客人表示歉意。万一因故不能应邀赴约，要尽早通知，并以适当方式表示歉意。

18.3.1.2 尊重老人和女士

这是一种美德。很多国家上下楼梯、上下车辆、进出电梯，主动照顾老人女士，让他们先行。与老人女士同行，男士主动帮助提拿较重物品，进出大门主动帮助开门关门，帮助女士穿脱大衣外套。同桌用餐，两旁若是老人或女士，男士应主动照顾，帮助入座离座。

18.3.1.3 尊重各国风俗习惯

不同的国家、民族，由于不同的历史、宗教等因素，各有特殊的风俗习惯和礼节，均应予以尊重。风俗习惯若不注意，会闹出笑话，使人误以为对他们不尊重。新到一个国家或初次参加活动，应多了解，多观察，不懂或不会做的事，可仿效他人。

18.3.1.4 举止端庄

举止落落大方，端庄稳重。表情自然诚恳，和蔼可亲。站立身子不歪靠。坐时腿不摇，脚不跷，不半坐在桌子或椅子背上。坐沙发不躺在沙发上，不摆出懒散的姿态。公共场所不趴在桌子上。走路脚步要轻，遇急事可加快步伐，不可慌张奔跑。谈话时手势不要过多。不放声大笑或高声喊人。在图书馆、博物馆、医院、教堂等公共场所，应保持安静。举行仪式、听讲演、看演出等公共场合，要保持肃静。

18.3.1.5 礼貌吸烟

剧场、商店、教堂、博物馆、会议厅等地方、场合，不得吸烟。火车、轮船、飞机上往往分区，无烟区禁烟，吸烟区才可吸烟。工作、参观、谈判和进餐，一般不吸烟或很少吸烟。不要边走边吸烟。进入会客室、办公室或私人住宅，应询问是否允许吸烟，有女士在座应征得其同意。主人不吸烟，又未请吸烟，最好不吸。人多或有身份高的人士在场，

一般不吸烟。

18.3.2 见面礼节

18.3.2.1 介绍

商务场合结识朋友，可由第三者介绍，也可自我介绍。为他人介绍，要先了解双方是否有结识的愿望，不要贸然行事。无论自我介绍或为他人介绍，做法要自然。自我介绍，讲清姓名、身份、单位（国家）。为他人介绍可说明关系，便于得到信任与相互了解。介绍具体人，要礼貌地以手示意。介绍有顺序先后之别。详见介绍礼仪。

18.3.2.2 握手

握手是大多数国家见面和离别时的礼节。商务场合握手司空见惯。一般在会面和介绍时握手。遇见朋友先打招呼，然后相互握手，寒暄致意。关系亲近的则边握手边问候，甚至双手长时间相握。一般情况下，握一下即可，不必用力。但年轻者对年长者，身份低者对身份高者应稍稍欠身，双手握手，以示尊敬。男子与妇女握手只握妇女的手指部分。握手有先后顺序，详见握手礼仪。

主人主动、热情、适时的握手很必要，会增加亲切感。握手除是见面的礼节外，还是祝贺、感谢或相互鼓励的表示。如对方取得某些成绩与进步时，对方赠送礼品时以及发放奖品、奖状、发表祝词后等，均可以握手表示祝贺、感谢、鼓励等。

18.3.2.3 致意

公共场合远距离遇到相识的人，一般举右手打招呼并点头致意。在西方，男子戴礼帽时还可行脱帽礼，即两人相遇可摘帽点头致意，离别时再戴上帽子。有时侧身相遇而过，从礼节上应回身说“你好”，手将帽子掀一下即可。对一面之交的朋友或不相识者在商务场合可点头或微笑致意。

在外交场合遇见身份高的领导人，应有礼貌地点头致意或表示欢迎，不主动上前握手问候，领导人主动伸手才握手问候。遇到身份高的熟人，一般不径直问候，应在对方应酬活动告一段落后，再前去问候致意。

18.3.3 谈话时的礼节

谈话表情要自然，语气和气亲切，表达得体。可适当做些手势，但动作不要过大，更不要手舞足蹈，不能以手指指人。离得不宜太远，也不要过近。不要拉拉扯扯，拍拍打打，唾沫四溅。

参加别人谈话要先打招呼，个别谈话不要凑前旁听。有事需与某人说话，应待别人说完。有人主动说话，应乐于交谈。第三者参与说话，应以握手、点头或微笑表示欢迎。发现有人欲与自己谈话，可主动询问。谈话中遇有急事需要处理或需要离开，应向谈话对方打招呼，表示歉意。

在场人多时应不时地与所有人攀谈，不要只与一两个人说话，不理会其他人。也不要与个别人谈而冷落第三者。所谈问题不便让旁人知晓，应另找场合。

谈话要给别人发表意见的机会，别人说话也应适时发表个人看法。要善于聆听，不轻易打断别人发言。一般不提与谈话内容无关的问题。对方谈到一些不便谈论的问题，不轻易表态，可转移话题。相互交谈时应注视对方，以示专心。他人发言时，不左顾右盼、心不在焉，不注视别处，显出不耐烦，也不要频看手表，或做出伸懒腰、玩东西等漫不经心的动作。一般不过多纠缠，不高声辩论，更不能出言不逊，恶语伤人，即便争吵起来，也不要斥责，不讥讽辱骂。

谈话的内容一般不要涉及容易引起不愉快的疾病、死亡，不谈荒诞离奇、耸人听闻、黄色淫秽内容。可谈论天气、新闻、工作、业务等。不询问女士年龄、婚否，不径直询问对方履历、工资收入、家庭财产、衣饰价格等私人生活。与女士谈话不说保养等问题。对方不愿回答的问题不要追问，不究根问底。对方反感的问题应表示歉意，或立即转移话题。谈话不批评长辈、身份高的人，不议论当事国的内政。不讥笑、讽刺他人。也不随便议论宗教问题。男士一般不参与女士圈内的议论，也不要与女士无休止地攀谈，以免旁人侧目反感。与女士谈话更要谨慎谦让，不乱开玩笑，争论问题要有节制。

18.4 礼宾活动礼仪

国际交际中礼宾是一项很重要的工作，许多外事活动，实际就是礼宾活动。各种涉外交际活动，国际上都有一定惯例，但各国往往又根据本国的特点和风俗习惯，有独特的做法。对外交往除应发扬我国礼仪之邦的优良传统、注意礼貌礼节之外，还应了解不同的礼节礼貌做法，尊重各国、各民族的风俗习惯，使对外活动成为展现个人和单位文明素质的舞台。

18.4.1 着装

从国际交往的角度看，穿西装符合要求。国际交往中，女性裙装是正装，裤装是便装或者工作服。很多国家深色西装是正装，黑色皮鞋是基本要求。

18.4.2 举止

在外事活动中，举止要端庄稳重、落落大方，表情要自然诚恳、和蔼可亲，不能不拘小节。

18.4.3 谈吐

在与外宾交谈，表情要自然，态度要诚恳，用语要文明，表达要得体。最好选择诸如体育比赛、风景名胜、旅游度假等大家都感兴趣的话题。这类话题使人轻松愉快，能受到普遍欢迎。如果外国人主动谈起我们不熟悉的话题，应洗耳恭听，认真请教，千万不要不懂装懂，更不要主动同外国人谈论自己一知半解的话题。

18.4.4 介绍

国际交往中介绍人一般是三种人。第一种人称为专业对口人员。第二种人就是公关礼宾人员，做外事或者专门委托的接待陪同人员。第三种人是礼仪上与贵宾身份对等者。

18.4.5 名片

国际交往中，没有名片的人，将被视为没有社会地位的人。不随身携带名片，是不尊重别人。在外国企业，员工名片不能乱放，放的地方都有讲究，一般放在专用名片包里，放在西装上衣口袋里。

国际交往中，名片讲究“三不准”。一不准随意涂改；二不准提供私宅电话；三不准提供两个以上头衔。有地位有身份的外国客人，身上会有好几种名片，对不同的交往对象，强调不同身份，使用不同的名片。尽量不要索取名片，索要名片最好不要采取直白表达。比较恰到好处地交换名片的方法有：①交易法；②激将法；③联络法。

18.4.6 称呼

国际交往中，国家不同，民族不同，习惯不一样，与国内称呼差异显著。对行政职务、社会地位比较高的人，可以用“阁下”这个称呼，如总统阁下、大使阁下。

一般国际交往，以下三种称呼最为通用。第一，称行政职务。在正式的官方交往中使用，“董事长先生”“尊敬的经理先生”“部长阁下”。第二，称技术职称。见了专家学者，或者学术方面比较有造诣的人士，称学术职称，如“尊敬的教授”。第三，泛尊称，称先生、小姐、夫人、女士等。

18.4.7 礼品赠送

国际交往中，赠送礼品的作用主要有两个方面：一是纪念作用，纪念两国人民、两方人员的交往和友谊；二是宣传作用，宣传本国文化，宣传企业形象，推广民族特色。纪念性和宣传性是国际交往中礼品的基本功能。国际交往赠送礼品更强调形式，而不是内容。送外国人礼品，要郑重其事，认真地包装。对方接受礼品时，没有特殊原因会打开看一看，表示欣赏。

18.4.8 宴请

本部分内容在宴请礼仪中多有涉及。在此特介绍宴请外国友人的“五 M 规则”。

第一，费用（Money）。国际交往强调节俭、务实，强调少而精，反对铺张浪费，没有必要见面必吃，大吃大喝。

第二，菜单（Menu）。就是菜肴安排，吃的内容。吃什么不吃什么，有讲究。西方人一般不吃动物内脏；不吃动物头和脚；不吃淡水鱼；不吃无鳞无鳍的鱼；不吃宠物。宴请外国客人应吃文化、吃特色。民族禁忌、宗教禁忌、职业禁忌、个人禁忌都不要触犯，尤其民族禁忌、宗教禁忌不可触犯。

第三，环境（Medium）。宴请客人从高层次来讲，是讲档次，讲环境。环境干净、高雅、有特色就最好。

第四，音乐（Music）。高档的宴请，强调音乐伴宴，音乐要有国家差异，最好选择交往对象民族音乐，交往对象个人偏好的乐曲。环境优雅情况下，音乐应该若有若无。不要放进行曲，不要放迪厅音乐。

第五，举止（Manner）。说白了就是吃相。吃相要文雅，涉外宴请餐桌上讲“四个不”。一让菜不夹菜。否则有强迫服务之嫌。二祝酒不劝酒。为友谊干杯，为合作干杯，喝不喝，不强迫。三不当众整理服饰。不拽裤卷袖，“土匪下山”。四吃东西不发出声音。发达国家的进餐文明要求吃东西不发出声音。

课堂训练

任务驱动

全面复习本课程各章内容，做好期末考核的各项准备。

训练项目

☆训练项目 18-1　演示国际交往中的主要礼仪规范

经过设计，在老师的指导下，学生演示本章主要国家的商务礼仪规范。

☆训练项目 18-2　完美展示商务礼仪课程内容

经过设计，在老师的指导下，学生演示本课程第 2 ～ 18 章的各个典型内容。包括：仪表礼仪、服饰礼仪、仪态礼仪、见面礼仪、介绍礼仪、握手礼仪、名片礼仪、电话礼仪、接待礼仪、会议礼仪、谈判礼仪、仪式礼仪、宴请礼仪、办公礼仪、文书礼仪、涉外礼仪。

☆训练项目 18-3　你的形象价值百万

商务礼仪课程结束了，请每位学生畅谈收获，今后将树立怎样的个人形象、职业形象。改变从今天开始，你的形象价值百万。

典型案例

案例18-1　洋媳妇的宴请风波

老张的儿子留学归国，还带了位洋媳妇回来。为了讨好未来的公公，这位洋媳妇一回国就诚惶诚恐的地张罗着请老张一家到当地最好的四星级饭店吃西餐。用餐开始了，老张为在洋媳妇面前显示很有讲究，就用桌上一块“很精致的布”仔细地擦刀叉。吃的时候，学着别人的样子使用刀叉，既费劲又辛苦，但他觉得挺得体的，总算没丢脸。用餐快结束了，吃饭时喝惯了汤的老张盛了几勺精致小盆里的“汤”放到自己碗里，然后喝下。洋媳妇先一愣，紧跟着也盛着喝了，而他的儿子早已是满脸通红。

【讨 论】

老张为什么闹笑话？

案例18-2 “老外”有时并不“外”

一天，有位斯里兰卡客人来到南京某饭店下榻。前厅部开房员为之办理住店手续。由于确认客人身份，核对证件耽搁了一些时间，客人有些不耐烦。于是开房员便用中文跟客人的陪同解释。言语中他随口以“老外”二字称呼客人，可巧这位陪同是客人的妻子，结果引起客人极大的不满。事后，开房员虽然向客人表示了歉意，但客人仍表示不予谅解，给酒店声誉带来了消极的影响。

【讨 论】

与外国客人对话需要注意什么？

【知识强化】认真独立完成知识巩固提高同步练习题。

参考文献

[1] 孙玲，顾秀英，张文科 . 商务礼仪实务与操作 [M]. 北京：对外经济贸易大学出版社，2010.

[2] 覃常员 . 商务礼仪 [M]. 广州：暨南大学出版社，2010.

[3] 李波 . 商务礼仪 [M]. 北京：中国纺织出版社，2006.

[4] 郝凤波 . 商务礼仪 [M]. 北京：地震出版社，2008.

[5] 徐汉文，张云河，郑江江 . 商务礼仪实训 [M]. 大连：东北财经大学出版社，2010.

[6] 靳斓 . 优雅何来 [M]. 北京：中国经济出版社，2011.

[7] 靳斓 . 风度何来 [M]. 北京：中国经济出版社，2011.

[8] 马飞 . 商务礼仪规范手册 [M]. 北京：金诚出版社，2005.

[9] 熊经浴 . 现代商务礼仪 [M]. 2 版 . 北京：金遁出版社，2009.

[10] 林涵 . 着装学 [M]. 北京：北京工业大学出版社，2001.

[11] 李春生 . 微笑与服务美学 [M]. 北京：中国经济出版社，2000.

[12] 东方智 . 企业人礼仪必备全书 [M]. 北京：当代世界出版社，2005.

[13] 洪涛，杨静 . 空乘人员仪态与服务礼仪训练 [M]. 北京：旅游教育出版社，2011.